INHALT

9 Vorwort

12 UDO WALZ über MARLENE DIETRICH
Des Blauen Engels Haar

17 PETER VON BECKER über ALBERT EINSTEIN
Ohne Humor sind wir unerträglich

38 ADRIANA ALTARAS über MASCHA KALÉKO
Unsentimental, unpathetisch und schnell

47 CHRISTOPH STÖLZL über HEINRICH ZILLE
Das unzensierte Leben

57 PETER RAUE über JAMES SIMON
Die Lust, Gutes zu tun

69 ELISABETH TRISSENAAR über TILLA DURIEUX
Ein Pakt mit der Unsterblichkeit

75 GREGOR GYSI über ROSA LUXEMBURG
Eine große Portion Risikobereitschaft

89 IRENE BAZINGER über KNUT
Kinder und Tiere retten jede Vorstellung

97 KLAUS HOFFMANN über ULRICH PLENZDORF
Zu klug, um siegen zu wollen

107 MARIA OSSOWSKI über KURT TUCHOLSKY
Das zärtliche Nachstreicheln

122 ILJA RICHTER über CURT BOIS
Alles mit links gemacht

130 CHRISTINA WEISS über OSKAR PASTIOR
Seine Lust, seine List, seine Waffe war die Sprache

146 ROMY HAAG über HILDEGARD KNEF
Für sie soll's immer rote Rosen regnen

156 JÜRGEN FLIMM über MAX REINHARDT
Genug ist nicht genug

172 ANDREAS NACHAMA über ESTRONGO NACHAMA
Es tönt von der Erde zum Himmel empor

179 MAREN KROYMANN über INGE MEYSEL
Vorhang auf oder Die apodiktische Frau

189 VOLKER LUDWIG über ERICH KÄSTNER
Mein Pate vom Nikolsburger Platz

196 HORTENSIA VÖLCKERS über DORE HOYER
Affectos Humanos

205 HANS WALL über ERNST LITFASS
Das Eckige muss aufs Runde

208 VOLKER KÜHN über WOLFGANG NEUSS
Stänkern für die gute Sache

224 WOLF BIERMANN über
ROBERT HAVEMANN und JÜRGEN FUCHS
Nach Nirgendwo gegangen

228 KATHARINA THALBACH über HELENE WEIGEL
Die Stimme des Berliner Ensembles

239 KLAUS STAECK über JOHN HEARTFIELD
Zwei fotorealistische Westemigranten

242 DIETER HOFFMANN-AXTHELM über
HEINRICH FRIEDRICH KARL
REICHSFREIHERR VOM UND ZUM STEIN
Zwischen den Zeiten stehend

251 SHERMIN LANGHOFF über DIE SING-AKADEMIE
Gleich einem Blumengarten

255 GEREON SIEVERNICH über MERET OPPENHEIM
Woher die Einfälle einfallen

268 WOLFGANG THIERSE über WILLY BRANDT
Etwas für die Menschen tun

272 HANS NEUENFELS über HEINRICH VON KLEIST
Der Dichter als perfekter Mörder

286 ULRICH MATTHES über MARTIN HELD
Was steht denn da genau?

298 HEINZ DÜRR über EMIL RATHENAU
Entscheidend ist immer der Chef

305 PETER SCHNEIDER über AXEL CAESAR SPRINGER
Unser Zorn war durchaus authentisch

318 MARIA SOMMER über
RAHEL VARNHAGEN VON ENSE
Nicht lügen können

326 KLAUS-DIETER LEHMANN über NOFRETETE
Die Schöne ist geblieben

334 Anhang

VORWORT

Wie verrückt muss man eigentlich sein, um sich *noch* ein Buch über Berlin auszudenken? Nun ja, ein bisschen schon, aber nicht sehr, weil diese Stadt für vieles gut ist – und für viele, wie wir zeigen möchten. In der sprichwörtlichen »Berliner Luft, Luft, Luft ...« gedeihen nämlich das Komische wie das Erhabene, das Hohe wie das Kesse, das Alte wie das Neue und begeisternde wie auch erschreckende Visionen von der Zukunft sowieso. In Berlin scheint der Humus für Kreativität und Innovation mehr als in anderen Städten so beständig wie fruchtbar zu sein. Also kann es gar nicht genug Bücher über Berlin und die Berlinerinnen und Berliner geben, schließlich macht die Stadt auch immer weiter, in alle möglichen und gern unmöglichen Richtungen des öffentlichen Lebens.

Nicht alle, die wir eingeladen hatten, mochten an diesem Projekt mitwirken, doch diejenigen, die sich dafür entschieden haben, erfüllen uns mit Freude und Glück. Und Stolz: auf ihre Teilnahme, auf ihre Beiträge und auf Berlin.

Denn Berlin war und ist eine Stadt mit vielen klugen, bekannten, bemerkenswerten Köpfen. Insofern ist es uns eine besondere Genugtuung, wie viele Größen von heute sich an Größen aus anderen Zeiten, wie viele Prominente sich an Prominente erinnern wollten – so biografisch wie nötig, so persönlich wie möglich. Und wie sie damit in beseelten, oft weit gespannten Geschichten von der Vitalität der Stadt und ihrer bedeutenden politischen, wissenschaftlichen, sozialen, künstlerischen Tradition erzählen, die sie zum Teil fortsetzen, zum Teil neu interpretieren, zum Teil in bewährter Weise frisch aufblühen lassen.

Der eine Autor wurde in Osnabrück geboren, die andere porträtierte Berlinerin starb in Zürich. Die eine klingt ziemlich wienerisch, der andere eher bairisch. Willy Brandt etwa wurde in Lübeck geboren, und Marlene Dietrich starb in Paris – Berlinerinnen und Berliner sind sie trotzdem, und wie! Sei es, weil die Schreibenden oder Beschriebenen länger in der Stadt an der Spree gelebt oder weil sie wichtige Stationen ihres privaten Weges wie ihrer beruflichen Laufbahn hier verbracht haben. In diesem Sinne ist der Titel unseres Buches, *Wir Berliner!*, mit dem ortsüblichen Augenzwinkern durchaus ernst gemeint.

Es ist nicht übertrieben und seit 1989 wieder zweifelsfrei festzustellen, dass Berlin der deutsche Schmelztiegel für in- und ausländische Zuzügler ist. Mit dem Machtantritt der Nationalsozialisten 1933 allerdings wurde die Vielfalt des Biotops Berlin in brutaler Weise zerstört. An manche der damals ausgelöschten Leben und beschädigten Karrieren erinnern nun einige Beiträge in diesem Band.

Als kleine Randbemerkung sei erwähnt, dass drei der in diesem Buch vertretenen Herren in Breslau geboren wurden, nämlich Klaus-Dieter Lehmann, Wolfgang Neuss, Wolfgang Thierse. Drei Damen wurden in Wien geboren: Tilla Durieux, Elisabeth Trissenaar, Helene Weigel. Und Max Reinhardt kam in Baden bei Wien zur Welt.

Stellvertretend für alle, die es von noch weiter her nach Berlin gezogen hat, dient uns die berühmteste Migrantin und, wie nicht wenige meinen, schönste Frau der Hauptstadt – Nofretete –, deren Büste vor über hundert Jahren glücklicherweise im ägyptischen Sand entdeckt wurde.

Es war der fränkische Schriftsteller Jean Paul, der erklärte: »Berlin ist mehr ein Weltteil als eine Stadt.« Entsprechend dem lokaltypischen fröhlich-turbulenten Durcheinander ist auch diese dialogisch strukturierte Hommage gestaltet. Weiblich und männlich, Ost und West, Unternehmer und Künstler, sogar Mensch und Tier – all diese Gegensätze und Korrespondenzen lassen sich hier in kein System pressen, sie lassen sich nur bestaunen, bewundern, genießen und folgen weder einer Chronologie noch Genres, sondern dem leidenschaftlichen Chaosprinzip der pulsierenden Stadt.

Wir danken allen, die zum Gelingen dieses Buches beigetragen haben, namentlich und herzlich Daniela Reinhold als unserer inspirierenden und geduldigen Unterstützerin.

Mancherlei lässt sich über Berlin sagen, aber kaum jemand hat es so kurz und trocken wie 1980 die – natürlich Berliner – Neue-Deutsche-Welle-Band *Ideal* getan: »Ich fühl mich gut / ich steh' auf Berlin!«

Irene Bazinger und Peter Raue

DER FRISEUR UND DIE DIVA

UDO WALZ über MARLENE DIETRICH
Des Blauen Engels Haar

Dass ich nicht mehr zu den allerjüngsten Bewohnern dieser Erde gehöre, kann ich nicht verbergen, wenn ich aufzähle, wessen Kopf, welches Haar ich schon mit meiner Schere bearbeitet, vielleicht verschönert habe: Maria Callas! Hildegard Knef! Romy Schneider! Und natürlich den Star aller Stars, die unvergleichliche Marlene Dietrich. Ja, heute sage ich »unvergleichlich«, aber damals habe ich, so komisch das klingt, gar nicht gewusst, wer sie war.

So ist das mit dem Ruhm, gerade im Showbusiness: Die nächste, erst recht die übernächste Generation kennt die Helden ihrer Eltern oder Großeltern meist kaum noch. Ich war da nicht anders.

Nachdem ich meine Gesellenprüfung abgelegt hatte, ging ich mit nicht einmal 20 Jahren aus Stuttgart weg, nach St. Moritz, um dort als Saisonfriseur zu arbeiten. Einst wie jetzt war und ist das, zumal im Winter, ein Treffpunkt der internationalen Prominenz. Ich war begabt, hatte geschickte Hände, sah wahrscheinlich halbwegs passabel aus und hatte ein zurückhaltendes Benehmen. Das sprach sich herum. Es war vermutlich eine Empfehlung von Maria Riva, der Tochter Marlene Dietrichs, die mich in die Suite der Diva im Hotel Palace brachte. Vorher rief ich noch meine Mutter an und fragte sie, ob sie Marlene Dietrich kenne, und sie schrie auf: »Was, Marlene! Mensch Udo, die ist ein Star auf der ganzen Welt, die kennt doch jeder!« Bis zu mir jedenfalls hatte sich das nicht herumgesprochen, aber meine Mutter war schwer beeindruckt, mit wem ich da zusammentraf.

Marlene sollte am Abend auftreten und wurde im Lauf des Nachmittags dafür hergerichtet, unter anderem eben von mir. Auf einem Bügel hing ihr berühmtes Strassperlenkleid, in das sie vor Konzertbeginn eingenäht werden würde, was ich allerdings nicht zu sehen bekam. Nervös war ich nicht, obwohl etliche Leute um sie herumwuselten. Marlene saß da, elegant, vornehm, entspannt, rundherum wunderbar. Sie rauchte, sprach mit dem einen oder anderen, und dann war ich dran.

Ich hatte meinen Koffer mit allen möglichen Friseurutensilien mitgebracht. So einen habe ich auch heutzutage noch, immer frisch gepackt und griffbereit, falls jemand anruft und meine Hilfe benötigt. Ich ging also an die Arbeit. Marlene wechselte ein paar Worte mit mir, und zwar auf Deutsch – woher ich käme, was ich von St. Moritz hielte, welche Pläne ich hätte –, nichts Besonderes, nur alltägliche Dinge, wie man sie normalerweise beim Friseur beplaudert, wenn man einander nicht kennt. Marlene wollte die Haare bei ihrem Auftritt offen tragen. Ich habe sie gebürstet, frisiert, in Form gebracht. Am Hinterkopf war ein kleines Haarteil, wie das viele Künstler seinerzeit trugen, um ihre

UDO WALZ
Wurde 1944 in Waiblingen geboren und ist seit Jahren BERLINs bekanntester Friseur. In die sensiblen Hände des Spezialisten für Hochsteckfrisuren legten bald eine Viertelmillion Menschen ihre Köpfe, darunter viele Stars aus Politik und Kultur. Er lebt in der Nähe des Kurfürstendamms in BERLIN.

Kopfform zu modellieren. Solche Details erzähle ich normalerweise nicht herum, aber nun ist sie doch schon eine Weile tot, und man weiß im Grunde alles über sie. Es ist ja auch nicht ehrenrührig, denn ihre Haare waren gut und schön und tadellos in Form. (Übrigens ergänzen viele Menschen, vor allem, wenn sie in der Öffentlichkeit stehen, ihr natürliches Haar, nur werden dafür inzwischen eher *Hair Extensions* zur Verlängerung und zum Auffüllen verwendet.) Die Prozedur dauerte stolze eineinhalb Stunden.

Marlene war mit meiner Arbeit offenbar zufrieden und lud mich deshalb auf die Aftershow-Party im Hotel Palace ein. Das freute mich überaus, und ich bin tatsächlich hingegangen, ordentlich angezogen und gekämmt. Da sah ich sie dann an einem Tisch sitzen, als Mittelpunkt einer mondänen, aufgekratzten, illustren Gesellschaft. Sie lachte und strahlte und ließ sich feiern und umschwärmen. An ihre Kleidung erinnere ich mich noch, als wäre es gestern gewesen: Sie trug ein Schottenmützchen, ein Schottenröckchen, einen Rollkragenpulli und Leggins, in denen ihre Beine natürlich ganz toll zur Geltung kamen. Ich kleiner Junge vom Land stand in der Tür, schaute mir das alles an – und ging still und heimlich wieder weg. Ich war zu schüchtern, um mich ihr und ihrer Entourage zu nähern. Das war mir einfach ein paar Nummern zu groß. Mittlerweile freilich wäre das etwas anders … Nun denn, damals zog ich mich bescheiden zurück und bin wahrscheinlich schlafen gegangen, es war stets viel zu tun und ich entsprechend hundemüde.

Auch das Konzert hatte ich nicht besucht, das war uns Mitarbeitern des Hauses nicht gestattet. Aber was soll's, ich hatte Marlene Dietrich frisiert! Darauf bin ich bis heute stolz.

Zu einer weiteren Begegnung ist es leider nicht gekommen. In Berlin, wo ich mich 1963 nach meiner Zeit in St. Moritz niedergelassen hatte, sah ich sie nur von ferne. Ihre

Tochter freilich kennt mich immer noch, das empfinde ich als sehr erfreulich.

Marlene ist später nach Paris gezogen und hat irgendwann, anders als die Garbo – genauso ein Mythos –, ihre Wohnung nicht mehr verlassen. Wer hat ihr da wohl die Haare gemacht? Oder war ihr völlig egal geworden, wie sie aussah? Nein, das kann, das will ich mir nicht vorstellen. Der Maler Gottfried Helnwein, der Marlene Dietrich kannte, hat erzählt, dass sie sich unablässig quasi auf der Flucht befand, um ihr Gesicht zu verteidigen. »Ich bin zu Tode fotografiert worden«, hat sie bekanntlich gesagt und machte plötzlich Schluss mit all dem Angeglotztwerden und Star-Sein und wollte nicht länger die Projektionsfläche für die Träume der Menschen von Schönheit und Glanz sein. Mit ihrem totalen Rückzug aus der Öffentlichkeit tat sie alles, um im Gedächtnis der Welt weiterhin als die unnahbare, grandiose Göttin und als eine alterslose, ewig glamouröse Ikone zu erscheinen, die sie so lange gewesen war.

MARLENE DIETRICH

Sie hat bis heute nicht nur einen Koffer in BERLIN, sondern ihren ganzen Nachlass. Geboren 1901 in BERLIN-Schöneberg, wurde sie 1930 mit dem Film *Der blaue Engel* bekannt und eroberte später als Schauspielerin und Sängerin die Welt. Während des Zweiten Weltkriegs betreute sie Truppen der US-Armee. 1978 zog sie sich aus der Öffentlichkeit zurück. Sie starb 1992 in ihrer Wahlheimat Paris und wollte in BERLIN begraben werden. Ihr Ehrengrab schmücken Verehrer stets mit frischen Blumen.

Wie es ihr wirklich ging und wie sie sich im Lauf der Jahre veränderte, sollte niemand mitkriegen. Deshalb ging sie nicht mehr vor die Tür, deshalb waren in ihrer Wohnung im 8. Arrondissement die Vorhänge dauernd zugezogen, und es war ihr wegen der Paparazzi kaum möglich, die Fenster zu öffnen und frische Luft hereinzulassen. Einige von ihnen verfielen irgendwann sogar auf die Idee, im Hinterhof des Hauses eine Hebebühne aufzubauen, um von da aus in die Wohnung in der vierten Etage hinein zu fotografieren. Das muss man sich einmal vorstellen ...

Ihre Autobiografie trägt den Titel *Ich bin, Gott sein Dank, Berlinerin* – und Berlin hatte, Gott sei Dank, Marlene Dietrich.

DER PUBLIZIST UND
DER PHYSIKER

PETER VON BECKER über ALBERT EINSTEIN
Ohne Humor sind wir unerträglich

I

Immer wieder möchte man die stummen Dinge zum Reden bringen. Hier den Schreibtisch, an dem der gerade 26-jährige »Technische Experte III. Klasse« im Eidgenössischen Patentamt zu Bern in seinem Wunderjahr 1905 gesessen haben soll. Dort Albert Einsteins Lieblingssessel oder die Standuhr mit den Eisengewichten, die im Wohnzimmer in Berlin und später in Princeton dem Einstein-Clan die Stunde geschlagen hat. Wir fahren mit der Hand über das Holz, pochen an die Wurmlöcher und imaginieren uns à la Proust eine Madeleine der verlorenen, der wiedergefundenen Zeit.

Natürlich lebt Albert Einstein zuallererst fort in seinen Theorien, Aufsätzen, Reden, Briefen. Aufgehoben ist das Denken und Fühlen des Jahrhundertgenies zudem in den Konvoluten von Manuskript-Mappen, Aktenordnern und Kartons, die heute als Einsteins Erbe in der Hebräischen Universität Jerusalem verwahrt werden.

Eine Schar schwer bewaffneter israelischer Soldaten hatte das Archiv aus dem Institute for Advanced Study, Einsteins Arbeitsstätte in seinen letzten 22 Jahren, während einer Dezembernacht 1981 auf einen Lkw verladen und Stunden später nach Tel Aviv geflogen. Das war Israels vermutlich einziger offizieller Truppeneinsatz auf amerikanischem Boden – um 26 Jahre nach Einsteins Tod ein wenig verspätet seinen letzten Willen zu erfüllen. Sechs Wochen später starb Helen Dukas, Einsteins Privatsekretärin seit Berliner Zeiten, die bis dahin sein Archiv in Princeton verwaltet hatte.

Was jedoch ist jenseits der Gedankenwelt noch geblieben an originalen Spuren, an authentischen Orten?

Es gibt ein paar verstreute Erinnerungsstätten, aber kein wirkliches Albert-Einstein-Museum. Das entspricht Einsteins Wunsch. Der jahrzehntelang von Verehrern, Bittstellern und Wichtigtuern aus der ganzen Welt genervte Mann wollte nicht auch noch posthum zur Wallfahrt dienen; ihm grauste vor einem Einstein-Schrein.

Sein halbes Leben lang war er nach eigenen Worten ohnehin ein »Zigeuner« gewesen – mit festen Adressen zwar, aber, seine Bücher und Papiere ausgenommen, fast ohne bürgerlichen Besitz. In 76 Jahren hatte er 26 zumeist möblierte Wohnungen und spät erst zwei Häuser. Allein in Bern, wo zu Beginn des 20. Jahrhunderts die Spezielle Relativitätstheorie entstand, ist er zwischen 1902 und 1906 sechsmal umgezogen. Nur an zwei Orten überhaupt hat Albert Einstein länger gelebt: in Berlin, von 1914 bis 1933, und danach, bis zu seinem Tod 1955, in Princeton, der kleinen, feinen Universitätsstadt, eine Zugstunde südlich von New York.

II

Alles begann naturgemäß – mit dem Geburtshaus. Doch von der Adresse Bahnhofstraße 135 B im Jahr 1879 in Ulm ist kein Stein mehr geblieben. Schon im nächsten Jahr zog die Familie nach München, dann nach Italien, und Sohn Albert ging in München und später im Schweizer Aarau zur Schule, studierte am Polytechnikum Zürich, scheiterte zunächst mit einer Dissertation, schlug sich als Hauslehrer durch und heiratete 1903, inzwischen beim Berner Patentamt angestellt, seine erste Frau Mileva. 1904 wurde Hans Albert, der erste von zwei Einstein-Söhnen, geboren.

Über 100 Jahre später freilich kommt man Einstein inmitten der Berner Altstadt noch unverhofft nah.

Kramgasse 49. Unweit des Uhrenturms, des Berner Wahrzeichens, an der Hauptstraße der spätmittelalterlichen Innenstadt steht in der trutzigen Häuserzeile die Nummer 49: vier Geschosse, aber nur je ein Zimmer breit. Solche schmalen Häuser finden sich sonst eher an Kanälen und Grachten. Hier im Einstein-Haus wird an den berühmten Bewohner schon seit 1979, dem Jahr seines 100. Geburtstags, erinnert. Aber von 2005 an, ein halbes Jahrhundert nach seinem Tod, sollte alles noch schöner und originaler werden.

Also hat die Berner Einstein-Gesellschaft das gut 500-jährige Haus vollkommen saniert. Auf die schönen alten Deckenbohlen im Treppenaufgang hat man als kosmisches Entree eine Hinterglas-Illumination der Galaxie montiert. Eigentlich schade, so viel moderner Schick. Aber im kleinen Schauraum im ersten Stock freut man sich an den wenigen Originalen – Einsteins Schreibtisch aus dem Patentamt, ein von ihm für Kinder gebastelter Drachen und sein Schweizer Pass. Ein Mini-Museum des großen Geistes.

Wirklich berührend ist indes Albert und Mileva Einsteins Wohnung im zweiten Stock. Eine Wendeltreppe führt hinauf, dann betreten wir, durch die Haustür und über die Dielen seiner Zeit, eine Drei-, nein, eigentlich nur eine Zweieinhalbzimmerwohnung. Links zum Hinterhof das kleine Schlafzimmer mit einem Kachelofen. Der ist die einzige Heizung. Ein fensterloser Durchgang, erwärmt durch die Rückseite des Ofens, war das Kinderzimmer von Hans Albert; von dort oder vom Flur aus geht es ins hübsche, doch unbeheizte und im Winter schneidend kalte Wohn- und Arbeitszimmer Einsteins. Zwei Fenster zur Kramgasse, kein Kamin, aber ein bisschen barocker Stuck, und die Pflanzentapete ist nach alten Fotos originalgetreu nachgepinselt worden. Von Leihgebern hat man einige Biedermeier-Möbel erhalten, die den Eindruck der bürgerlichen Bescheidenheit von einst ganz stimmungsvoll vermitteln. Einsteins Küche und Klo nach hinten raus, über den Gang, geteilt mit den Bewohnern der Hofwohnung (bei meinem Besuch logierte da ein *Haute-Couture*-Atelier). Im Jahr 2012 hat ein größerer Wasserschaden Haus und Andenken beschädigt, aber nach einjähriger Renovierung und abermaliger Restaurierung ist das Berner Einstein-Haus seit Februar 2013 wieder neu im alten Stil geöffnet.

Man spürt: Hier lebte der berühmteste Kopf des 20. Jahrhunderts in einer historischen Weltsekunde – als Genie vor seiner Entdeckung. In der krähwinkelhaft kleinbürgerlichen Enge entwickelte er im Jahr 1905, bei Kindergeschrei und noch in Kälte und Halbdunkel, jene Gedankenblitze, die die Welt und das wissenschaftliche Universum bald erleuchten und erweitern sollten wie nichts zuvor.

Die letzte der vier Studien jenes *annus mirabilis*, seine Gedanken zur Äquivalenz von Masse und Energie (mit der berühmten Formel $E = mc^2$), hatte der noch immer unpromovierte Feierabendphysiker freilich schon wieder aus einer anderen Wohnung geschickt. Wir fahren in den außerhalb der Altstadt gelegenen früheren Besenscheuerweg, der heute Tscharnerstrasse heißt. Dort hält mich der Taxifahrer für leicht meschugge, als ich andächtig auf eine heruntergekommene Neubausiedlung gegenüber einem Busdepot starre. Nichts ist geblieben, es gibt nicht einmal ein Hinweisschild. Und die unschweizerisch ärmliche Tscharnerstrasse heißt schon ein paar Häuser weiter: Konsumstrasse.

Zurück also in die Mitte Berns. Zum ehemaligen Patentamt. Das massige Gründerzeitgebäude in der Speichergasse 6,

Ecke Genfergasse, ragt als steinernes Tortenstück vor und sieht fast noch so aus wie auf den Fotos um 1905, nur der Dachgiebel und eine Turmhaube wurden abgenommen. Zwischenzeitlich war es die Hauptverwaltung des Telekommunikationsunternehmens Swisscom, seit dem Sommer 2008 ist es das Haus der Kantone, eine von Finanz- und Justizdirektionen bestückte Zentrale der Schweizer Konföderation. Gleich im Foyer findet sich eine Tafel, auf der steht, dass Albert Einstein in diesem Haus »von 1902 bis 1905« gearbeitet hat. Allen rot marmorierten Säulen und vergoldeten Kapitellen in den Treppenhäusern zum Trotz sind die Büros von ernüchternder Heutigkeit. Einsteins Zimmer 86 im rechten Seitenflügel, vierte Tür im dritten Stock, trägt inzwischen eine neue Beschriftung, und in dem vier mal sechseinhalb Meter messenden Raum dürften die jüngeren Staatsangestellten kaum noch wissen, wer hier einst, wenn es die Aktenlage zuließ, über die Grundlagen des Universums nachsann. Der Blick über die Dächer geht freilich wie zu Zeiten des jungen Einstein hinüber auf einen Hügel mit dem Physikalischen Institut der Universität Bern. So hatte der an 48 Wochenstunden mit Patentanträgen beschäftigte künftige Starphysiker seine Zukunft schon vor Augen …

PETER VON BECKER

Er wurde 1947 in Mannheim geboren, ist promovierter Jurist, jedoch bekannt geworden als Kulturjournalist, Kritiker und Schriftsteller. Bis 1997 war er Mitherausgeber der Zeitschrift *Theater heute* in BERLIN. Zwischen 1997 und 2005 leitete er die Kulturredaktion des BERLINer *Tagesspiegel*, dessen Kulturautor er weiter ist. Seit 2003 lehrt er als Honorarprofessor an der Universität der Künste BERLIN.

III

Der Sprung nach Berlin. In den Weltruhm. Einsteins Berliner Jahre markieren vom Ausbruch des Ersten Weltkrieges bis zum Anbruch der Naziherrschaft eine ganze Epoche. In dieser Zeit wird der Wissenschaftler als Pazifist auch zur politischen Figur.

Privat zerbricht die Ehe mit Mileva. Einstein, während des Krieges erkrankt, zieht, nach anfänglichen Quartieren im (damals noch vorörtlich abgelegenen) Dahlem und in der Wittelsbacherstraße in Wilmersdorf, der Pflege und Triebe wegen 1917 zu seiner Cousine Elsa. Die beiden Geschiedenen heiraten, nachdem der eher eheskeptische Einstein zunächst zögert, zwei Jahre später.

Ab Oktober 1917 ist der inzwischen international umworbene Professor ohne Lehrverpflichtung auch Direktor des Kaiser-Wilhelm-Instituts für Physik. Doch weil das Institut kein eigenes Haus hat, residiert es faktisch in Einsteins Arbeitszimmer, seinem »Turm«, einer Mansarde oberhalb jener nun erstmals großbürgerlichen Achtzimmerwohnung in der Haberlandstraße 5 in Schöneberg.

Das Haus gehörte Elsas Familie. Doch hier im Turmzimmer darf Einstein ungestört von der neuen Gattin seine Pfeife qualmen und dabei, wie zeitlebens Tag für Tag, jedes greifbare Stück Papier mit mathematisch-physikalischen Formeln füllen, mit Fachkollegen diskutieren oder seiner Sekretärin Helen Dukas die Briefe an Wissenschaftler, Künstler, Politiker und Fans diktieren.

Bis zur Emigration, 16 Jahre lang, leben die Einsteins in der im Stil der Zeit eher dunklen, von behäbigen Möbeln zumeist aus Elsas Familienbesitz beherrschten Wohnung in Schöneberg, mit Perserteppichen und einem Porträt Friedrichs des Großen an der Wand. Konspirativ, unter falschem Namen, wird das Inventar des »Feindjuden Einstein« nach 1933 immerhin gerettet und gen Princeton verschifft. Aber das Haus, in dem bei den Einsteins von Max Liebermann bis Charlie Chaplin viel Prominenz jener Jahre verkehrt hatte, ist im Krieg völlig zerstört worden. Zur Prominenz allerdings muss man anmerken: Der spätestens seit dem Nobelpreis 1922 (verliehen für das Jahr 1921) weltberühmte Genius, den Briefe aus fernen Erdteilen allein mit seinem Namen und der Angabe »Deutschland« oder später »Amerika« erreichten, war selber nie auf gesellschaftliches Bohei erpicht. Der schnauzbärtige Strubbelkopf ging am liebsten ohne Strümpfe und mochte keine Krawatten. Auch das Haus in der Haberlandstraße »führte« insoweit die stolze Gattin.

Einstein wehrte nur völlig ungeliebte Gäste ab. So wurde Heinrich Mann, nicht jedoch der illustre Bruder Thomas eingeladen. Einstein kam später als Emigrant dem Emigranten Thomas Mann in den USA zwar etwas näher, aber er hielt den Großschriftsteller für einen prätentiösen Besserwisser und fürchtete, Thomas Mann würde ihm womöglich noch die Relativitätstheorie erklären wollen. Auch Bertolt Brecht, der seinerseits Einstein wie kaum einen anderen verehrte, kam ihm nicht ins Haus, zumal der physikalische Weltrevolutionär mit politischen oder gar künstlerischen Revolutionen wenig anzufangen wusste. Dass Picassos Kubismus, dass die abstrakte Malerei, die moderne Musik oder überhaupt die neuere Kunst auch etwas mit der von ihm bekräftigten Auflösung absoluter Vorstellungen von Zeit und Raum zu tun haben könnten, wollte Einstein nie in den Kopf.

1923/24 gab es vermutlich den Besucher Franz Kafka in der Haberlandstraße, zumal Kafka während Einsteins Prager Jahren 1911/12 ebenso wie der deutsche Physiker im Salon von Bertha Fanta verkehrt hatte, einer Frau, bei der sich damals die jüdisch-deutschsprachige Avantgarde der Moldau-Metropole traf. Doch für Texte von Kafka, dessen posthumer Ruhm spätestens nach 1945 auch Einstein erreichte, hatte er sich wohl nie interessiert. Das Absurde schätzte Einstein nur zum Scherz, nie im Ernst.

Wo heute nun die Hausnummer 5 auf dem Wegschild steht, gähnt zwischen den Neubauten der Schöneberger Haberlandstraße – ein Parkplatz. Einzig im Vorgarten gegenüber erinnert eine Steintafel an den hier nicht mehr recht vorstellbaren historischen Ort.

ALBERT EINSTEIN

Er bekam 1922 den Nobelpreise für Physik, machte die Formel »E = mc²« zur berühmtesten der Welt, spielte gern Geige und zeigte den Paparazzi schon mal die Zunge: Albert Einstein, geboren 1879 in Ulm, starb 1955 in Princeton (USA), wohin er 1933 aus BERLIN ins Exil ging. 1914 hatte Max Planck das unbequeme Genie als Mitglied für die Preußische Akademie der Wissenschaften in BERLIN gewinnen können. Vom Sommersemester 1915 bis zum Wintersemester 1928/29 hielt Einstein Vorlesungen an der BERLINer Universität. Die Nationalsozialisten verbrannten seine Schriften.

IV

Wer indes etwas von der Aufbruchsstimmung des physikalisch-technischen Zeitalters in und um Berlin erfahren will, der bekommt einen vorzüglichen Eindruck im Wissenschaftspark Albert Einstein auf dem Potsdamer Telegraphenberg. Die Astro- und Geophysik, die Meteorologie und die frühe Klimaforschung haben in den lichten Wäldern von Potsdam-Babelsberg Ende des 19. Jahrhunderts in schmucken Backsteinbauten ihre von Kuppeln gekrönten Laboratorien aufgebaut. Hier wurden

Einsteins Allgemeine Relativitätstheorie 1919 empirisch bestätigt und 1917 bis 1921 für ein Spiegelteleskop der Einsteinturm gebaut. Das 20 Meter hohe, in seinem weißen Beton als Mischung aus U-Boot und Ufo erscheinende Gebilde des jungen Architekten Erich Mendelsohn ist in die Baugeschichte der Neuzeit eingegangen. Und die restaurierte, bis heute genutzte Forschungsstätte kann nach Voranmeldung bei der Potsdamer Urania besichtigt werden. Gleich im Foyer grüßt dort Einsteins Kopf mit ungewohntem, wie vorahnend wehmütigem Ausdruck: die letzte Porträt-Skulptur vor der Vertreibung durch die Nazis.

Näher noch kommt man ihm und seiner Berliner Zeit ein paar Kilometer südlich von Potsdam im legendären Sommerhaus von Caputh. Einstein, nicht reich, aber in der Lage, sein Nobelpreisgeld vorab seiner ersten Frau zu versprechen (um von ihr geschieden zu werden), ließ sich das zweistöckige, rotbraune Holzhaus am Waldrand oberhalb des Schwielowsees 1929 von dem jungen Architekten Konrad Wachsmann entwerfen. Es ist das einzige authentische Zeugnis, wie der in den Naturwissenschaften so umstürzende und im persönlichen Habitus durchaus unbürgerliche Denker wirklich leben wollte.

Einstein, zu dessen Lieblingsbüchern in seiner umfänglichen Bibliothek eine Sammlung jüdischer Witze gehörte, war in ästhetischen Fragen bestürzend konservativ. In der Musik ging ihm, dem passionierten Hausgeiger, nichts über Mozart. Die Moderne, gar Schönbergs Zwölftonkompositionen oder auch Kurt Weill, war ihm zuwider. Die von ihm in der Physik ergründete Relativität von Zeit und Raum blieb ihm in der Literatur und der bildenden Kunst, wie erwähnt, völlig fremd. Aber in der gemäßigten Bauhaus-Architektur von Caputh weht plötzlich Einsteins frischer Wind: ein in Material und Schnitt so schlichtes wie elegantes Domizil mit großzügigen Terrassen, Fenstern und Ausgängen in den zum See abfallenden Garten. Ein Haus, das zur socken- und schlipslosen Legerheit des leidenschaftlichen Seglers passte, der noch unbehelligt von den heute am Fuß des Grundstücks angesiedelten Häusern zum Ankerplatz seines »Tümmler« genannten Segelboots gelangen konnte.

Das Haus von Caputh, in dem Einstein, bewusst ohne Telefon, vier glückliche Sommer verbrachte, gerne allein, aber auch mit Familie, Freunden und wechselnden Geliebten, in dem Heinrich Mann und Rabindranath Tagore, Erich Kleiber und Max Planck, der spätere erste Präsident Israels Chaim Weizmann und auch Anna Seghers verkehrten, wurde inzwischen mit größter Sorgfalt und bis auf ein paar neue Heizkörper originalgetreu restauriert. Seit dem Frühjahr 2005 ist es für Besucher und Veranstaltungen des Potsdamer Einstein Forums wieder zugänglich. Aus Einsteins Arbeits- und Schlafzimmer am Ende des unteren Flurs sind zwar keine Einrichtungsstücke mehr erhalten. Aber es gibt noch die wunderbare gusseiserne Badewanne mit vier Löwenfüßen. In ihr hat der – ähnlich wie Brecht vor allem für die Nasen von Damen mitunter etwas streng riechende – Hausherr mit Lust gebadet.

V

Das zweite und letzte Haus seines Lebens kaufte sich der Emigrant Albert Einstein im Sommer 1935 in Princeton: als Fellow des auf dem Campus der Universität Princeton für Spitzenwissenschaftler aus aller Welt gegründeten Institute for Advanced Study. Einsteins Haus ist die berühmte Adresse 112 Mercer Street, vor der sich heute noch Touristen aus aller Welt fotografieren lassen. Auch dieser zur Straßenseite schmale, über 150-jährige Holzrahmenbau passte zu Einstein.

Das Haus hat, von einer Veranda im typischen Kolonialstil gesäumt, Anmut und bescheidene Eleganz. Ganz anders als Thomas Manns nahe gelegener erster amerikanischer Exil-Sitz, ein pompöses Backstein-Palais.

Bis zu ihrem Tod Mitte der 1980er-Jahre wohnte hier in der Mercer Street noch Einsteins Stieftochter Margot, die wie Helen Dukas von Anfang an als Mitbewohnerin den Haushalt führte. Entsprechend Einsteins Vermächtnis erbte dann das Institute for Advanced Study das Haus – mit der Auflage, es keinesfalls zu einem Museum zu machen und weiterhin Wissenschaftlern des Instituts zur Verfügung zu stellen. Jetzt lebt hier der Ökonom Eric S. Maskin, der 2007 zusammen mit zwei Kollegen für seine Forschungen zur Entscheidungs- und Spieltheorie mit dem Nobelpreis für Wirtschaftswissenschaften ausgezeichnet wurde. Von ihm erfahren wir, dass er und seine Familie erst die zweiten Bewohner des Hauses seit den Einsteins sind. 1987 wurde das Anwesen – mit der Auflage des späteren Rückverkaufs – an den Physiker Frank Wilczek veräußert. Der im Jahr 2004 gleichfalls mit dem Nobelpreis bedachte Wissenschaftler logierte hier mit allen Originalmöbeln Einsteins bis zum Jahr 2000. Als Maskin dann die berühmte Immobilie angeboten wurde, wollte er sie nur leer und mit der Möglichkeit behutsamer Veränderungen erwerben.

Seitdem werden die Einstein-Möbel in einem Depot der Historical Society of Princeton verwahrt und von Restauratoren aufgearbeitet. Im backsteinroten Bainbridge House aus dem Jahr 1766, in dem die Historische Gesellschaft gegenüber dem Universitätscampus an der Nassau Street residiert und ein winziges Museum (unter anderem mit Einsteins Pfeife) unterhält, zeigt man nun in wechselnden Präsentationen *(Einstein at Home)* die einschlägigen Memorabilia. Also sehe und befühle ich mit relativer Andacht ein paar auratische Stücke, so den leicht verkratzten bäuerlichen Tisch ohne Schubladen, an dem Einstein am liebsten rechnete und plauderte. Er war als Leihgabe für kurze Zeit auch noch einmal nach Berlin zurückgekehrt – für die Einstein-Jubiläumsausstellung im Kronprinzenpalais im Jahr 2005.

Zurück zu Einsteins letztem Haus. Professor Maskin und seine Familie haben an ihrem Vorgartentor eigens ein Schildchen »*Private Residence*« angebracht, um sich vor Neugierigen zu schützen. Man möchte im Inneren weder Fernsehteams noch überhaupt fremde Gäste. Doch nach einem Treffen im Institute werde ich von Maskin (»Meine Frau hat ausnahmsweise zugestimmt«) zu einer privaten Führung eingeladen: In den unteren Wohnräumen haben sie ein paar Durchgänge vergrößert, das Haus mit mehr Licht erfüllt. In Einsteins geliebtem Musikzimmer steht jetzt wieder ein Flügel, den der Hausherr spielt. Und im Obergeschoss ist der Nachfolgeraum des Berliner Turmzimmers noch immer, angrenzend an Einsteins früheren Schlafraum, die Arbeitsklause eines Wissenschaftlers. Durch das wandbreite *Picture window*, das sich Einstein 1935 eigens einbauen ließ, schweift vom Schreibtisch wie damals der Blick über den Garten und die Baumwipfel hinüber zu den neogotischen Türmen der Universität. An dieser Stelle hatte der säkulare, kosmopolitische Jude und Pazifist, der ausgebürgerte Deutsche und seit 1940 US-Bürger wohl auch entschieden, trotz seiner Sympathien für Israel das Angebot auszuschlagen, nach dem Tod des israelischen Staatspräsidenten Chaim Weizmann 1952 dessen Nachfolger zu werden. Und an diesem bevorzugten Platz (wie auch an fast jedem Ort, der ihm Papier und Stift bot) füllte Einstein unaufhörlich Blätter und Zettel mit Formeln und Zahlen und immer neuen Anläufen zu einer »Einheitlichen Feldtheorie«, die alle Widersprüche und Rätsel der modernen Physik in einer »Weltformel« aufheben sollte.

20 Minuten zu Fuß ging der Meister von hier bis kurz vor seinem Tod im April 1955 in sein Büro im Erdgeschoss des Institutes. Dort, in »Professor Einsteins Raum«, hat der Starmathematiker Robert Langlands als »Bewohner seit vier Jahrzehnten«, wie er sagt, äußerlich kaum etwas verändert: die Holztäfelung, die alten Regale, vier tiefe Sprossenfenster und überall Papiere, Bücher und Formeln auf der in die Wand eingelassenen Schiefertafel. Als könnte der Ingenieur des Universums jederzeit wieder zur Tür hereinkommen und den Nachfolger mit seinem nie ganz flüssigen und immer süddeutsch gefärbten Englisch freundlich knapp begrüßen.

Kein öffentlicher Raum. Der freilich ist gegenüber dem Rathaus von Princeton entstanden. Ein bescheidenes Rasenstück mit wenigen eingelegten Steinplatten, darauf eine Büste und Infotafel, als Ort benannt mit einem Wortwitz. *Square* bedeutet »Platz«, »Quadrat« und mathematisch »hoch zwei« – anspielend auf Einsteins legendäre Formel zu Energie, Masse und Lichtgeschwindigkeit –, und so heißt das Plätzchen seit einigen Jahren »EMC Square«. Dies hätte auch dem unfeierlichen Albert Einstein gefallen.

Seine letzte Freundin und Vertraute bis in den Tod war die aus Prag stammende jüdische Emigrantin Johanna Fantova – verwitwete Schwiegertochter der früheren Salon-Gastgeberin Bertha Fanta –, der er zur Einreise in die USA und zu einer Stelle in der Universitätsbibliothek von Princeton verholfen hatte. Für Johanna hat Albert Einstein im Oktober 1948 als Maxime notiert: »Das persönliche Dasein wird sinnvoll durch die Überzeugung vom objektiven Wert des eigenen Strebens und Wirkens.« Solche Worte klingen erst einmal ganz uneinsteinisch und sonntagsrednerisch. Bis zur folgenden, alle Dogmatik und alles Akademische konterkarierenden Wendung: »Ist die Überzeugung aber nicht durch Humor gemildert, so ist man unerträglich.«

DIE BÜHNENKÜNSTLERIN UND DIE VERSAKROBATIN

ADRIANA ALTARAS über MASCHA KALÉKO
Unsentimental, unpathetisch und schnell

Lange Zeit konnte ich Mascha Kaléko nicht leiden. Nicht, dass ich sie gelesen hätte. Nein, einfach so. Sie war, als ich in den frühen 1980er-Jahren nach Berlin kam, derartig »in«, dass es zum Fürchten war. Alle lasen sie. In jedem Café wurde sie als Matinee zum Besten gegeben. Es gab Lesungen am Nachmittag und mitten in der Nacht. Das war mir suspekt. Das Hofieren lebender Juden ist mir unangenehm, das Hofieren von toten Juden löst bei mir einen bitteren Geschmack aus.

Was wusste ich von ihr? Sie wurde 1907 als Golda Malka Aufen in Galizien geboren, kam mit sieben Jahren nach Deutschland, mit elf nach Berlin.

Na und? Ist das etwas Besonderes? Viele Juden haben, bevor sie die Grundschule verlassen, bereits drei Fremdsprachen gelernt, meist lernen müssen. Heimat, ein überbewerteter Begriff …

Mascha hatte einen Bruder und zwei Schwestern, der einen schreibt sie:

> Weißt du noch, es war so still im Zimmer.
> Schularbeiten waren längst gemacht.
> Überm Frost lag sanft Lamettaschimmer.
> Beckers unten übten »… Stille Nacht!«
> (*So um Dezember …*)

Sie leben also nicht im Ghetto, sondern unter Nichtjuden. Verrückt, was für einen großen Eindruck das Weihnachtsfest auf Juden macht – vor allem wahrscheinlich, weil sie nicht mitfeiern dürfen. Damals wie heute.

> Ich möchte mich so gerne wieder sehnen,
> Wie man es nur mit fünfzehn Jahren kann.
> Ganz gleich wonach, sei es ein Stern, ein Mann,
> Der erste Kuß, die allerersten Szenen.
> (*Ich möchte wieder*)

Wie sie mit fünfzehn gewesen ist: »Na wie man da zu sein pflegt, innen schüchtern außen frech.«, schreibt sie. Das hätte ich nicht besser benennen können.

Mascha muss die Schule mit sechzehn Jahren verlassen. Der Vater, ein streng orthodoxer Mann, ist der Meinung, Mädchen bräuchten nicht zu studieren. Bitter für ein Mädchen, das sich für Literatur interessiert und in einer Stadt lebt, die vor jüdischen Künstlern strotzt. Wie gerne hätte auch ich in einer Zeit mit Max Liebermann, Kurt Tucholsky, Alfred Kerr gelebt!

Sie macht ab 1925 eine Bürolehre im Arbeiterfürsorgeamt der jüdischen Organisationen Deutschlands in der Auguststraße 17. Was für ein Albtraum! Monotone Büroarbeit in der Jüdischen Gemeinde, während um sie herum eine Stadt kulturell und wirtschaftlich explodiert.

Kein Wunder, dass sie mit 21 heiratet, einen zehn Jahre älteren Mann, den Journalisten Saul Aron Kaléko. Sie zieht von Spandau nach Charlottenburg in die Bleibtreustraße.

Charlottenburg, Charlottenburg ... Natürlich, Else Ury, Kantstraße 30, Ecke Schlüterstraße. Eine Gedenktafel ziert das Haus, in dem sie von 1905 bis 1933 wohnte und in dem sich heute ein China-Restaurant befindet. Else Ury, Zeitgenossin, geboren 1877 in Berlin, assimilierte Jüdin, völlig anderes Kaliber, schreibt die *Nesthäkchen*-Romane, ein Muss für alle braven Bürgerstöchter. Biederes Zeug, würde man heute sagen, verkaufte sich aber enorm, zu Beginn des 21. Jahrhunderts waren es sieben Millionen Exemplare!

Na, das hätte ich doch gern mal gesehen: Ein Treffen zwischen der Starautorin der Wilhelminischen Zeit und dem Fräulein Kaléko, der lyrischen Stimme für die Nöte des kleines Mannes, vielmehr: der kleinen Frau.

Sie beginnt mich ernsthaft zu interessieren.

> Ich sitz in meinem Stammcafé
> Es ist schon spät. Ich gähne ...
> Ich habe Sehnsucht nach René
> Und außerdem Migräne.
> (*Angebrochener Abend*)

Ich lese diese Zeilen und kann sie sofort auswendig. Spricht sie von mir? Woher kennt sie René? Ich summe die Verse den ganzen Tag vor mich hin. Sie hat mich erwischt, die Kaléko, jetzt gibt es kein Entrinnen mehr.

> Der große Blonde an der Bar
> Schickt einen Brief. – Beim Lesen
> Denk ich: Zu spät. Vor einem Jahr
> Wär der mein Typ gewesen.
> (*Angebrochener Abend*)

Wenn es etwas gibt, das ich verehre, so ist es: wichtige Dinge möglichst knapp äußern, kein großes Aufhebens machen. Unsentimental, unpathetisch und schnell, geistreich, wie – ja, wie Heinrich Heine, oder wie das Leben eben.

Mascha Kaléko, ich werde alle deine Gedichte lesen. Sie sind Chronik und Zeitgefühl, ohne je aufdringlich zu sein.

Sonne klebt wie festgekittet.
Bäume tun, als ob sie blühn.
Und der blaue Himmel schüttet
Eine Handvoll Wolken hin.
(*Frühling über Berlin*)

War Berlin schon immer so? Wie heute früh, als ich rausgeschaut habe?

Berlin kann einem Zugehörigkeit gewähren, ob man hier geboren wurde oder nicht.

Ich finde ein Foto der Dame: Mascha Kaléko hat meine Frisur, nämlich gar keine. Wilde Locken, ich beginne, an Übertragung zu leiden ...

Beneide sie um das Romanische Café, in dem sie ein und aus geht, alle trifft, Erich Kästner, Joachim Ringelnatz, Egon Erwin Kisch, wo sie, ohne Luft zu holen, plappert, berlinert, wo nach und nach die Vertreter der Neuen Sachlichkeit die Surrealisten ablösen: Witzig, sozialkritisch wird die Wirklichkeit abgebildet.

Wie sie mir fehlen, diese Kollegen mit der schnellen Zunge und der spitzen Feder, was gäbe ich darum, in ihrem Kreis zu sitzen, diesen verdammten Krieg, dieses ganze Tausendjährige Reich ungeschehen machen zu können ...

Was wäre, wenn ..., wenn?

Aufhören! Vorbei!, sage ich mir, so wird das nichts, und lese weiter: »Wenn Sie also hören wollen, wie damals so eine Dichterlaufbahn begann, nun denn: Bei mir fing es gleich mit dem Anfang an. Das tut es ja meistens, aber oft hört's auch gleich mit dem Anfang auf. [...] Ich aber hatte mehr Glück als Verstand.«

Ich blättere weiter in ihrer Vita, neugierig inzwischen. Sie ist 22, 23 Jahre alt, als sich die Berliner Zeitungen um sie reißen. Ein altkluges, witziges Mädchen, empfindsam, frech.

Im Detail genau. Sie trifft den Ton der Zeit. Der mir absolut gefällt.

> Man lernt sich irgendwo ganz flüchtig kennen
> Und gibt sich irgendwann ein Rendezvous.
> Ein Irgendwas, – 's ist nicht genau zu nennen –
> Verführt dazu, sich gar nicht mehr zu trennen.
> Beim zweiten Himbeereis sagt man sich »du«.
> (*Großstadtliebe*)

Wirtschaftlich geht es ihr und ihrem Mann zunehmend besser. Ihre Geschichten sprechen jeden an, weil sie sehr direkt vom Leben erzählen. Danke, würde ich brüllen, wenn sie neben mir säße. Was ist spannender als das Leben. Was?

1931 soll sie sogar Erich Kästner in der Zeitung *Die Welt am Montag* ablösen und wöchentlich ein Gedicht liefern. Oha! Auftragsarbeit, Kreativität mit Termindruck …

Erst hat sie Angst, dann sagt sie – »Gott sei Dank!« – zu. So entstehen die meisten ihrer Gedichte. Sie gehört nun zur literarischen Szene in Berlin. Sogar Claire Waldoff singt ihre Chansons.

> Wenn einer stirbt, dann weinen die Verwandten;
> Der Chef schickt einen Ehrenkranz ins Haus,
> Und voller Lob sind die, die ihn verkannten.
> … Wenn einer tot ist macht er sich nichts draus.
> (*Ein kleiner Mann stirbt*)

Ich hab's gewusst, schon immer gewusst: Die 1920er- und 1930er-Jahre wären meine Zeit gewesen. Diese Schnoddrigkeit! Dieser Witz! Und zwischen den Zeilen ist Mascha doch sentimental, ich bin es übrigens auch.

Mal ehrlich, wo bitte findet man heutzutage solche Verse? Verse, die von einfachen Leuten handeln, aber Horizont und Humor haben und im Vorbeigehen auch noch politisch sind.

Heinrich Heine, Kurt Tucholsky, Erich Kästner, Robert Gernhardt: Ja, die liebe ich genauso. Alles Männer. Wie hat sich Mascha Kaléko dort hineingemogelt?

Ihr erster Gedichtband, *Das lyrische Stenogrammheft. Verse vom Alltag*, erscheint im Januar 1933 im Rowohlt Verlag Berlin, wird ein sensationeller Erfolg und erreicht vier Auflagen. Später wird sie sagen, in Berlin waren »die paar leuchtenden Jahre vor der großen Verdunkelung«. Noch steht ihr Name nicht auf der schwarzen Liste, aber allmählich gehen die Kollegen ins Exil.

Ab Anfang 1933 wird kein Gedicht von Mascha Kaléko mehr in den Zeitungen gedruckt. Ihr *Kleines Lesebuch für Große. Gereimtes und Ungereimtes* erscheint noch im Dezember 1935 im Rowohlt Verlag Berlin, verkauft sich gut, aber Maschas Ton ist vorsichtig, unverbindlich, ungewohnt unkritisch.

> Wenn einer fortgeht, gibt man sich die Hände,
> Am Bahnhof lächelt man so gut es geht.
> Wie oft sind unsrer Sehnsucht Außenstände
> Mit einem D-Zug schon davongeweht ...
> (*Wenn einer fortgeht ...*)

Ab 1935 erhält sie Schreibverbot. Jetzt fällt mir wieder Else Ury ein. Auch sie wird 1935 aus der Reichsschrifttumskammer ausgeschlossen. Dabei spielen ihre Bücher ausschließlich im christlichen Milieu, jüdisches Kulturgut taucht gar nicht auf. Ihre Heldin, die brave Arzttochter Annemarie Braun, macht doch alles richtig, ganz im Sinne der neuen Machthaber ... Else Ury ist dreißig Jahre älter als Mascha Kaléko. Ihr Werk, das »Nesthäkchens« Leben erzählt, ist auf zehn Bände angewachsen. »Nesthäkchen« ist die Identifikationsfigur deutscher Mädchengenerationen. Für die urdeutsche Else Ury, die der heilen urdeutschen Familie ein Denkmal gesetzt hat, ist es völlig unbegreiflich, dass ihre Bücher verboten werden. Es kommt ihr wie ein Missverständnis, ein Irrtum vor. Sie ist so erfolgreich, wohnt inzwischen im Grunewald und versteht die Welt nicht mehr. Ihr Bruder begeht 1935 Selbstmord. Sie kann aber auch mit diesem Zeichen nichts anfangen und geht nicht weg aus ihrem geliebten Berlin.

Noch eine Zeitgenossin fällt mir ein: Regina Jonas, 1902 in Berlin geboren, war die erste in Deutschland praktizierende Rabbinerin und vermutlich die erste ordentlich ordinierte Rabbinerin weltweit. Ein unglaublicher Schritt, damals (auch heute noch!), ihre provozierende Prüfungsarbeit lautet: *Kann die Frau das rabbinische Amt bekleiden?* Eine im Denken hochmoderne Frau. Selbst sie verlässt Berlin nicht.

Auch Mascha Kaléko spielt immer noch nicht mit dem Gedanken zu gehen.

Wäre ich gegangen? Das habe ich mich schon so oft gefragt und mir nie eine Antwort geben können. Fort aus meiner Stadt, meiner Straße? Der Sprache, in der ich schreibe und Theater spiele? Ich, die ich noch nicht einmal in Deutschland geboren bin, deren jüdische Verwandte jahrelang nicht mehr mit mir gesprochen haben, weil meine Eltern und ich nach Deutschland gegangen sind – ich hätte wahrscheinlich auch Berlin nicht verlassen.

ADRIANA ALTARAS

Die Regisseurin und Schauspielerin wurde als Tochter jüdischer Eltern 1960 in Zagreb (Kroatien) geboren. Ausgebildet in BERLIN und New York, gehörte sie 1984 zu den Gründern des BERLINer Off-Theaters *Zum Westlichen Stadthirschen*. Als Interviewerin arbeitete sie für die Shoah Foundation von Steven Spielberg. Ihr 2011 erschienenes erstes Buch *Titos Brille. Die Geschichte meiner strapaziösen Familie* wurde ein Bestseller. Sie hat den braunen Gurt in Karate.

Der Musikwissenschaftler Chemjo Vinaver und Mascha begegnen sich noch in Berlin. Sie ist 29 Jahre alt, als ihr Sohn Evjatar Alexander Michael geboren wird. Eine große Liebe und eine Zerreißprobe für das Zusammenleben zweier freiberuflicher Künstler. Nur so viel: Das kenne ich.

> Mich trieb von Berlin nach Amerika
> Ein Abschnitt der jüngsten Geschichte.
> Nun sitz ich im fernen New York, U.S.A.,
> Und schreibe dort – deutsche Gedichte.
> (Gedicht ohne Titel)

Im September 1938, knapp vor der Reichspogromnacht, verlassen Mascha Kaléko und ihr Mann mit ihrem Sohn Berlin. Das *Affidavit* haben sie von Gerald F. Warburg, einem mit Chemjo Vinaver befreundeten Musikerkollegen, bekommen. Die Kiste mit der Menora, der Seder-Schüssel, der Familienbibel, mit all den geliebten, von der Großmutter vererbten Gegenständen wird nie in New York ankommen.

> Es sprach zum Mister Goodwill
> ein deutscher Emigrant:
> »Gewiß, es bleibt dasselbe,
> sag ich nun *land* statt Land,
> sag ich für Heimat *homeland*
> und *poem* für Gedicht.
> Gewiß, ich bin sehr happy:
> Doch glücklich bin ich nicht.«
> (Der kleine Unterschied)

Was jetzt passiert, kennt man aus vielen Geschichten der 200.000 deutschen Emigranten, die sich von 1933 bis 1944 nach Amerika haben retten können: der Verlust der Sprache, der geistigen Heimat. Nicht alle haben solches Glück wie Lion Feuchtwanger, Thomas Mann oder Bertolt Brecht. Die meisten müssen in neuen, ungelernten Berufen bei null anfangen, die finanzielle Situation ist mehr als prekär.

Aber sie haben überlebt. Während Else Ury in der Welle XL unter der Nummer 638 mit ihrer 90-jährigen Mutter nach Auschwitz deportiert und umgebracht wird. Und Regina Jonas 1942, ebenfalls mit ihrer Mutter, nach Theresienstadt verschleppt und 1944 in Auschwitz ermordet wird.

> In jenem Land, das ich einst Heimat nannte,
> Wird es jetzt Frühling wie in jedem Jahr.
> Die Tage weiß ich noch, so licht und klar,
> Weiß noch den Duft, den all das Blühen sandte,
> Doch von den Menschen, die ich einst dort kannte,
> Ist auch nicht einer mehr so, wie er war.
> (*Auf einer Bank im »Central Park«*)

Hier könnte ich aufhören zu schreiben. Denn es bricht mir immer und immer wieder das Herz. Immer dieselben Geschichten der Emigranten. Sie drehen sich um Angst, Tod, Verlust der geliebten Menschen, der Heimat, der Karriere. Ja, sie haben überlebt. Ja, das ist unendlich viel. Und dennoch ...

Und obwohl ich so viele Jahre später, so privilegiert und heil, in Deutschland leben kann, und obwohl der Leuchter meiner Großmutter unseren Tisch schmückt, erfüllt es mich immer mit Grauen, wenn ich solche Lebensläufe lese.

Mascha Kaléko hat kaum noch Zeit zu schreiben. Im Mittelpunkt steht das Überleben in der neuen Heimat. Sie übersetzt, sie kann etwas im deutsch-jüdischen Monatsmagazin *Aufbau* veröffentlichen. Und neben den Sorgen und Pflichten als Ehefrau und Mutter hat sie Heimweh.

Hat Berlin auch Heimweh nach ihr? Wissen diese Irren, was sie verloren haben, als sie ihre Mascha, ihre Else, ihre Regina vertrieben und ermordet haben?

Ich werde polemisch. Ich weiß.

Ohne den Nationalsozialismus hätte die jüdische Abstammung für Mascha Kaléko, aber auch für Else Ury wahrscheinlich gar keine Rolle gespielt. Bis heute führen wir erbitterte Diskussionen innerhalb der jüdischen Gemeinde, um uns nicht ausschließlich über den Holocaust zu definieren.

> Ich hatte einst ein schönes Vaterland,
> So sang schon der Refugee Heine.
> Das seine stand am Rheine,
> Das meine auf märkischem Sand.
> Wir alle hatten einst ein (siehe oben!)
> Das fraß die Pest, das ist im Sturm zerstoben.
> O, Röslein auf der Heide,
> Dich brach die Kraftdurchfreude.
> [...]
> Mir ist zuweilen so als ob
> Das Herz im Leibe mir zerbrach.
> Ich habe manchmal Heimweh.
> Ich weiß nur nicht, wonach ...
> (*Emigranten-Monolog*)

Sie leben, Mascha, Chemjo und ihr Sohn, der jetzt Steven genannt wird. Mehr schlecht als recht, aber sie leben. Sie haben wenige neue Freunde. Sie streiten viel. Gesundheitliche Probleme kommen hinzu. Man kann es sich lebhaft vorstellen. »Nicht in die Hitlerhölle zu kommen, ist das nicht beinahe schon Himmel genug?«, schreibt Mascha lakonisch. Irgendwann schlägt die Trauer in Hass um.

> Der Tag wird kommen, und er ist nicht fern,
> Der Tag, da sie ans Hakenkreuz euch schlagen.
> Da wird nicht eine Seele um euch klagen,
> Und nicht ein Hund beweinen seinen Herrn.
> (*Hoere, Teutschland*)

Es werden 21 Jahre im amerikanischen Exil werden. 1944 nehmen sie die amerikanische Staatsbürgerschaft an. Mascha ist, obwohl sie sich bemüht, regelmäßig zu schreiben, vor allem mit der Erziehung ihres hochbegabten Sohnes und als »Karrierehelferin« für ihren Mann beschäftigt, der kaum ein Wort Englisch spricht.

1945 ist der Krieg zu Ende. Aus der Ferne wird die ehemalige Heimat beäugt. Noch kann sie sich nicht vorstellen, wieder hinzufahren.

> Ich bin, vor jenen »tausend Jahren«,
> Viel in der Welt herumgefahren.
> Schön war die Fremde; doch Ersatz.
> Mein Heimweh hieß Savignyplatz.
> (*Minetta Street*)

Wie oft habe ich mir vorgestellt, meine Eltern wären nach dem Krieg nicht nach Deutschland, sondern nach New York gegangen, ich wäre nicht die einzige Jüdin weit und breit gewesen. Zu den hohen Feiertagen hätte *Happy Chanukkah* an der Litfaßsäule gestanden, meine Filmengagements hätte ich von jüdischen Agenten oder Regisseuren erhalten, vielleicht für andere Rollen als – wie in Deutschland – nur die der »Ausländerin«.

Mein Freund Martin hat mich einmal getröstet, indem er sagte: In New York gibt es genug Juden, bleib du mal schön hier ... Vielleicht hat er ja recht.

Obwohl sich Mascha schwer von ihrem Mann und ihrem geliebten Sohn trennen kann, geht sie am 31. Dezember 1955 an Bord. Dieses Ereignis hält sie im folgenden Gedicht fest:

> Nach siebzehn Jahren in »U.S.A.«
> Ergriff mich das Reisefieber.

> Am letzten Abend des Jahres wars,
> Da fuhr ich nach Deutschland hinüber.
> (*Deutschland, ein Kindermärchen / I*)

Warum? Sie möchte als Autorin wieder bekannt werden, vielleicht neue Bücher publizieren. Und sie möchte ihre alte Heimat wiedersehen.

Alles, was man sich vorstellen kann, passiert: Rührung und Ekel. Schwermut und Glück. Einmal mehr ist sie hin und her gerissen: »Unsere Zeit ist es nicht mehr […] und […] ich bin doch ein Kind dieses Kontinents.«

Die Presse begrüßt sie jubelnd: »Sie ist zurück, sie ist, wie sie war, grazil, hübsch mit witzigem Verstand.« Sie hat Erfolg.

Mascha Kaléko schreibt nach New York, wie gut es ihr ginge, auch gesundheitlich, wie geschmeichelt sie sich fühle. Sie hält Vorträge, trifft Kollegen, speziell Erich Kästner, die Wiederauflage des *Lyrischen Stenogrammmhefts* im Rowohlt-Verlag 1956 steht bald auf der Bestsellerliste.

Und trotzdem ist nichts mehr wie früher. Die Vergangenheit und die Gegenwart schieben sich ständig übereinander. »Wie habe ich Heimweh nach Berlin, mitten in Berlin!«

Ihr Sohn schreibt, sie solle zurückkommen – er habe Sorge, dass sie für immer dort bliebe.

> Berlin, im März. Die erste Deutschlandreise,
> Seit man vor tausend Jahren mich verbannt.
> Ich seh die Stadt auf eine neue Weise,
> so mit dem Fremdenführer in der Hand.
> Der Himmel blaut. Die Föhren rauschen leise.
> In Steglitz sprach mich gestern eine Meise
> im Schloßpark an. Die hatte mich erkannt.
> (*Wiedersehen mit Berlin*)

Glück, Unsicherheit, Düfte, alles benennt sie. Versteckt sich nie hinter falschem Pathos. In jeder Zeile kann ich lesen, wie es ihr geht. Ich mag das.

MASCHA KALÉKO

Lange fast vergessen, wird sie heute wieder zu den bedeutendsten Lyrikerinnen des 20. Jahrhunderts gezählt. Geboren 1907 im galizischen Chrzanów, kam sie 1918 nach BERLIN. Hier fand sie Anschluss an die künstlerische Avantgarde und begann, im Stil der Neuen Sachlichkeit zu schreiben. Ihr Lyrisches Stenogrammheft erschien 1933 und wurde ein großer Erfolg. 1938 emigrierte sie in die USA, zog später nach Israel. Sie überlegte, einen Zweitwohnsitz in BERLIN zu nehmen, wohin sie 1974 zum letzten Mal zu einer Lesung kam. Auf dem Weg nach Jerusalem verstarb sie 1975 in Zürich.

Und immer und immer wieder die Sehnsucht nach der verlorenen Zeit. Man kann wirklich nicht behaupten, Berlin hätte seine Wunden versteckt. Noch immer sieht es an manchen Stellen in der Stadt so aus, als wäre der Krieg gerade eine halbe Stunde vorbei. Jedoch: »Dieselbe Szenerie, aber es wird ein anderes Stück gespielt.«

Sie hat es zwar geschrieben, doch ich selber denke es fast täglich: Am Bayerischen Platz, »der jüdischen Schweiz«, wo ich jetzt wohne, wo man mit Schildern an das Unrecht erinnert, das Juden zugefügt wurde. Das sie mir aber nicht wiederbringt, niemals mehr.

Ja, ich bin untröstlich, auch wenn ich so glücklich in Berlin bin.

Schließlich wird Mascha Kaléko 1959 für den mit 4.000 DM dotierten Fontane-Preis der Berliner Akademie der Künste nominiert. Als sie erfährt, dass ihr der Schriftsteller Hans Egon Holthusen, der in der SS war und nun Direktor der Abteilung Dichtung der Akademie wie

Mitglied der Jury für den Fontane-Preis ist, den Preis übergeben soll, lehnt sie ab. Das wird ihr übel genommen: »Wenn es den Emigranten nicht gefällt, wie wir die Dinge hier handhaben, dann sollen sie doch fortbleiben.« Diesen unglaublichen Satz sagte der Generalsekretär der Akademie der Künste, Freiherr Herbert von Buttlar, daraufhin in einem Gespräch zu Mascha Kaléko. Sie fliegt zurück in die USA.

Oh Deutschland! Manchmal frage ich mich wirklich: Bist du so dumm? Kannst du nicht einmal was hinzulernen? Oder willst du nicht?

Dann wieder bin ich stolz auf dich, denke mir, in keinem anderen Land hat es eine derartige Aufarbeitung der kriminellen Vergangenheit gegeben. Weder in Frankreich, Spanien, Österreich hat man so zu seiner Schuld gestanden.

> Ich frage mich in meinen stillen Stunden,
> Was war das Leben, Liebster, eh du kamst
> und mir den Schatten von der Seele nahmst.
> Was suchte ich, bevor ich dich gefunden?
> (*Sonett in Dur*)

Chemjo Vinaver ist die große Liebe in Mascha Kalékos Leben. Neben ihrem Sohn natürlich, der inzwischen Literatur und Drama studiert hat und sowohl die musikalische Seite des Vaters als auch die poetische der Mutter geerbt hat. Da Steven mittlerweile nicht mehr bei ihnen lebt, sondern als Regisseur in Berlin, in der Stadt seiner Eltern, aber auch in London arbeitet, beschließen Mascha und ihr Mann, nach Israel zu ziehen. Chemjo muss dorthin, um seine Anthologien über jüdische Musik vollenden zu können. Mascha tut es ihm zuliebe: wieder ein neues Land, eine neue Sprache.

Israel! Große, manchmal letzte Option für viele Juden, aus verständlichen Gründen. Land unserer Väter, Land, wo Milch und Honig fließen sollten.

Aber auch das Land, in dem in einer Sprache und Schrift gesprochen und geschrieben wird, die sehr fremd sein und bleiben kann. Ganz zu schweigen davon, dass es landschaftlich wie kulturell so völlig anders ist.

Für Jeckes – die deutschen Juden –, für solche wie mich, deren Arbeitsfeld noch dazu die Sprache ist, ist es letztendlich doch keine Option.

Auch Mascha Kaléko bleibt eine Fremde im Land der Väter. Ihre Isolation nimmt immer mehr zu. Chemjo kann seine Pläne verwirklichen, er spricht Hebräisch, Maschas Iwrit-Kenntnisse dagegen bleiben rudimentär. Niemand kennt sie im Heiligen Land. Dichten gelingt ihr kaum noch.

Einmal im Jahr reisen beide zur Kur nach Europa, um der Hitze zu entgehen, hier sind die Säle voll, man hat sie nicht völlig vergessen. In Israel aber wird sie zunehmend einsamer.

> Die Fremde ist ein kaltes Kleid
> Mit einem engen Kragen
> Ich hab's mit meinem Koffer oft
> Im Leben schon getragen
> (*Chanson von der Fremde*)

Was soll man dazu sagen? Es gibt diesen Bruch, den die Rassengesetze zu verantworten haben, der mich, jedes Mal aufs Neue, wenn ich ihm begegne, mit größter Wut erfüllt. Die einen durften weitermachen. Den anderen hat man ihre Karriere, ihren Beruf, ja ihre Inspiration genommen. Diese Ungerechtigkeit verjährt für mich nie, egal wie viele Denkmäler errichtet werden.

Maschas Sohn, inzwischen ein Star, der eigene Musicals verfasst, komponiert und inszeniert, stirbt 1968 überraschend mit 31 Jahren in New York. Davon wird sich Mascha nicht mehr erholen. Sie wird von nun an psychisch und physisch immer labiler.

> Vor meinem eignen Tod ist mir nicht bang,
> Nur vor dem Tode derer, die mir nah sind.
> Wie soll ich leben, wenn sie nicht mehr da sind?
> (*Memento*)

Ich weiß es nicht. Ich weiß nicht, wie man so etwas verkraften kann, ob es überhaupt möglich ist. Die Vorstellung, einer meiner Söhne würde vor mir sterben, lässt mich erschaudern.

Als wenige Jahre später, 1973, ihr Mann nach langer Krankheit stirbt, hat sie das Leben über.

> Man braucht nur eine Insel
> Allein im weiten Meer.
> Man braucht nur einen Menschen,
> den aber braucht man sehr.
> (*Was man so braucht ...*)

Waren ihre Gedichte vor dem Tod ihrer geliebten Angehörigen voller Heimweh, so sind nun die nur noch selten entstehenden Verse voller Schmerz. Mascha geht kaum mehr aus dem Haus, sie ist krank und deprimiert.

Im Jahr 1974 unternimmt sie ihre letzte Europareise und liest am 16. September in der Amerika-Gedenkbibliothek am Halleschen Ufer in Berlin. Es wird ihr letzter öffentlicher Auftritt sein.

> Ich gehe wieder auf Reisen
> Mit meiner leisen
> Gefährtin, der Einsamkeit.
> (*Auf Reisen*)

Am 21. Januar 1975 stirbt sie auf der Durchreise nach Jerusalem in Zürich. Auch dazu hatte sie schon ein Gedicht verfasst:

Hier liegt M. K., umrauscht von einer Linde.
Ihr letzter Wunsch: Daß jeglicher was finde.
– Der Wandrer: Schatten, und der Erdwurm: Futter.
Ihr Lebenslauf: Kind, Weib, Geliebte, Mutter.
Poet dazu. In Mußestunden: Denker.
An Leib gesund. An Seele sichtlich kränker.
Als sie verschied, verhältnismäßig jung,
Glaubte sie fest an Seelenwanderung.
– Das erste Dasein ist die Skizze nur.
Nun kommt die Reinschrift und die Korrektur. –
Sie hatte wenig, aber treue Feinde.
Das gleiche, wörtlich, gilt für ihre Freunde.
Das letzte Wort behaltend, bis ans Ende,
Schrieb sie die Grabschrift selber. Das spricht Bände.
(*Epitaph auf die Verfasserin*)

Was bleibt? 1995 wurde Else Urys Koffer in Auschwitz gefunden, versehen mit einem Band, auf dem ihr Name und ihre Herkunft stand: Berlin. Regina Jonas' Werke werden von Rabbinerinnen studiert. In der Krausnickstraße 6 in Berlin-Mitte erinnert eine Gedenktafel an sie.

Immer wieder werde ich gefragt, ob es jüdischen Humor gebe. Keine Ahnung, was das ist, aber Mascha Kaléko hatte eine Menge davon.

Das bleibt. Und ihre Gedichte bleiben auch. Die ich jetzt lesen werde zu Matineen, Soireen, gelegentlich auch mitten in der Nacht.

Mein schönstes Gedicht
Ich schrieb es nicht.
Aus tiefsten Tiefen stieg es.
Ich schwieg es
(*Mein schönstes Gedicht*)

DER HISTORIKER
UND DER MILLJÖH-MEISTER

CHRISTOPH STÖLZL über HEINRICH ZILLE
Das unzensierte Leben

Wer heute das Berliner Abgeordnetenhaus in der Niederkirchnerstraße 5 besucht, der findet bei einigem Glück die Galerie Berliner Ehrenbürger. In Öl gemalt, halten sie von beiden Seiten eines ins Dunkle führenden Ganges neben dem Plenarsaal stumme Zwiesprache. Der Zufall will es, dass zwei große Männer Aug' in Auge hängen, deren Dialog zuzuhören sicher reizvoll wäre. Beide tief im 19. Jahrhundert verwurzelt, beide dialektische Gegenpole zum Wilhelminismus. Der eine nahm nach 1945 unsentimental Abschied von allen Großmachtfantasien und erhob eine gerechte Wirtschaftsgesellschaft zum Staatsziel. Da war der andere schon lange tot. Dessen Werk hatte nichts anderes im Sinn gehabt, als den Zukurzgekommenen der Wilhelminischen Ära ein Denkmal zu setzen. Konrad Adenauer, korrekter rheinischer Bürger, blickt hinüber zu Heinrich Zille. Der blickt zurück, auf den ersten Blick finster, auf den zweiten in sich versunken. Sein ernster Blick geht nach unten, so als sei dies seine Lebenshaltung. Die dunklen Augen unter dichtem Haar und über kurz geschorenem Handwerkerbart blicken sorgenvoll und zugleich leidenschaftlich. Nur wenn man weiß, dass die meisten großen Humoristen ihr Werk auf dem Urgrund tiefer Melancholie geschaffen haben, kommt man darauf, dass dieser Mann auch lachen konnte.

Kurt Tucholsky hat Zille für »die reinste Inkarnation Berlins« gehalten. Ohne Zweifel hat er damit nicht das barocke und klassizistische Hohenzollern-Berlin gemeint, nicht die preußisch-nüchterne, militärische, vom Ordnungsdenken geprägte Macht-Metropole, sondern das andere, das moderne, aufgewühlte, kurz: das »kritische«. Die Worte »Berlin« und »kritisch« haben in der Zeit, die uns hier angeht, ein dialektisches Paar gebildet. Berlin, das sich im späten 19. und im frühen 20. Jahrhundert selbst neu erfinden musste, hat nicht nur kritische, das heißt scharf blickende Köpfe angezogen, weil es zur Groß- und Weltstadt wurde und damit zum natürlichen Anziehungspunkt hellwacher Geister. Es wurde auch zum idealen, unerschöpflich Themen bietenden Gegenstand der Zeit-Kritik. Denn es war alles andere als der europäische Traum von der Idealstadt. Jenseits der Prachtboulevards war es Moloch und Dschungel der sozialen Verwerfungen, der Ungerechtigkeiten des Lebens, Arena eines Kampfes ums Dasein und um eine bessere Welt. Und nicht zuletzt diente Berlin als Labor der Auflösung der alten, in strenge, auch äußerlich sichtbare Sitten gefassten ständischen Welt.

Das alles geschah in atemberaubend kurzer Zeit. Berlin, die »Menschenwerkstatt«, wie es Heinrich Mann Anfang der 1920er-Jahre ausdrückte, war noch in Zilles Jugend – der Epoche der Fontane-Romane – »Alt-Berlin« gewesen, mit seiner strengen Zuweisung der Rollen von Mann und Frau, von Vater, Mutter und Kind, beim Bürgertum ebenso wie bei den kleinen Leuten. Es verwandelte sich in Zilles Mannesjahren zu einer Szenerie der Entgrenzung, welche viele entsetzte und ebenso viele anzog. Es verlockte als Eldorado nicht theoretischer, sondern ganz praktischer Sittenfreiheit. Die einen verstörte das in Berlin – öffentlicher als anderswo sichtbare! – Verschwinden der moralischen Tabus, und gerade für die großstadtfernen Provinzen Deutschlands wurde Zilles Berlin zum »Sündenbabel«. Die anderen, dem Fortschritt Zugeneigten priesen die rapide Modernisierung Berlins als Katalysator der Liberalisierung des Sexus.

Heinrich Zille war 1858 in der Nähe von Dresden in einer Handwerkerfamilie zur Welt gekommen. Der immer wieder verschuldeten Familie ging es nicht gut. 1867, kurz vor dem Beginn des Berliner Booms, der nach der Reichsgründung ausbrach, flüchteten die Zilles vor ihren Gläubigern nach Berlin. Die frühen Jahre Heinrich Zilles waren angefüllt mit der bitteren Erfahrung der Armut und des alltäglichen Kampfes um einen Platz, wenn nicht an der Sonne, so doch wenigstens nicht im tiefsten, kältesten Schatten. Der junge Heinrich Zille schlief auf dem Boden, wie später seine Modelle, arbeitete mit der Mutter in kümmerlicher Heimarbeit, war Lumpensammler, Fremdenführer und Theaterzettelverkäufer, Laufbursche für Tingeltangel-Mädchen und Talmischmuck-Hausierer. In den Jahren, in denen ein bürgerliches Kind harmlosen Abenteuern höchstens in Jugendromanen begegnete, hatte der junge Zille alles gesehen, was Mann und Frau sich im Guten wie im weniger Guten antun können. Die frühen Erfahrungen bildeten den Fond von Zilles kritischem Sinn, der eine umfassende Gebärde der Empathie, des Mitleidens, Erbarmens mit dem Menschenschicksal war – nicht aber eine politisch ausformulierte Sozialkritik. Zilles Berlin war wie Honoré Daumiers Paris: dramatische Bühne der menschlichen Komödie, ein Panorama, das einen endlosen Strom des Menschlichen an Augen und Ohren vorüberziehen ließ.

Der junge Zille wurde schließlich Lithograph, das heißt, er stieg ein in die aufquellende, die Welt zum reproduzierenden Bilderbuch verwandelnde Kulturindustrie der deutschen

Hauptstadt. Ihr militärfreudiger Historismus, ihr Hunger nach gemalter, gezeichneter Phrase wurde sein Brotberuf. Fürsten und Madonnen, Generäle und Damenmoden waren sein Tagesgeschäft. Aber zugleich führte ihn ein glückliches Schicksal in die wirkliche Kunst, er fand Lehrer, Freunde, Aufgaben. Der freundliche Altberliner Idylliker Theodor Hosemann unterrichtete ihn. Realistischer, als ihn seine Jugenderfahrungen gemacht hatten, konnte ihn Hosemann nicht mehr machen. Und lehren auch nicht viel. Zille schaute auf William Hogarth wie Honoré Daumier, er suchte sich bei Anton von Werner das brillante Detailzeichnen jenseits des Preußenpathos. Und er ging auf die Straße, wie es ihm Hosemann früh anriet. Das Elementare, Nüchterne, Unverbogene, Brutale des Molochs Berlin war sein Thema von da an. Heinrich Zille war fasziniert von der Kraft und der menschlichen Würde auch und gerade der Mühseligen und Beladenen der Großstadtgesellschaft. Nimmersatt zeichnete er gerade die improvisierten Hinterhofszenarien, die Auftritte der Turner und Ringer, die Kinderspiele wie die Rituale proletarischer Erotik. Besonders den armen Berliner Kindern war Zille in großer Sympathie zugetan. Sar-

CHRISTOPH STÖLZL

Geboren 1944 in Bayern, studierte Geschichte, Literaturwissenschaft und Soziologie in München. Von 1987 bis 1999 war er der erste Direktor des Deutschen Historischen Museums BERLIN, 2000/2001 Kultur- und Wissenschaftssenator in BERLIN und von 2002 bis 2006 Vizepräsident des Abgeordnetenhauses BERLIN. Seit 2001 ist er Honorarprofessor an der Hochschule für Musik Hanns Eisler und an der Freien Universität BERLIN, seit 2010 Präsident der Hochschule für Musik Franz Liszt Weimar.

kastischer Humor und ein Fatalismus, in dem sich die Lakonik des neuen Berlin untrennbar mit einer gefrorenen Wut auf die Ungerechtigkeit der Welt verband, wurden zur charakteristischen Zille-Philosophie. Diese gewann spätestens dann Ansehen, als der junge Ullstein-Verlag 1898 die *Morgenpost* herausbrachte. Das verlegerische Genie der jüdischen Ullstein-Familie hatte ein unerschöpfliches Thema entdeckt: das alltägliche Leben der wuchernden Metropole, deren Bewohner gar nicht genug bekommen konnten von Nachrichten über sich selbst und ihr Lebensgefühl. Zille wurde ihr zeichnerischer Herold. Die *Morgenpost* machte Zille erst bekannt, dann populär, schließlich zur Legende.

Als Bildpublizist entwickelte Zille eine originelle Kunstform, indem er aus Zeichnungen und meist handschriftlich hinzugefügten Texten im Berliner Volkston eine unverwechselbare Einheit schuf. Auch Bücher erschienen und wurden zu großen Erfolgen, vor dem Ersten Weltkrieg noch *Kinder der Straße* (1908), *Berliner Rangen* (1908), *Berliner Luft* (1913), *Mein Milljöh* (1914) und – unter leicht durchschaubarem Pseudonym – die *Hurengespräche* (1913).

Ungehobelt, vital, sozial zerrissen und trotzdem von einem hemmungslosen, alle Milieus verbindenden Lokalpatriotismus beherrscht – so sah das Berlin der ersten Jahrzehnte nach der Reichsgründung aus. Berlin machte Karriere: als Militär-Macht und Industriemetropole. Berlin, so entdeckten es klügere Analytiker, war »amerikanischer« als alle anderen deutschen Großstädte. Eine Kolonialsiedlung, die in hemmungslosem Glücksrausch entwurzelte Menschen aus allen Himmelsrichtungen anzog, die sich ihr Heil von der Kaiserstadt erhofften. Jetzt erfüllte sich das prophetische Wort Goethes vom »verwegenen Menschenschlag« der Berliner als treffende Charakterisierung. Berlin mochte die

Hauptstadt einer krass geschiedenen Klassengesellschaft sein. Aber die sozialen Schranken waren dennoch weniger stabil als anderswo in Deutschland. Die neue Berliner Massengesellschaft erschien in den Augen feinsinniger Beobachter geschmacklos und von rohen Sitten, von Parvenutum und fröhlicher Taktlosigkeit charakterisiert. Sie hatte ein alle Menschen, ob arm oder reich, verbindendes Leitmotiv: Das war das Tempo, die Hast, die Atemlosigkeit des Stadtschicksals. Kaum geschaffen, wurden in der Gründerzeit die wirklichen wie die sozialen Architekturen wieder abgeräumt. In den Nischen des Transformationsprozesses hauste das Elend wie der unbändige Wille zum Glück. Sollte man ein Wort suchen, dann drängt sich einem der Begriff »vital« auf die Lippen. Berlin wollte leben, Berlin war vital durch und durch. Darum ist ein durchgehender Zug in Zilles Werk auch eine ganz offenkundige Sympathie für das wirkliche, das vielleicht anstößige, das unzensierte Leben.

Wer lebt, muss hausen. Das drängendste Problem der nach Berlin strömenden Massen war in Zilles Epoche die extreme Wohnungsnot. Wachstum der Bevölkerung und Wachstum von menschenwürdigem Platz für die Mehrzahl der Berliner schienen sich auszuschließen. Die Nachfrage nach Wohnraum explodierte, Spekulation machte die Kartoffelbauern der Dörfer rings um die alte Stadt über Nacht zu Millionären. Empor wuchsen die übervölkerten Bienenhäuser, im Volksmund »Mietskasernen« geheißen. 1880 lebten auf einem Berliner Baugrundstück durchschnittlich sechzig Menschen, in Paris waren es zwanzig. Typisch für Berlin wurden die städtischen Nomaden der »Schlafburschen« und »Schlafmädchen«, die fremder Familien Betten im Schichtbetrieb mitnutzten und zum Symbol einer »provisorischen«, radikal ortlosen proletarischen Existenz wurden. Welchen Anschlag auf die Menschenwürde solche Verhältnisse bedeuteten, das hat Zille mit seinem berühmten Wort gegeißelt, man könne einen Menschen mit einer Wohnung erschlagen wie mit einer Axt. Die engen Innenhöfe boten Platz für das Manövrieren einer Feuerspritze, aber wenig Licht. Handwerksbetriebe füllten das »Hoftheater« mit dem Klopfen der Hämmer und dem Kreischen der Sägen, das sich mit dem Disput der Familien und dem fröhlichen oder aggressiven Lärm der Kinder mischte. Gemeinsame Treppenhäuser, Gemeinschaftsküchen, Gemeinschaftsaborte bewirkten nicht nur ein katastrophales hygienisches Defizit, sondern auch ein Klima von proletarischem, vorpolitischem Gefühlssozialismus. Vor allem aber waren sie soziale Orte, in denen ein Großstadtspektakel stattfand, dessen Zuschauer immer zugleich auch Akteure waren.

All das wurde Stoff für Zilles unbändigen Hunger nach Wirklichkeit. In unzähligen, geradezu experimentellen zeichnerischen Reihen hat er an der Komprimierung seiner Themen gearbeitet. Wo er den Zeichenstift ansetzte, da war unverstellte, allegorielose Leiblichkeit das Leitmotiv.

Erste Liebe, Umarmung, Zeugung und Geburt, Mutterschaft und Leben, Krankheit und Tod: Die Berlinische Variation dieser ewig gleichen Dramaturgie hat Zille in zehntausenden Varianten gezeichnet. Von den Kindern im Bad über die pubertären Liebesspiele der Hinterhöfe bis zu seiner Faszination an Rückenansichten und seinem klinischen Versuch, einen Kuss nicht idealisiert, sondern anatomisch treffend zu zeichnen – Zille ist immer dort, wo wir eigentlich versucht sind, der peinlichen Tatsächlichkeit durch Kulturtopoi »aus dem Weg zu sehen«. Menschen im Alltagsgewimmel oder in der Unterwäsche stehen nicht auf Stand- und Spielbein, sie pfeifen auf Idealität, wenn sie saugen oder säugen, wenn sie als Baby den Po geputzt bekommen oder als Erwachsene hygienischen Verrichtungen nachgehen. Die Sublimierung der Körperlichkeit, Botschaft der europäischen Kunst seit der Antike, hat Zille mit zeichnerischem Hohngelächter als Kulturlüge beiseite gewischt. Idealische Nacktheit ist seine Sache nicht. Wie Menschen jenseits der Standardisierungen durch den Zeitgeist wirklich aussehen, kann man bei ihm auf tröstliche Weise in lexikalischer Breite verfolgen, die uns mit all unseren eigenen Unzulänglichkeiten versöhnt. Auf paradoxe Art ist Zille der Balzac der Schenkel und Waden, der Busen und Bäuche, der Ellbogen und Schultern des proletarischen Berlins – zugleich aber auch der Enzyklopädist der Unterröcke und Dessous, Leibchen und Hemden, der Schürzen und Bänder, Hüte und Strümpfe, Schuhe und Schnürsenkel. Kein Wunder, dass er den preußischen Staatsmaler Anton von Werner zwar politisch verabscheute, aber den »Meister der Uniformknöpfe« als Hyperrealisten zeitlebens bewundert hat.

Am Ende, das hat Zille in lapidaren Blättern gezeichnet und auch gesagt, sind wir alle tot. Ob rachitisches Proletarierkind mit kurzem Dasein, ob abgerackerter Alter im steifen Totenbett, das Kinn hochgebunden: »Unser Leben wäret siebzig Jahre ...«

Das ist »Realismus pur«, wie er in der deutschen Literatur zu Zilles Zeiten viel breiteren Boden hatte als in der bildenden Kunst. Darum haben die, welche Augen hatten zu sehen, Zille sehr früh als einzigartig erkannt.

Der breiten Öffentlichkeit erschien Zille lange Zeit als bloßer Humorist – ein Klischee, das sich bis heute gehalten hat. Nur die sensibelsten Künstlerkollegen – diese aber von Anfang an! – haben die Pranke des Löwen in den scheinbar pittoresken Blättern erkannt. Die besten Köpfe Berlins wussten immer schon genau, dass Zille einer der ihren war. Darum fand er die Freundschaft des lakonischen Max Liebermann genauso wie die Liebe des Gefühlsgenies Käthe

Kollwitz. Zille war 1903 über seine Freundschaft zu beiden Mitgliedern der Künstlergruppe *Berliner Secession* geworden. Auf Augenhöhe sympathisierte darin der malerisch revolutionäre Lovis Corinth mit Zille, den er als geistesverwandten Unbändigen schätzte, und selbst die erzbürgerlichen Perfektionisten der Münchner Satirezeitschrift *Simplicissimus* – Olaf Gulbransson, Karl Arnold und Eduard Thöny – blickten respektvoll zu Zille hinüber und luden ihn zur Mitarbeit ein. Die jüngere Generation nach dem Ersten Weltkrieg hat ihn dann ganz selbstverständlich als den Eisbrecher des Realismus im gefrorenen Meer des verlogenen Historismus bewundert. Es wäre eine lohnende kunsthistorische Untersuchung, den Einfluss des älteren Zille auf die jüngeren Maler Otto Dix und George Grosz samt ihren sozialkritischen Weggenossen zu prüfen. Sie alle zeichneten später den Hexenkessel der modernen Großstadt und ihre Exzesse. Zille hatte all dies schon vorher gesehen, es freilich noch gemildert in einer weltumarmenden Empathie ohne scharfe parteipolitische oder gar revolutionäre Schlussfolgerung zu Papier gebracht.

HEINRICH ZILLE

Seine gezeichneten und fotografierten »Milljöh«-Szenen waren sozialkritisch, lokalpatriotisch und mit einem satirisch-mitfühlenden Blick für die »kleinen Leute«. Sie gehören noch heute entscheidend zum Bildfundus BERLINs. Auf der Flucht vor den Gläubigern war die Familie des 1858 bei Dresden geborenen Malers, Grafikers und Fotografen 1867 nach BERLIN gekommen. Ab 1892 lebte Zille in Charlottenburg, wo er 1929 auch verstarb. 1924 wurde er auf Vorschlag von Max Liebermann in die Preußische Akademie der Künste aufgenommen und zum Professor ernannt.

Von 1892 bis zu seinem Tod 1929 wohnte Zille in Charlottenburgs Sophie-Charlotten-Straße. Als er alt wurde, kamen die offiziellen Würdigungen: Die Weimarer Republik ehrte den Künstler mit dem sozialen Gewissen, indem sie ihn – auf Vorschlag Liebermanns – 1924 zum Professor ernannte und später in die Preußische Akademie der Künste wählte. Zille behielt kühlen Kopf dabei. Die Anhänglichkeit der Berliner, die ihn mit allerlei Spitznamen wie dem des »Pinselheinrich« bedachten, hat ihm indes wohl doch Freude gemacht. Ein Jahr vor seinem Tod wurde er museumswürdig, das Märkische Museum veranstaltete eine Retrospektive. Im August 1929 ist er gestorben. 2000 Berliner fuhren hinaus nach Stahnsdorf südwestlich von Berlin, um ihm die letzte Ehre zu erweisen. Wer ihn heute dort besuchen will, muss nach dem Block »Epiphanien« suchen. Aber besser als auf dem still-verwunschenen Friedhof draußen vor der Stadt erinnert man sich an Zille, wenn man sich in den heute wie damals aufregenden Dschungel von Berlin stürzt. Wer die Augen aufmacht, findet zwar nicht mehr die bittere Massenarmut, und das ist gut so. Aber die Verwegenheit, die Lebenslust und das Ungenierte Berlins haben sich nicht verändert.

DER ANWALT UND DER BAUMWOLLKÖNIG

PETER RAUE über JAMES SIMON
Die Lust, Gutes zu tun

James Simon: Das ist der Unbekannteste unter den großen Figuren Berlins und der Größte unter den Unbekannten. Wer war dieser Mann, der selbst den Kundigen und Museumsgebildeten bis vor zehn Jahren ein *No Name* gewesen und heute noch nur Eingeweihten im Bewusstsein ist?

James Simon: ein erfolgreicher jüdischer Kaufmann und der größte und bedeutendste Mäzen, den Berlin – vielleicht Deutschland – je hatte.

Der 1851 in Berlin geborene und 1932 dort verstorbene James Simon wächst in einer wohlhabenden jüdischen Familie am Tiergarten auf. Der Großvater Wolf Marcus Simon hatte in Hinterpommern ein kleines Leinen- und Textilgeschäft. Seine Söhne Isaak (geboren 1816) und Louis (geboren 1828) erlernen das Schneiderhandwerk und machen sich bald auf nach Berlin – wie so viele Juden in jenen Jahren aus dieser Gegend. Isaak heiratet Adolphine Heilborn, die Tochter eines Rabbiners. Isaak und Adolphine sind die Eltern von James. Ein Jahr nach dessen Geburt gründen die Gebrüder Isaak und Louis – also Vater und Onkel von James – die »Leinwand-Niederlage und Baumwollfabrik Gebrüder Simon«. Das Glück ist den Tüchtigen hold: Die Sezessionskriege in den Vereinigten Staaten verknappen den Welthandel mit Baumwolle erheblich. Das ist die Stunde der Simon-Brüder, die in wenigen Jahren mit dem Baumwollhandel ein Vermögen verdienen. Es ist die Zeit des wirtschaftlichen Aufschwungs in Deutschland, insbesondere in Berlin, aber auch in Frankreich – man denke an die Geschichte der jüdischen Familie Ephrussi, die Edmund de Waal in seinem Buch *Der Hase mit den Bernsteinaugen* so faszinierend nachzeichnet.

Mit zehn Jahren geht James auf das Berlinische Gymnasium zum Grauen Kloster, jene traditionsreiche Schule, in der die Wurzeln für die späteren Leidenschaften James' – die lateinische und griechische Sprache, die Archäologie, die Musik – zu finden sind. Mit seinen Eltern lebt er in einer großzügigen Wohnung in der Lennéstraße, bis die Familie in eine prachtvolle Villa in die Tiergartenstraße zieht, bald ein gesellschaftlicher und wissenschaftlicher Mittelpunkt Berlins. Trotz der Weltläufigkeit dieses Hauses gestattet Vater Isaak seinem Sohn James nach einem erfolgreichen Schulabschuss nicht, Philologie zu studieren. Er muss Kaufmann werden. Er wird es, und er wird einer der erfolgreichsten, die Berlin je hatte, wird der – so wurde er oft genannt – »Baumwollkönig in Europa«.

James wird 1876 – also bereits mit 25 Jahren! – Partner in der Firma der Gebrüder Simon. 1879 heiratet er Agnes Reichenheim, Tochter eines anderen Berliner Textilunternehmers. Der Vater von Agnes – Jude und engagierter Preuße – war Abgeordneter im Norddeutschen Reichstag und hat nach Kräften Bismarcks Militärbudget unterstützt und gefördert. 1880 wird als erstes Kind von James und Agnes die Tochter Helene geboren. Geschützt von einflussreichen Museumsmännern und Freunden, wird sie später auf fast wundersame Weise von der Deportation verschont und kann in Berlin überleben. 1885 wird der Sohn Heinrich geboren, der später in die väterliche Firma eintreten wird. Seine ein Jahr jüngere Schwester Marie Luise ist geistig behindert und stirbt mit 14 Jahren. James Simons' soziales Engagement insbesondere für kranke und notleidende Kinder dürfte von jenem Erlebnis bestimmt sein.

Sein großes und bedeutendes Leben endet indes nicht glücklich. Nachdem James Simon das Unternehmen seines Vaters und seines Onkels zu unglaublichem Erfolg geführt hat, beginnt mit dem Ersten Weltkrieg der Niedergang. Der Handel mit Baumwolle wird schwierig, die Einkünfte gehen dramatisch zurück. Im Jahre 1919 muss sich James Simon von zwei bedeutenden Gemälden – einem von Frans Hals und einem von Vermeer – trennen, um Geld in die Firma fließen zu lassen. Diese Hilfsmaßnahme verzögert den Untergang des Unternehmens, verhindern kann sie ihn nicht. Der Krebstod seiner geliebten Ehefrau Agnes im Jahre 1921 – nach dreijährigem Leiden! – raubt James alle Kraft und Lebensfreude. Er verkauft die Villa, zieht in die damalige Kaiserallee 23 nach Wilmersdorf, die heutige Bundesallee. Er leidet unter dem zunehmenden Antisemitismus. Und doch lässt er nicht nach, zu kämpfen, zu arbeiten, zu helfen. »Resignation ist der

JAMES SIMON

Der jüdische Unternehmer machte mit seiner Baumwollfabrik ein Vermögen, von dem er große Teile der Allgemeinheit widmete, indem er als gewiss bedeutendster Mäzen der Wilhelminischen Ära kulturelle wie soziale und wohltätige Einrichtungen gegründet und gefördert hat. Geboren wurde er 1851 in BERLIN und starb hier 1932. Weil er die Grabungen in Amarna initiiert und finanziert hatte, wurde er Eigentümer der Büste der Nofretete, die er 1920 dem Ägyptischen Museum BERLIN schenkte.

Weisheit Schluss«, formuliert er einmal und erkennt durchaus, wie sehr ihm die Hände gebunden, wie schwach seine Kräfte geworden sind. Am 23. Mai 1932 stirbt James Simon mit 81 Jahren. Das *Berliner Tageblatt* ruft ihm nach: »Die Geschichte Berlins kennt kein zweites Beispiel ähnlicher selbstloser Aufopferung im Interesse der Museen und der Allgemeinheit.« Ein Jahr später wäre ein solcher Nachruf in Berlin nicht mehr möglich gewesen.

Die Nationalsozialisten schaffen es mit ihrer kriminellen Ideologie, den Namen James Simon aus dem öffentlichen Gedächtnis zu tilgen. Unfassbar, dass und wie radikal dies (zunächst) gelingen konnte, wenn man sich vor Augen hält, was er für Berlin geleistet hat. Wo einst in der Tiergartenstraße 15a die Villa Simon stand (und heute die Landesvertretung Baden-Württemberg ihren Sitz hat), ist vor wenigen Jahren eine Tafel angebracht worden, die in knappen Worten schildert, wer James Simon war und was er für Berlin bedeutet:

»MÄZEN, WOHLTÄTER, PATRIOT UND JÜDISCHER WELTBÜRGER · IHM VERDANKEN DIE BERLINER MUSEEN DIE NOFRETETE UND ANDERE UNERMESSLICHE SCHÄTZE · ER GRÜNDETE DIE ERSTE VOLKSBADEANSTALT, FÖRDERTE DIE BILDUNG BREITER SCHICHTEN UND HALF DEN SOZIAL SCHWACHEN · ER STAND FÜR EINEN GEMEINSINN, DER 1933 GEWALTSAM ZERSTÖRT WURDE«

James Simon, Kunstmäzen *und* sozial engagierter Helfer für Menschen in Not – dieses Gleichgewicht des Engagements bestimmt sein Leben: nicht Standbein und Spielbein, sondern zwei gleich kräftige Standbeine, zwei Lebensentwürfe in einer Person, weil er, um mit Goethe zu sprechen, »eins und doppelt« war, sich also stets an die Maxime gehalten hat, für sein kulturelles Engagement genauso viel Geld auszugeben und dafür in gleicher Weise Zeit und persönlichen Einsatz aufzubringen wie für die Unterstützung der Ärmsten, der Kinder, der Kranken.

DER KUNSTMÄZEN

Mit seinem leidenschaftlichen, von profunder Kunstkenntnis und Liebe zur Archäologie getragenen Einsatz fördert James Simon die Berliner Museen. Er steht damit nicht allein: Rund neunzig Prozent aller privaten Zuwendungen an die Berliner Museen vom ausgehenden 19. Jahrhundert bis zum Beginn der Nazi-Herrschaft stammen aus jüdischen Familien! Der geniale Museumsdirektor und Philanthrop Wilhelm von Bode – ihn und James Simon verbindet eine lebenslange distanzierte und doch ungebrochene Freundschaft – bindet fünfzig Familien an seine Museen, die sie mit großen und großzügigen Donationen unterstützen. Diese Berliner Bürger bilden den Kern der sogenannten »Kaiserjuden«, das sind jüdische Mäzene mit freundschaftlicher Nähe zu Kaiser Wilhelm II. Den Begriff der »Kaiserjuden« hat Chaim Weizmann, ab 1948 erster Staatspräsident Israels, halb respektvoll, halb ironisch für diese Rat- und Geldgeber des Kaisers geprägt.

James Simons kenntnisreiche Sammelleidenschaft erstreckt sich von vorderasiatischen und ägyptischen Ausgrabungen über japanische Farbholzschnitte bis zur Renaissance- und Volkskunst. Sie wird sicher getragen und befördert durch den faszinierenden Berliner Museumsbau-Boom der zweiten Hälfte des 19. Jahrhunderts. 1830 wird das nach heutiger Bezeichnung Alte Museum von Karl Friedrich Schinkel eröffnet, es folgen das Neue Museum von Friedrich August Stüler (Eröffnung 1855), die sogenannte Alte Nationalgalerie (Eröffnung 1876) und alsbald das Kupferstichkabinett, die Skulpturensammlung, das Münzkabinett und das Museum für Ostasiatische Kunst.

Alle diese Museen sind mit großzügigsten Spenden von James Simon ausgestattet worden. Einen herausragenden Rang nimmt dabei sicher das Kaiser Friedrich III. gewidmete heutige Bode-Museum ein: Zu dessen Einweihung als »Kaiser-Friedrich-Museum« 1904 schenkt James Simon seine umfangreiche Renaissance-Sammlung, insgesamt 23 Werke, darunter die *Madonna mit Kind* von Andrea Mantegna, Arbeiten von Luca della Robbia und Giovanni Bellini.

Um dieses Museum darüber hinaus weiter fördern zu können, wird er Mitbegründer und treibende Kraft des ältesten deutschen Museums-Freundeskreises, des heute noch die Stütze der Gemäldegalerie bildenden Kaiser Friedrich-Museums-Vereins. Schon damals weiß er die Wirksamkeit eines privaten Fördervereins zu nutzen: Weil alle Erwerbungen, die einen Wert von über 50.000 Mark ausmachen, von Kaiser Wilhelm II. genehmigt werden müssen, er aber den – vorsichtig formuliert – problematischen Kunstgeschmack des Kaisers kennt, konnte dieser Freundesverein unter Umgehung der monarchisch oft fragwürdigen Kompetenz eigenständig Werke für das Museum erwerben.

Unter den vielen Leistungen für die Berliner Museen ist sein Beitrag für das Vorderasiatische, das Ägyptische und das Museum für Ostasiatische Kunst besonders glanzvoll. Was wäre die Museumslandschaft Berlins ohne sein heutiges Pergamonmuseum? Dieses Haus hätte seinen Weltrang nie erreicht, hätte James Simon nicht 1898 die – noch heute existierende – Deutsche Orient-Gesellschaft gegründet, geleitet, mitfinanziert und so die Basis geschaffen, um neben privaten Geldern mit erheblichen staatlichen Mitteln die Ausgrabungen im Orient und in Ägypten zu finanzieren: Ein früher – ein erster? – Fall der heute so oft geforderten und selten praktizierten »PPP«, der *Public Private Partnership*. Ziele der hochkarätig besetzten Orient-Gesellschaft mit über 500 Förderern sind zunächst Grabungen in Mesopotamien, später auch in Ägypten – stets mit beispiellosem Erfolg. Mit dem – man kann es nicht anders nennen – Werbeslogan »*Ex oriente lux*« hat James Simon dafür gesorgt, dass Deutschland zur führenden europäischen Nation bei den Ausgrabungen im Orient und in Ägypten werden und England sowie Frankreich diesen Rang streitig machen konnte. Zu einem solchen durchaus patriotischen Wettbewerb hat James Simon sich immer bekannt. So schreibt er: »Und Deutschland? Soll es sich noch länger in der Rolle des Poeten gefallen, bis es heißt: Zu spät!? Die Welt ist weggegeben!« (Zitiert aus Dietmar Strauchs 2010 erschienenem Buch *James Simon, der Mann, der Nofretete zur Berlinerin machte*.) Der Höhepunkt seines archäologischen Engagements und Erfolges ist der 6. Dezember 1912: An jenem Tag wird in Tell el-Amarna die Büste der Nofretete gefunden und alsbald mit ägyptischer Erlaubnis nach Berlin gebracht. Dort steht sie lange in der Villa von James Simon und ist dessen Eigentum. Erst 1920 verlässt die First Lady der Berliner Museumslandschaft das Haus und wandert in das Ägyptische Museum – als sein Geschenk.

PETER RAUE

Geboren 1941 in München, studierte ab 1961 Rechts- und Theaterwissenschaft sowie Philosophie an der Freien Universität BERLIN. Seit 1971 ist der Kunstfreund und Kunstförderer als auf Urheber-, Kunst- und Medienrecht spezialisierter Rechtsanwalt in BERLIN tätig. Auf diesen Gebieten ist er seit 2005 Honorarprofessor an der FU BERLIN. Von 1977 bis 2008 war »Mr. MoMa« Vorsitzender des Vereins der Freunde der Nationalgalerie.

Der Ausgrabung der Nofretete folgen viele weitere großartige Funde, darunter der Kopf des Echnaton. Es sind alles

Werke, die zunächst Eigentum von James Simon werden und die er bald selbstlos den Museen zur Verfügung stellt. Noch 1918, als es bereits erhebliche finanzielle Probleme in der Firma gibt, überlässt er seine Sammlung deutscher und niederländischer Malerei und Skulpturen den Museen, wobei er Arnold Bode in sein Haus bittet und ihn aussuchen lässt, welche Werke er für museumswürdig hält. Diese verschenkt er dann und behält lediglich, was Bode nicht entgegennehmen möchte. Von solcher Großherzigkeit träumt jeder Museumsdirektor!

Es sprengt den Rahmen meiner Skizze, alle bedeutenden Donationen dieses Mäzens zu nennen. Ich beschränke mich ergänzend auf einige wenige: 100-Pfennig-Münzen aus der Barbarossa-Zeit schenkt er dem Münzkabinett. Er gründet die Vereinigung der Freunde des Kupferstichkabinetts e.V., zu dessen Vorsitzenden, Förderer, Geldbeschaffer, geistigem Vater und großzügigem Spender er wird. Im Jahre 1904 schenkt James Simon über 1500 japanische Farbholzschnitte den Königlichen Museen, gründet mit Rudolf Virchow das »Museum für deutsche Volkstracht und Erzeugnisse des Hausgewerbes« und unterstützt dieses ebenfalls mit beachtlichen Gaben.

Allein aufgrund dieser Spendenflut hätte es James Simon verdient, als ein genauso berühmter Berliner und Preuße zu gelten wie Karl Friedrich Schinkel oder die Gebrüder Humboldt.

DER FÖRDERER VON KINDERN, ARMEN UND JÜDISCHEN GLAUBENSBRÜDERN

Gleichberechtigt neben den künstlerischen und archäologischen Leidenschaften und der von ihnen getragenen Spendenlust widmet sich James Simon lebenslang den sozial

Schwachen und Schwächsten in Berlin. Dabei setzt er auf zwei Schwerpunkte: Er will den unter der industriellen Revolution notleidenden unterernährten Kindern helfen – und den Juden.

Schon 1884 lässt Simon das Kaiser und Kaiserin Friedrich Berliner Sommerheim in Kolberg errichten – eine Ferienkolonie, die er jährlich mit 300.000 Mark unterstützt, um kranken Kindern einen würdigen Krankenhaus- und Erholungsaufenthalt an der Ostsee zu ermöglichen. Um gesunden, aber notleidenden Kindern wenigstens einmal im Jahr einen Urlaub an der Ostsee zu bieten, gründet, finanziert und leitet James Simon über viele Jahre den Verein für Ferienkolonien und handelt dabei nach seinem patriotischem Motto »Wer die Jugend stärkt, stärkt das Vaterland«. Er organisiert und finanziert überdies den »Zentralverein für Schülerwanderungen«. Ende des 19. Jahrhunderts baut er das Haus Kinderschutz in Zehlendorf und gründet den Verein zum Schutze der Kinder vor Ausnutzung und Misshandlung. Damit sagt er zu jener Zeit kaum öffentlich diskutierten Themen engagiert den Kampf an. Angeschlossen an das »Haus Kinderschutz« ist eine Volksschule, in der die Kinder neben dem Unterricht in einer Tischlerei, einer Küche oder Wäscherei arbeiten und lernen können. Bis heute ist die helfende Hand James Simons für die Verbesserung der Hygiene in Berliner Arbeiterfamilien sichtbar. So baut er 1888 das erste Volksbad in Berlin-Mitte, gründet einen Verein zur Errichtung von Volksbädern, der weitere Bauten in Friedrichshain, Schöneberg, Kreuzberg, Prenzlauer Berg und Wedding folgen lässt. Auch diesen Verein leitet er, bis er alle von ihm finanzierten Volksbäder im Jahre 1904 der Stadt Berlin schenkt (schenkt!!!).

Gemeinsam mit dem Politiker Paul Nathan gründet James Simon 1901 den Hilfsverein Deutscher Juden, der sich »unter Ausschluss jeder gewinnbringenden Tätigkeit für die Mitglieder das humanitäre Ziel [gesetzt hat], die sittliche, geistige und wirtschaftliche Entwicklung der Glaubensgenossen zu fördern«, so die Satzung. Es ist insbesondere das Schicksal der aus Osteuropa in westliche Richtung wandernden Juden, denen die Fürsorge Simons hier gilt. Bald zählt der Verein 5000 Mitglieder und lebt von großen finanziellen Zuwendungen – bis zu Beginn des Ersten Weltkrieges immerhin 47 Millionen Mark. Er organisiert Züge, die insbesondere osteuropäischen Juden die Reise nach Deutschland ermöglichen, sie nach Hamburg bringen, um sich dort nach Amerika, Südamerika oder Palästina einzuschiffen. Der Verein hilft auch den Juden, die nach Palästina ausgewandert sind, gründet und finanziert dort Kindergärten und Schulen, wobei James Simon großen Wert darauf legt, dass die Schüler die deutsche Sprache erlernen und sprechen.

Es erscheint unbegreiflich, wie ein Mensch all diese Aktivitäten und Wohltaten in einem einzigen Leben leisten konnte. Immerhin war James Simon verantwortlich für das Gedeihen seines Unternehmens und damit beruflich ausgelastet. Fast ein Wunder ist es, wenn man weiß, dass er nicht nur erhebliche Summen in Kultur und soziale Einrichtungen investiert hat, sondern sich stets selbst in die von ihm geförderten Einrichtungen eingebracht hat: Er hat die Grabungen mit höchstem Interesse begleitet, den Bau und das Betreiben der Volksbäder in die Hand genommen, darauf geachtet, dass in Palästina den dorthin Ausgewanderten eine möglichst gute Ausbildung ermöglicht wurde und immer wieder Geldgeber – Staat und Mitbürger – animiert, seine Projekte zu unterstützen, mitzutragen, mit Finanzmitteln auszustatten.

Trotz (oder wegen) all dieser Großtaten war James Simon ein Mann, der sich selbst nie in den Mittelpunkt gestellt, Ehrungen abgelehnt, öffentliche Auftritte vermieden hat. Bescheiden, leise, zuhörend und schnell handelnd hat er gearbeitet und gelebt. Auch nach dem Auszug aus seiner Villa im Jahr 1927 – Folge des Konkurses seines Unternehmens im Jahre 1925 – bleibt er sich und seinen Werken treu, unterstützt sie im Rahmen des ihm Möglichen nach wie vor, sieht mit bitterer Sorge den erstarkenden und immer dreister sich formulierenden Antisemitismus, den er in seinen schrecklichsten Erscheinungsformen freilich nicht mehr erleben muss.

So ist er ein Großer unter den Berlinern, den wir in das öffentliche Gedächtnis zurückrufen müssen.

In letzter Zeit ist viel geschehen, um diesem Ziel näherzukommen. Das von dem britischen Architekten David Chipperfield geplante Besucherzentrum und Eingangsgebäude für die fünf Museen auf der Museumsinsel wird den Namen James-Simon-Galerie tragen. Der Kunsthändler und Mäzen Bernd Schultz – Gründer der Villa Grisebach – ist vor Jahren auf Leben und Werk von James Simon gestoßen. Er konnte und wollte es nicht dulden, dass dieser Mann ein Unbekannter bleiben sollte. Deshalb hat er die James Simon-Stiftung ins Leben gerufen, deren Gründer eine Million Euro zur Verfügung gestellt haben, um sie mit den erforderlichen Mitteln auszustatten. Seit 2008 vergibt diese Stiftung alle zwei Jahre den James Simon-Preis an Persönlichkeiten, die in der Nachfolge des Namensgebers stehen, indem sie sich kulturell *und* sozial engagieren: Mäzene im Geiste des großen Vorbildes. Das Ehepaar Maren und Werner Otto hat den ersten Preis 2008 erhalten, 2010 ging er an den Düsseldorfer Mäzen Udo van Meeteren, 2012 an das Ehepaar Carmen und Reinhold Würth. 2014 erhielt ihn die Kunstmäzenin Barbara Lambrecht-Schadeberg. Die Preisverleihung findet stets im Bode-Museum vor der Büste von James Simon statt, die dort anlässlich seines 80. Geburtstages aufgestellt wurde. Es soll dabei nicht nur an ihn erinnert, sondern zugleich deutlich gemacht werden, welche Freude es ist und welche Verpflichtung es jedermann sein müsste, für das Gemeinwesen aktiv tätig zu sein. Die Öffentlichkeitswirksamkeit dieser Preisverleihungen hat bereits schöne Nebeneffekte erzielt: Ein Teil des Monbijouparks in Berlin-Mitte heißt seit 2007 James-Simon-Park. In der Gartenstraße 5 in Berlin-Mitte, wo einst das von James Simon errichtete Volksbad war und sich jetzt ein nach ihm benanntes, von Heinrich Tessenow gestaltetes Stadtbad befindet (eine architektonische Sensation!), steht seit 2012 in der Eingangshalle eine 2,40 m hohe Stele, die darüber informiert, dass die Volksbäder in Berlin der Idee und Großzügigkeit von Simon zu verdanken sind.

All das und einige inzwischen erschienene Publikationen lassen auf die notwendige James-Simon-Renaissance hoffen. Der große Preuße, Jude, Berliner soll in die Herzen der Bevölkerung zurückkehren. Für immer!

DIE NACHMIETERIN UND
DIE RAUBKATZE

ELISABETH TRISSENAAR über TILLA DURIEUX
Ein Pakt mit der Unsterblichkeit

Als die k. u. k. Monarchie noch mit aufrechtem Rücken zu Pferde saß und der Erste Weltkrieg mit seinem weitgreifenden Vernichtungspotential noch in weiter Ferne lag, sollte ein Wiener Mädchen aus sehr gutem Hause nach dem Willen der Eltern Pianistin werden, folgte diesem Willen nicht und wurde Schauspielerin. Machte sich nach dem Studium in ihrer Heimatstadt auf den Weg durch ein paar Provinztheater, die unter den ausgebreiteten Fittichen des Vielvölkerstaates in großer Anzahl vorhanden waren, um sehr bald nach Beendigung der Lehr- und Wanderjahre am Deutschen Theater in Berlin bei Max Reinhardt ein Zuhause zu finden. Dort konnte sie sich, beschützt von den vielen Rollen, die sie spielte, gelenkt von den Gedanken der Schriftsteller und Dichter, die diese Rollen geschaffen hatten, zu einer großen Schauspielerin entwickeln, geprägt von einem Leben voll Arbeit, auch voll von großer Lebenslust, aber rigoros, konsequent.

Die Tilla Durieux der Berliner Jahre bis zu diesem Sturz in Höllennähe, den dann der Zweite Weltkrieg auslöste, muss eine betörende Frau gewesen sein, eine wilde Raubkatze, immer kurz vor dem tödlichen Sprung, lockende Sirene, auch androgyne Utopie – und Circe, die sie gespielt hatte in einem Stück von Calderón de la Barca und die anzusehen ist auf einem Gemälde von Franz von Stuck. Eine immerwährende Jugend vermittelt dieses Bild, Kraft, Hinterlist, etwas Schlangenhaftes, als ob unter der glatten weißen Haut die Schuppen des Schlangenleibs lauerten.

Während ihrer wohl sehr aufregenden Ehe mit dem Kunsthändler und Verleger Paul Cassirer, den sie als den für sie wichtigsten Menschen in ihrem Leben bezeichnete, stand ihr Haus offen, um den Künstlern und Malern gesellige Geborgenheit zu bieten.

So wurde die faszinierende Schauspielerin – die nicht nur in Berlin, auch in München wie in ihrer Heimatstadt Wien persönliche Triumphe erlebte – das Modell bedeutender Maler und Bildhauer. Die Gemälde von Auguste Renoir, von Lovis Corinth, von Max Slevogt oder Oskar Kokoschka, mehrere Büsten von Ernst Barlach und eben auch die Bilder Franz von Stucks erzählen von einem anderen Zeitbegriff, halten inne in einer Gegenwart, um dann einen Pakt mit der Unsterblichkeit zu schließen. Wenn seit dem Entstehen der neuen Kunstform Film der Schillersche Satz von dem Mimen, dem die Nachwelt keine Kränze flicht, da sie seine Kunst auf der Bühne nur als Gerücht, als Rumor der Vergangenheit in ihr Bewusstsein dringen lassen kann, an realistischer Kraft verloren hat, dann, weil in unserer Zeit große, faszinierende Schauspielerinterpretationen noch lange über dieses Medium wahrzunehmen sind. Die Schauspielerin Tilla Durieux hat in den frühen Jahren ihrer Karriere Unsterblichkeit erlangt durch die, mit denen sie in langen Modellsitzungen Gespräche führte, oder als sie, während sie gemalt wurde, einfach ihren Gedanken nachhing.

Gerne würde ich jetzt an ihrer Türe klingeln, ich würde ihr bei einer Schale Kaffee sagen – denn wir sind ja beide Wienerinnen, und die Sprache der Mutter, die Muttersprache, die man neun Monate lang im Bauch gehört hat, vergisst sich nie –, ich würde ihr sagen: »Frau Tilla«, denn so spricht man in Wien, wenn man Vertrautheit ausdrücken wollte, aber das »Du« noch nicht im gegenseitigen Einvernehmen im Gebrauch war und bevor das Privatfernsehen aus deutschen Landen die »Paradeiser« zu »Tomaten« und das »Servus« zum »Tschüss« machten, »aa roter Teppich, wie man ihn heut schon vorm Kinoklo ausrollt, sag'n ma halt, so lang wie um die halberte Welt, is nix gegen einen, na ja, bleibm ma in Österreich, aan Kokoschka, der von Ihnen a Bild gmalt hat, gell!« Und sie hätte sich vielleicht amüsiert, und wir hätten uns unterhalten, im leichten Wienerisch. In ihren späten Jahren, in denen sie ihren Wohnsitz wieder in Berlin hatte, bevorzugte sie das Wienerische, weich und in Schleifen, ein bisschen Musik im Ton – halt die Muttersprache, aus dem Vaterland, nein, Vorsicht, lieber aus dem Mutterbauch.

Die Machtergreifung der Nationalsozialisten schlug eine tiefe Kerbe in den Lauf ihres erfolgsgewohnten Lebens. Als Frau ihres dritten, jüdischen Mannes versuchte sie, immer noch den Beruf als ständiges Gepäck mit sich tragend, von Berlin wegzukommen, wo der

TILLA DURIEUX

Die Schauspielerin wurde 1880 in Wien geboren und war ab 1903 in BERLIN engagiert, wo sie 1971 starb. Sie zählte zu den Stars der Weimarer Republik, wurde 1910 durch ihre Ehe mit dem Kunsthändler Paul Cassirer zur High-Society-Lady und zur meistporträtierten Frau ihrer Zeit. 1934 ging sie nach Jugoslawien ins Exil, arbeitete von 1945 bis 1951 als Näherin und Regieassistentin in einem staatlichen Puppentheater in Zagreb. 1955 Rückkehr mit Gastspielen in der ganzen Bundesrepublik, der Schweiz und DDR. Sie wurde 1963 zur BERLINer Staatsschauspielerin ernannt.

Schwelbrand sich gefährlich schnell ausbreitete. Über Prag und die Heimatstadt kam sie ans Meer in Kroatien, wo sie ein Hotel zu führen versuchte. Eine Völkerwanderung fand jetzt in ganz Europa statt, in alle Richtungen, von Ost nach West und Nord nach Süd, weg vom Teufelshirn mittendrin. Irgendwann landete Tilla Durieux in Zagreb, kam an ein Puppentheater, nähte Kostüme für die Marionetten, blieb jahrelang Näherin im fremden Land, denn schon der Erste Weltkrieg hatte den Vielvölkerstaat, dessen Kind sie einst gewesen war, in die Luft gejagt. Schrieb ihre Memoiren. Schrieb ein Theaterstück. Hörte nicht auf, in der Welt zu sein, nur anders als vorher. Sehr alt geworden, mit den unerhört ausdrucksstarken, auch kräftigen Händen einer Pianistin zeigen die Fotos die Schauspielerin nach ihrer Rückkehr aus Kroatien.

Eine unbesiegbare, aufständische Frau. Sie kam nach Berlin zurück, nahm sich eine Wohnung, bekam Preise – indes Fülle nur in der Hülle, weil es Arbeit dann kaum in der Stadt für sie gab, die ihr die größte Zeit ihres Lebens Ruhm und Lebensraum geschenkt hatte. Die Treue zu einer Königin frü-

---

ELISABETH TRISSENAAR

Die Schauspielerin kam 1944 in Wien zur Welt und lebt seit 1981 in BERLIN. Sie gestaltete die zentralen Rollen der Weltliteratur von Medea, Iokaste, Penthesilea, Lady Macbeth über Hedda Gabler bis zu Martha in *Wer hat Angst vor Virginia Woolf?* auf den großen Theaterbühnen im deutschsprachigen Raum und spielte in Filmen, etwa von Rainer Werner Fassbinder *(Bolwieser)*. Ihre künstlerische Vielseitigkeit konnte sie auch in musiktheatralischen Werken wie *Orpheus in der Unterwelt*, *Die Fledermaus* oder Aribert Reimanns *Lear* zeigen.

herer Zeiten verdinglichte sich nur in symbolischen Lobbekundungen, denn selbst auf die ihr zustehende Wiedergutmachung für die Vertreibung musste sie lange warten.

Eine schwesterliche Verbundenheit verknüpft mich mit ihr. Bei Wedekinds *Franziska*, einem Stück, das sehr selten aufgeführt wird, wurde ich aufmerksam. Ich spielte es in Wien, dann Jahre später in Berlin. Sie spielte es, Generationen vor mir, zuerst in Berlin, dann in Wien. Eine Verbundenheit – wodurch?

Ich schlug in ihren Erinnerungen, *Meine ersten neunzig Jahre*, nach. Wir haben beide dieselben Rollen gespielt, viele, aber sicherlich ohne dass die Interpretationen einander glichen.

Mit denselben Beweggründen, Auslösern für Zorn, Trauer, Glück, Euphorie oder Depression der Figuren haben wir uns beschäftigt, dieselben Sätze mussten wir erforschen nach dem »Woher« und »Warum«. Ist dem Shakespeare bei seiner Lady Macbeth mit Psychologie näher zu kommen, wenn sie nach den Morden, zu denen sie ihren Mann drängte, in eine Art paranoiden Waschzwang verfällt, oder ist es naiv, direkt, fast kindlich: »Das Blut muss weg!« Ist die Kunigunde in Kleists *Käthchen von Heilbronn* eine Maschinenfrau ohne Kern, deren Glieder zerfallen, sobald man die Täuschung näher berühren will? Oder ist sie schön, eitel, eine raffiniert kalkulierende Frau, und wird so zur angstverzerrten Vision des Dichters und Mannes? Oder Medea, die ihre Kinder mordet: Kann eine Schauspielerin überhaupt so weit gehen, sich das vorzustellen? Darüber würde ich mich gerne mit ihr unterhalten, oder darüber: Wie Cleopatra in Shakespeares *Antonius und Cleopatra* empfindet, als sie sich die Giftschlangen an den Leib legt, und ob sie es auch für möglich hielte, Iokaste einen Schlaganfall erleiden zu lassen, eine Sprachlähmung, als sie erfährt, dass Ödipus, der Vater ihrer Kinder, auch ihr erstgeborener Sohn ist.

Als wir 1981 nach Berlin zogen und uns langsam in der Stadt einzufühlen begannen, hörte ich irgendwann einmal, dass die Durieux in unserer Straße gewohnt hätte. Wie schön, dachte ich. Jahre danach wurde eine Gedenktafel an dem Haus, in dem ich seit langer Zeit nun lebe, angebracht, und manche Menschen machen Halt, um diese Tafel zu studieren: »In diesem Hause lebte die große deutsche Schauspielerin Tilla Durieux.«

Da muss ich doch noch einmal unseren fiktiven Kaffeeplausch zu Hilfe nehmen: »Was sagen Sie dazu, Frau Tilla?« Und mit einem Schmunzeln antwortet sie: »Na, ja, da waren halt die Preußen ein bisserl wienerisch schlampert, oder sie wollten mich ganz für sich haben, is doch eigentlich auch recht schön!«

DER POLITIKER UND
DIE REVOLUTIONÄRIN

GREGOR GYSI über ROSA LUXEMBURG
Eine große Portion Risikobereitschaft

Rosa Luxemburg als Berlinerin zu bezeichnen erfordert einige Erläuterungen. Bekanntermaßen stammt sie aus einer jüdischen Familie im damals zu Russland gehörenden Teil Polens. Ihre Eltern zählten zum gehobenen Bürgertum. Von dieser Herkunft her gesehen scheint es seltsam, sie als Berlinerin zu bezeichnen. Nur ist Berlin auch eine Stadt, die ohne Zuwanderung überhaupt nicht zu denken ist. Allein das, was wir als Berliner »Dialekt« kennen, ist eher ein Soziolekt derer, die das Gehabe der Obrigkeit nicht ganz ernst nehmen, weil Berlin eben nicht die Stadt der Preußen ist, sondern die Stadt, in die Menschen aus vielen Ländern zuströmten und das bis heute tun. Rosa Luxemburg, die Zugewanderte, wurde eine Bürgerin der wachsenden Stadt, eine Berlinerin.

Um das leidenschaftlich radikale Moment bei Rosa Luxemburg zu verstehen, kann man drei Zugänge wählen.

Zunächst hat jeder Mensch charakterliche Dispositionen. Um dergleichen bei Rosa Luxemburg zu rekonstruieren, bieten sich der Briefwechsel und biografische Zeugnisse, Erinnerungen von Zeitgenossinnen und Zeitgenossen und Ähnliches an. Ein Detail: Aus dem Munde von August Bebel wissen wir, dass Rosa Luxemburg als Dozentin an der SPD-Parteischule alle in ihren Bann zog – Radikale wie Reformisten. Das ist ein Hinweis auf eine ungewöhnliche Überzeugungskraft durch gut gewählte und mit souveräner Sicherheit gebrauchte Argumente. Diese Fähigkeit fällt auch in ihren Werken auf, den politischen Pamphleten ebenso wie in den theoretischen Arbeiten. Nennen wir es eine Art Beredsamkeit, die das direkte Gegenteil von Gerede ist. Daneben treten Züge wie Einfühlungsvermögen, ein Sinn für Ironie, gelegentlich auch Späße bis hin zur Respektlosigkeit vor den ehrwürdigen Größen der SPD auf. Aus den Briefen, in denen Rosa Luxemburg über ihre Teilnahme an der Russischen Revolution von 1905 bis 1907 berichtet, spüren wir auch etwas davon, sich Mut zu machen. Denn den hat man nötig, wenn man bei einer Revolution unbedingt auch dann noch dabei sein will, wenn es gefährlich wird. Schließlich besaß sie die Fähigkeit zu genießen. Asketische Linke sind mir ein bisschen unheimlich. Gerade die Fähigkeit, Schönheit im Jetzt zu finden, kann ein guter Antrieb sein, für soziale Emanzipation einzutreten. Rosa Luxemburg war hochgebildet, sie hatte Kunstsinn, sie malte, wenn sie ein wenig Zeit und Lust erübrigen konnte. Schließlich liebte sie leidenschaftlich. Mindestens drei Liebesbeziehungen sind bekannt – mit Leo Jogiches, dann mit Kostja Zetkin und schließlich noch mit Paul Levi.

Wenn man biografisch angelegte Filme macht, wie Margarethe von Trotta über Rosa Luxemburg, so reicht es schon aus, sich auf diese Persönlichkeitsmerkmale zu konzentrieren. Allerdings reicht es nicht ganz. Man kann da manches missverstehen. Radikalität ist nicht nur eine Charakterfrage. So wie es cholerisch Veranlagte gibt, die es dennoch schaffen, sich zu kontrollieren, so ist es auch möglich, radikale Impulse einzufangen. Das wirft in einer Art Umkehrschluss die Frage auf, ob Rosa Luxemburg nicht einfach nur etwas undiszipliniert war und ihre Impulse nicht kontrollieren konnte. Immerhin warfen ihr das ihre sozialdemokratischen Kritiker gern vor. Und hier ist es lohnenswert, sich die Lebensumstände ihrer Kindheit und Jugend vor Augen zu führen. Rosa Luxemburg erlebte eine mannigfache Unterdrückungssituation – als Jüdin in einer polnischen Umgebung, als Polin im zaristischen Russland (in der Schule musste russisch gesprochen werden), schließlich als (werdende) Frau in einer patriarchalen Gesellschaft. Und vergessen wir nicht die körperliche Behinderung, die sie früh mit der sozialen Isolation vertraut machte. Da die elterlich-häusliche Umgebung dagegen eher liberal ausgerichtet war, stellte sich ein Bewusstsein der Entfremdung her. Das machte sie geradezu empfänglich für sozialistisches Gedankengut. Noch als Schülerin begann sie, sozialistisch zu denken und zu agitieren. Das Radikale nur Undiszipliniertheit? Nein, wer unter diesen Lebensumständen politisch aktiv werden wollte, musste einfach eine große Portion Risikobereitschaft mitbringen. Und wer, wie Rosa Luxemburg, von Kindheit und Jugend an mit einer Situation schwerer Mehrfachdiskriminierung konfrontiert ist, entwickelt einen wachen Sinn für Unterdrückung und für Anpassungsverhalten an diese Situationen, also passive Akzeptanz. Die Radikalität, die Schroffheit, mit der Rosa Luxemburg zuweilen auf ihre innerparteilichen Kontrahenten losgegangen ist, hat eine Herkunftsgeschichte und ist alles andere als Undiszipliniertheit. Daher wirkt es eher lächerlich, wenn manche heute die linksradikal-trotzige Pose nachahmen – ohne das geringste Gefühl für derartige Hintergründe. Dies ist das Geist- und Geschichtslose, welches unsere postmoderne Zeit prägt und seine grotesken Spuren auch in der Linken hinterlässt.

Schließlich gibt es noch einen weiteren Zugang zum Verständnis Rosa Luxemburgs. Dazu muss man sich ein Grundproblem klarmachen, das mit Karl Marx' Theorie zu tun hat und sich in der marxistischen Theoriebildung wie auch in marxistischen Debatten immer wieder, jeweils durch Zeitumstände modifiziert, zeigt: Es ist das Theorie-Praxis-Problem, das sich bei Vorhaben mit Wissenschaftsanspruch regelmäßig stellt. Völlig zu Recht hat Immanuel Kant daher gegen jenen Gemeinspruch polemisiert, wonach etwas »in der Theorie ja ganz richtig sein mag«, was in der »Praxis« dann doch ganz anders sei. Denn schnell wird hier vulgarisiert. Die für die Naturwissenschaft relevante Praxis – Experiment und Technik – ist normiert und kontrolliert, kein besinnungsloses Tun. Umgekehrt gilt für die Theoriebildung, dass ihr Wahrheitsanspruch auf praktische Bestätigungsinstanzen angewiesen ist. Eine künstliche Trennung von Theorie und Praxis führt zur Vulgarisierung des Wissenschafts- und Praxisverständnisses.

Nun tritt der Marxismus nicht einfach mit dem bescheidenen Anspruch auf, irgendeine Theorie neben anderen zu sein, man sich also aussuchen könne, welche Theorie man bevorzuge, sondern er tritt mit Wissenschaftsanspruch auf. Seine theoretischen Sätze sollen also einen klaren Erkenntnisstatus aufweisen, was ihn von Geschmacksurteilen unterscheidet. Die Frage ist daher alles andere als trivial, was für eine Praxis es sein soll, die sich der marxistischen Theorie zuordnen lässt und als Ausweis ihrer Richtigkeit dienen kann. Marx spricht in seinen *Thesen über Feuerbach* von »revolutionärer Praxis«. Der Ausdruck scheint aber nur kurz in diesen insgesamt recht knapp gehaltenen *Thesen* auf.

Wie uns die Lektüre des *Kommunistischen Manifests* belehrt, kennt Marx zwei soziale Klassen, denen er offenbar unterschiedliche Typen revolutionärer Praxis zuspricht. Die eine revolutionäre Klasse verändert auf revolutionäre Weise die materiellen Bedingungen der Produktion. Sie tut dies in Permanenz. Die immerwährende Produktivkräfterevolution ist die Existenzbedingung der Kapitalistenklasse bis heute. Marx selbst hat sich übrigens sehr verschätzt, was die Erschöpfung der revolutionären Energien der Bourgeoisie angeht. Da war und ist immer noch etwas drin, trotz des schwer zu leugnenden Bedeutungsgewinns, den »faule«, nichtproduktive Formen der Gewinnmacherei, wie die Blüten des Finanzkapitalismus, aufweisen. Dann sieht Marx noch eine andere Klasse auf den Plan treten: die Klasse der doppelt freien Lohnarbeiter, die ihre Existenzbedingungen nur dadurch ändern können, dass sie die kapitalistische Grundlage, das Privateigentum an Produktionsmitteln, aufheben. Die eine Klasse ist revolutionär, um zu bleiben, die andere muss revolutionär werden, um sich zu ändern.

Aber was heißt das für die Arbeiterklasse, »sich« zu ändern? Marx hat da einen Aspekt vor Augen, der allerdings auch der zentrale ist. Er zielt auf die Existenzweise der vom Kapital und seinen Bewegungen abhängigen Klasse. Sie vergrößert oder verkleinert sich je nach Verwertungsbedarf des Kapitals, ihre Lebens- und Arbeitsweise hängt von den Entscheidungen der Kapitaleigentümerinnen und -eigentümer und ihrer Ver-

ROSA LUXEMBURG

Die 1871 geborene marxistische Theoretikerin engagierte sich früh politisch und wurde rasch – immer wieder bedroht und verhaftet – zu einer der wichtigsten Vordenkerinnen der sozialistischen Arbeiterbewegung. 1918 zog die Pazifistin nach BERLIN. Ein Jahr später wählte die neu gegründete KDP sie und Karl Liebknecht zu den ersten Vorsitzenden. Als der Spartakusaufstand scheiterte, wurde sie am 15. Januar 1919 in BERLIN ermordet. Daran erinnern bis heute Großdemonstrationen zur »Gedenkstätte der Sozialisten« auf dem BERLINer Zentralfriedhof Friedrichsfelde.

waltungstruppe, den »Top-Managern«, ab. Nur wenn die Arbeiterklasse ihre eigene Existenzweise ändern will, wird sie zu einer revolutionären Klasse.

Damit sie das überhaupt kann, als Klasse etwas zu wollen, muss sie von der »Klasse an sich« zur »Klasse für sich« voranschreiten. Das bedeutet: Ausbildung von Solidaritäten und Klassenorganisationen, die über bloß lokale oder branchenmäßige Horizonte hinausgreifen. Idealerweise müssten die organisierten Arbeiterinnen und Arbeiter ein Bild von ihrer Lage gewinnen, das dem von Marx entworfenen gleicht. Die Theorie wäre dann das Selbstbewusstsein einer agierenden Klasse, ihre Praxis wäre eben eine revolutionäre Praxis. Wie schwer das ist, sieht man, wenn es ans Grundsätzliche geht. Die Gewerkschaften des Dienstleistungssektors einschließlich des öffentlichen Dienstes sind aus guten Gründen Gegner des Kurses von Bundeskanzlerin Angela Merkel bei der Euro-Rettung. Die Gewerkschaften des Export-Sektors sind das nicht oder nur mit Einschränkungen, da sie auch vom Euro und seiner Erhaltung um jeden Preis zu profitieren meinen.

Im 19. Jahrhundert machte die Arbeiterbewegung rasante Fortschritte. Gewissermaßen von sich aus bildete sie Tendenzen aus, die den von Marx erwünschten mehr oder weniger glichen. Es bildeten sich vom Bürgertum unabhängige Organisationen, es entstanden Gewerkschaften und Arbeiterparteien. Arbeiterinnen und Arbeiter entwickelten auch eine eigene Kultur. Daher glaubten die Anhängerinnen und Anhänger von Marx, dass der Marxismus eine objektive Wissenschaft sei, gewissermaßen eine Naturwissenschaft von der Gesellschaft. Dass Marx auch von »Gesetzen« spricht, also regelförmige Sätze in seiner Theorie formuliert, schien dieser Lesart zu entsprechen. In solcher Deutung – häufig nennt man sie »objektivistisch« – haben die Marxistinnen und Marxisten eigentlich nur eine Aufgabe. Sie wachen darüber, dass sich in der Arbeiterklasse die richtigen Theorien verbreiten, also nicht irgendwelche anderen Ansichten um sich greifen. Die Arbeiterpartei hat dann die Aufgabe, durch ihre Organisationskraft das richtige Klassenbewusstsein zu formieren. Das war in der ersten Generation der marxistischen Intellektuellen eine vorherrschende Auffassung. Der auch praktische Nachteil des Objektivismus liegt auf der Hand. Die Klasse erscheint als etwas Passives, das Aktive ist die Partei, und diese delegiert die Handlungszielbestimmung an ihre Parteiintellektuellen, die quasi akademisch die Bedingungen bestimmen, unter denen gerade gehandelt wird und aus denen angeblich die aktuell möglichen Handlungsziele folgen. Diese Auffassung verkommt dann zu einem selbstgerechten Parteibürokratismus. Die Arbeiterbewegung Anfang des 20. Jahrhunderts befand sich in der paradoxen Lage, von Wahlerfolg zu Wahlerfolg zu schreiten und zu glauben, dass der Sozialismus irgendwann einmal da sein werde.

Auch wenn die objektivistische Linie völlig überzogen war, spricht sie nicht zwingend gegen den Wissenschaftsanspruch des Marxismus. Der Gegenstand für marxistische Analysen – die Strukturen, in denen gehandelt wird und durch Sozialisierungsprozesse die handlungsfähigen Subjekte mitprägen – ist im Rahmen eines Projekts mit Wissenschaftsanspruch möglich. Nur kann man bei der Einschätzung der Reichweite der die Subjekte prägenden Umstände nicht vorsichtig genug sein. Menschen sind frei, unter welch einschränkenden Bedingungen auch immer. Handlungen sind immer etwas anderes als bloßes Verhalten. Daher muss im Marxismus immer mit einer Tendenz gerechnet werden, die über das akademische »Ausrechnen« irgendwelcher objektiver Entwicklungsstände hinausgeht und auf das Subjektive, Selbstbewusste, von Autoritäten – und seien es Parteigrößen – Genehmigte beziehungsweise Ungenehmigte zielt.

Als Rosa Luxemburg die Bühne der deutschen Sozialdemokratie betrat, befand sich diese gerade im Prozess der bürokratischen Erstarrung. Ihre Funktionäre hatten sich gut eingerichtet und mochten es nicht besonders, wenn gesellschaftliche Konfliktlagen zutage traten, die in ihren Sonntagsmarxismus und die Schemata der objektivistischen Marx-Lektüre nicht so recht hineinpassten. Dietmar Dath hat in seiner sehr lesenswerten Biografie von Rosa Luxemburg 2010 herausgearbeitet, dass ihre Reaktionen auf den Erstarrungsprozess keinesfalls mit Trotz zu tun hatten, also als Subjektivismus leicht abzutun wären. Sie registrierte mit wachen Sinnen, dass sich diese Partei immer weniger zutraute und sich von der Handlungspraxis realer Auseinandersetzungen entfernte. Ganz deutlich wird das in der Massenstreik-Debatte. Hier spielten Rosa Luxemburgs Erfahrungen aus der ersten russischen Revolution eine ihre Theoriebildung anregende Rolle. Klar wird das für einen aufmerksamen Interpreten, und das ist Dath, aber schon bei der »nationalen Frage«. Ihrer Dissertationsschrift, liest man nur den spröden Titel *Die industrielle Entwicklung Polens*, ist nicht anzusehen, dass dort ein politisch brisantes Thema verhandelt wird, das Teile der Linken heute noch streiten lässt: Wie kann das Verhältnis zwischen sozialer und nationaler Emanzipation unterdrückter Völker näher bestimmt werden? Um nur einen Gedanken herauszuheben: Rosa Luxemburg denkt nicht daran, dass die Sozialistinnen und Sozialisten, einem Schema folgend, erst einmal die bürgerliche Republik erkämpfen müssen, bevor es irgendwann einmal zum Sozialismus kommen könnte. Vielmehr dreht sie den Gedanken um. Wenn die Kräfte des Proletariats ausreichen sollten, es mit den Großmächten, zwischen denen Polen aufgeteilt ist, aufzunehmen, und dazu mit den beharrenden Elementen der polnischen Eliten, die mit den Großmächten kollaborieren, dann könnte man gleich noch die bürgerliche Klassenherrschaft selbst angreifen und müsste nicht an einem Punkt haltmachen, der von einem »objektiven« Schema vorgeschrieben ist. Dieser Blick für Überschießendes, das auch noch für den politischen Kampf zu nutzen war, ist typisch für die sich in jener Zeit ausbildende radikale Linke. Ähnliche Gedanken formulierte Leo Trotzki in seinem Konzept der »permanenten« Revolution. Auch Wladimir Iljitsch Lenin ist während der ersten russischen Revolution der Auffassung, dass das Proletariat zusammen mit der Bauernschaft die politische Macht erobern müsse, um »nebenher« Aufgaben der bürgerlichen Revolution, also eine Modernisierung des Staates, zu erledigen. Die Frage der nationalen Emanzipation unterdrückter Völker ist demnach nur die verkleidete Form der Frage des Verhältnisses zwischen bürgerlicher und sozialer Emanzipation. Allerdings erkannten sie alle nicht, dass der Kapitalismus zur Industrialisierung besser geeignet war als eine sozialistische Variante.

Schon bei Marx trifft man das Verhalten an, Begriffe und Konzepte immer wieder infrage zu stellen, sie zu modifizieren, auch wieder fallen zu lassen. Die verbreitete Rede von einer Marxschen Theorie ist eher im Sinne eines theoretischen Stils zu verstehen.

Mit einer derart »experimentellen« Haltung zu theoretischen Problemen im Marxismus hatte sich Rosa Luxemburg stets Ärger eingehandelt. Auch nach ihrem Tod ging das so weiter. Der Parteikommunismus und seine Theoretiker, die dieses Prädikat immer weniger verdienten, verdammten recht bald den »Luxemburgismus«. Er wurde zu einem schlimmen Vorwurf. »Luxemburgismus« rangierte rasch gleich hoch mit »Trotzkismus« und anderen »Verfehlungen«.

Aber wenden wir das Ganze jetzt noch einmal ins Politische zurück. Mit diesem Blick ausgestattet, nahm Rosa Luxemburg schnell die Prozesse wahr, die man als Verflachung und Vulgarisierung des Marxismus bezeichnen kann. Unterhalb dieser Verflachung konnten dann auch offen nichtmarxistische sozialistische Konzepte um sich greifen.

Betrachtet man etwa Eduard Bernsteins Buch *Voraussetzungen des Sozialismus* genauer, so muss man den Autor für einen klugen Kopf halten. Damit sage ich nicht, dass seine Kritik an Marx berechtigt ist, aber als Kritik am seinerzeitigen Parteimarxismus ist sie es allemal. Sein Verdienst ist es, klargestellt zu haben, dass man auf diesen Marxismus getrost verzichten könne, wenn man an der politischen Praxis der damaligen Sozialdemokratie weiter festhalten wolle. Umgekehrt bedeutet das: Wer damals noch am Marxismus festhielt, musste handfeste politische Gründe haben, die über den geistigen Horizont der Parteifunktionäre hinausgingen. Das war die Stärke von Rosa Luxemburg und zugleich der Beginn ihrer Entfremdung von der Sozialdemokratie.

Mit dem »Revisionismusstreit« in der Sozialdemokratie begann daher die Tragödie von Rosa Luxemburg. Sie fand sich immer (oder doch recht oft) auf der Seite der Sieger in Theoriefragen, um dann zu bemerken, dass sie das politisch-praktisch keinen Schritt vorwärts brachte. Die Sozialdemokratie konnte eben beides: auf Parteitagen für die proletarische Revolution und unbedingt gegen den imperialistischen Krieg stimmen, um dann in ihrer Praxis gegenteilig zu verfahren. Heute ist die SPD übrigens sehr stolz auf diese Fähigkeit zur permanenten Selbsttäuschung und Täuschung anderer. Für heutige Linke gibt es aber auch etwas zu lernen: Es ist ein Irrweg, in theoretischen Fragen immer recht haben zu müssen und zu siegen, solange unklar bleibt, welche praktisch-politischen Konsequenzen damit verbunden sein sollen.

Ähnlich erging es übrigens Bernstein. Aufgrund des »Revisionismusstreites« sah er sich plötzlich in der nichtmarxistischen Minderheitenecke. Als er mit Beginn des Ersten Weltkrieges pazifistische Positionen einnahm, in sozialdemokratischen Publikationen die Mär von der »Vaterlandsverteidigung« bekämpfte und klarstellte, dass das deutsche Kaiserreich einen Angriffskrieg führte, verscherzte er es sich auch noch mit den Parteirechten. Er war politisch völlig isoliert.

Die auch als »Spontaneitätstheorie« etikettierten Positionen, die Rosa Luxemburg schließlich in der Massenstreik-Debatte entwickelte, waren natürlich für die Partei- und Gewerkschaftsbürokratie gefährlich. Immerhin meinte Rosa Luxemburg, dass die Rolle der Partei im politischen Klassenkampf nicht die der Domestizierung sein könne. Vielmehr müsse die Partei dem Massenprotest eine Richtung geben, der über den unmittelbaren Protestgrund hinausweist. Um ein historisches Beispiel zu nennen: Als sich der Massenprotest an einer schlechten Lebensmittelsituation entzündete (wie bei den Streiks in den Rüstungsbetrieben 1917), hätte die Partei ein Ziel vorgeben müssen, das über die bessere Versorgung hinausgehen müss-

GREGOR GYSI

Geboren 1948 in BERLIN, seit 1971 als einer der wenigen freien Rechtsanwälte in der DDR tätig. Von Dezember 1989 bis Januar 1993 Vorsitzender der PDS. Mitglied des Deutschen Bundestages von 1990 bis 2002 und wieder seit 2005. Im Jahr 2002 war er Bürgermeister und Senator für Wirtschaft, Arbeit und Frauen des Landes BERLIN. Seit 2005 ist Gysi Vorsitzender der Fraktion Die Linke. Im selben Jahr sagte er: »Ein Linker muss nicht arm sein, ein Linker muss gegen Armut sein.«

te, beispielsweise die sofortige Beendigung des Krieges und die Beseitigung der politischen Macht, die den Krieg entfesselt hatte, sowie die Entmachtung der Profiteure des Krieges. Die SPD-Führung und ihr Apparat waren jedoch unfähig geworden, über die unmittelbaren Anlässe hinauszudenken. Und selbst da wollten sie besänftigen.

In seinem äußerst lesenswerten Buch *Eine Geschichte der Novemberrevolution* beschreibt der linke Revolutionär und Kurzzeitkommunist Richard Müller 2011 anhand von Presseberichten die Lebenslage der Arbeiterklasse während des Krieges. Da die Männer als Soldaten an der Front waren, mussten die Frauen die Kinder durchbringen, dann die ständig teurer werdenden Lebensmittel erwerben und aufgrund von Einkommensmangel (die gewährte »Kriegsunterstützung« reichte nicht) noch arbeiten gehen. Wohnraum war in den Mehrgenerationenbehausungen der Arbeiterinnen und Arbeiter knapp, Krankheiten griffen, auch aufgrund der Nahrungsmittelknappheit, um sich. Das noble Hotel Adlon allerdings bot Müller zufolge an den von der Regierung angeordneten »fettlosen Tagen« folgendes Frühstücksmenü:

Kraftbrühe

Tapiokasuppe

Eier mit Spinat

Kabeljau gekocht

Rinderbrust, Meerrettich

Hammelkeule, Kaperntunke mit Gemüsen

Kalter Aufschnitt

Karamellspeise

Käse

Das Abendessen des Hotels am »fleischlosen Tag« hatte folgende Speisenfolge:

Rotkohlsuppe oder Krebssuppe
Barbenschnitten nach Admiralsart
oder
Gebackene Eier mit Tomaten, Lachskroketten, Trüffeltunke,
Spinat und Kartoffelbrei
oder
Hummerpasteten
oder
Seezungenschnitten geröstet
oder
Belegtes Brot, Gemischtes Eis, Backwerk, Käse

So sah er aus, der »Klassenfrieden« während des Krieges, so sah die Solidarität der Herrschenden mit der Arbeiterklasse aus. Eine SPD-Führung, die weiterhin auf »Burgfrieden« setzte, muss für das sich anstauende Konfliktpotenzial blind gewesen sein.

Was bald darauf passierte, ist weitgehend bekannt. Die Novemberrevolution brach aus, und die rechte SPD-Führung um Friedrich Ebert erstickte die Versuche ihres Weitertreibens, indem sie eine reaktionäre Soldateska von der Kette ließ. Rosa Luxemburg wurde, neben vielen anderen, ermordet. In der kurzen Zeit zwischen dem Revolutionsausbruch und ihrem gewaltsamen Tod bewegte sich Rosa Luxemburg weiter in die politische Einsamkeit. Sie gehörte zu denjenigen Linken, die zwar der Ansicht waren, dass sich die entschieden oppositionellen Kräfte selbständig organisieren müssten, aber keine organisatorische Trennung von der SPD nötig wäre. Sie plädierte eher dafür, in der SPD und der Arbeiterschaft dezidiert für antimilitaristische und revolutionär-sozialistische Positionen zu werben. Die Gründung der Unabhängigen Sozialdemokratischen Partei Deutschlands (USPD) konnte sie schon deshalb nicht verhindern, weil sie damals inhaftiert war. Aber die USPD-Gründung war vor allem deshalb unumgänglich, weil Friedrich Ebert begonnen hatte, diejenigen Mitglieder, die sich der »Burgfrieden«-Politik verweigerten, aus der SPD auszuschließen. Rosa Luxemburg war auch während der Revolution gegen die Ausgründung des Spartakusbundes aus der USPD. Sie wollte Masseneinfluss, keine Isolierung. Als sie auch das nicht verhindern konnte – unter anderem, weil Karl Liebknecht für die Gründung einer neuen Partei, der KPD, war –, plädierte sie dafür, diese wenigstens *Sozialistische* Partei zu nennen, um sie für das sozialdemokratische Spektrum nicht zu verschließen. Doch auch damit kam sie nicht durch. Schließlich scheiterte sie überdies mit ihrer Meinung, dass die Kommunistische Partei an den Wahlen zur Nationalversammlung teilnehmen müsse. Eine andere Orientierung hatte die Oberhand gewonnen. Bald nach ihrem Tod begann die ideologische Vertreibung Rosa Luxemburgs aus der KPD. Nur als ermordete Märtyrerin der Revolution behielt sie ihren Platz.

Ich stelle mir manchmal vor, wie es Rosa Luxemburg ergangen wäre, wenn sie die Zeit des »weißen Terrors« überlebt hätte. Ihre Freundinnen Luise Kautsky und Mathilde Jacob kamen in den nationalsozialistischen Vernichtungslagern um. Clara Zetkin lebte im sowjetischen Exil nur noch wenige Monate, politisch bereits völlig isoliert. Sie gehörte zu den letzten Kritikerinnen und Kritikern der Stalinisierung der KPD. Es hört sich grotesk an, aber sie starb gerade noch früh genug, um nicht in die Verfolgungsmaschinerie zu geraten, die dann unter den deutschen Emigranten im sowjetischen Exil wütete. Keine guten Aussichten für Rosa Luxemburg.

DIE KRITIKERIN UND DER PUBLIKUMSLIEBLING

IRENE BAZINGER über KNUT
Kinder und Tiere retten jede Vorstellung

Kann ein Tier ein Berliner sein? Noch dazu ein Eisbär? Im Prinzip nein – in der Wirklichkeit allerdings ja, aber vielleicht nur in einer Stadt, die einen Bären im Wappen trägt. Der ist zwar schwarz, doch der Polarkreis ist bekanntlich auch ihm nicht fremd. Und den Einheimischen an der Spree ist Bär offenbar Bär und lieb und teuer. Ungezählt die Postkarten, Nippes und Kleidungsstücke, auf denen das Wörtchen »Bärlin« den Umsatz ankurbeln soll. Ob als Maskottchen der 1993 gescheiterten Olympiabewerbung für das Jahr 2000 oder am historischen Grenzübergang Dreilinden als Markierung der Stadtgrenze, ohne einen Bären tut sich hier gar nichts. Das ist nicht unbedingt Tierliebe, sondern eher eine Art von unaufgeregter, selbstverständlicher Folklore. Am Berliner Bären konnte und kann man sich – im Osten wie im Westen – festhalten, auch wenn ansonsten alles in Bewegung gerät, die Stadt geteilt oder wieder vereinigt wurde, ob Flugzeuge in Tegel oder in Schönefeld landen. Berlin und seine Bären, das ist eine Symbiose, die keine Fragen, keine Zweifel, keine Bedenken zulässt.

Und dann kam Knut. Anfangs war er nur ein Gerücht ohne Namen und Bild, denn die Leitung des Berliner Zoologischen Gartens wollte erst sicher sein, dass er sich als lebensfähig erweisen würde. Alsbald war er ein Fernsehstar, dem man in kleinen Filmchen im RBB zuschauen konnte, wie er auf einer Gummimatte zu laufen begann, wie er mit einem Fläschchen gefüttert wurde, wie er tobte, wenn dieses auf sich warten ließ, wie er einschlief, während ihm sein Pfleger Thomas Dörflein auf der Gitarre etwas vorspielte. Im Alter von 15 Wochen und mit einem Gewicht von neun Kilogramm hielt man ihn im März 2007 für stark genug, einer unbändig neugierigen, bereits völlig hysterisierten Öffentlichkeit präsentiert zu werden – darunter bei seinem ersten Auftritt über 500 Journalisten aus dem In- und Ausland. Knut wurde zum Publikumsliebling des Zoos – ach was, der ganzen Stadt. Es dauerte nicht lange, da war er ein Weltstar. Hunderttausende standen Schlange, um einen Blick auf ihn zu werfen. Die amerikanische Starfotografin Annie Leibovitz reiste an, um ihn für eine Klimaschutz-Kampagne mit dem Schauspieler Leonardo DiCaprio zu fotografieren, und brachte ihn auf die Titelseite von *Vanity Fair*. Von »Knutmania« war die Rede, ganz zu Recht, und das Wort von der »Tierpersönlichkeit« machte die Runde, denn Knut schien tatsächlich mehr als eine animalische Kreatur zu sein. Man konnte den Eindruck gewinnen, dass er sich wie eine erfahrene Mediengröße seiner Wirkung bewusst war und damit zu spielen vermochte. Es sah so aus, als wären die Leute nicht nur verrückt nach Knut, sondern als sei auch er ihnen und ihren Liebesbeweisen durchaus gewogen.

Natürlich konnte man den Rummel um den kleinen Eisbären infantil und peinlich finden, aber ein paar Wochen lang sorgte er in dem eher ruppigen Klima der Metropole für unkontrollierte Begeisterung, Aufmerksamkeit, Glück. Er sah mit seinen Knopfaugen und seinen tollpatschigen, verträumten Bewegungen auch gar zu niedlich aus. Man freute sich über das Wunder, dass er am Leben war, obwohl sich seine Mutter nicht um ihn gekümmert hatte, und darüber, dass die

Handaufzucht gelungen war. Man hatte allen Grund, stolz auf Berlin und überdies auf den Berliner Zoo mit seinen großartigen Mitarbeitern zu sein, die sich vor den Kameras aus der ganzen Welt nicht verbogen und ohne viel Aufhebens selbst in Sachen Knut gelassen und kompetent ihre Arbeit verrichteten.

Ja, der Zoo! Plötzlich war er wieder ganz einfach »unser« Zoo und nicht eine etwas spießige Naherholungsoase in West-Berlin, die vor allem Rentner, junge Familien und Kindergartengruppen frequentierten. Dank Knut wurde er zu einem Hotspot mit internationalem, geradezu hippen Publikum. So einen Ansturm hatte der 1844 gegründete erste Zoo Deutschlands wohl noch nie erlebt, wenngleich zum Beispiel 1928 das hier geborene Elefantenkalb Kalifa dermaßen viele Besucher angelockt hatte, dass die Schlange der Wartenden mitunter bis zu 300 Meter lang war, wie auf einem der schönen Fotos von Friedrich Seidenstücker zu sehen ist.

IRENE BAZINGER

Geboren 1961 in Salzburg, kam sie 1983 aus Wien zum Studium der Germanistik und Theaterwissenschaft an die Freie Universität BERLIN, ließ sich in Aufführungen der BERLINer Schaubühne theoretisch fortbilden und als Assistentin bei der Regisseurin Ruth Berghaus praktisch herausfordern. Sie lebt als freie Autorin in BERLIN und schreibt als Theaterkritikerin für die *Frankfurter Allgemeine Zeitung* aus BERLIN und Umgebung.

Es zeigte sich mit Knut, dass die Berliner ihren Tieren schon lange treu waren. Jetzt trauten sie sich endlich, dies offen zuzugeben. Menschen, von denen man das nie vermutet hätte, entpuppten sich als langjährige Dauerkartenbesitzer für den Zoo und meist auch den Tierpark Friedrichsfelde im Ostteil Berlins. Von Mitarbeitern aus den nahe gelegenen Banken war zu hören, dass sie in der Mittagspause gern in den Zoo gingen, dort eine Kleinigkeit aßen und, abseits von Börse und PC, als Stammkunden Flora und Fauna genossen. Mein Freund Egbert rückte damit heraus, dass er sich als Student für eine Weile im Zoo verdingt hatte, um das Geld für eine Marokko-Reise zu verdienen, und quasi als Parkwächter Eis- oder Schokoladenverpackungen, Servietten und Papiertaschentücher aufsammelte sowie Mülleimer leerte. In den Pausen rauchten die Aushilfskräfte damals hinter einem grünen Busch erst einmal einen Joint und schauten danach amüsiert meist den Nilpferden zu, die ihnen mit ihren langsamen Bewegungen im Wasser ebenso bekifft wie sie selbst vorkamen.

Sogar der sowjetische Schriftsteller und Journalist Wassili Grossman widmete dem Zoo eine Erzählung und schilderte in *Tiergarten*, wie sich die letzten Kriegstage 1945 auf die durch ihre Nähe zum Fernbahnhof besonders gefährdete Einrichtung auswirkten:

> »Mächtige Kräfte, die aus dem Osten vorrückten, schlossen den Ring um das böse Herz von Hitlers Hauptstadt.
> Die beweglichen Truppenteile, die Panzer und die vollmotorisierte Artillerie, brachen bis in den Bezirk Tiergarten durch.
> Schüsse flammten im Dunkel auf, Leuchtspursalven sausten vorbei, die Luft füllte sich mit Schlachtgerüchen, nicht nur mit jenen, die der Geruchssinn des Menschen auseinanderhalten kann – Stickoxide, brennendes Holz, Rauch und Brandgeruch –, sondern auch mit jenen kaum wahrnehmbaren, die nur Tiere wittern können. Und diese Gerüche mitten in der Nacht versetzten die Tiere weit mehr in Aufregung als die Schüsse oder die Flammen der Brände.

Feuchte Meeresluft, die Hitze der Sandwüste, die Kühle der duftenden Weidplätze an den Ausläufern des Himalaya, der drückende Atem des Waldes, der Geruch des Frühlings – alles vermischte sich, verschmolz zu einer Wolke, zirkulierte von Käfig zu Käfig.
Die Bären stellten sich auf die Hinterbeine, rüttelten an den Eisenstäben, schauten in die dunkle, tiefrote Finsternis.«

Bei einem Gespräch in Berlin 2007 erzählte mir die Sängerin und Schauspielerin Ingrid Caven, wie wichtig ihr vor Konzerten das Gefühl für den Raum wäre, in dem sie aufträte – sie wolle nicht einfach auf die Bühne kommen und singen, sondern schon im Vorhinein wissen, wie sie singen müsse, damit es so klinge, wie sie es sich ausgemalt habe. Auf meine Frage, wo sie denn den speziellen Klang für Berlin finden würde, sagte sie sofort: »Im Zoo! Normalerweise gehe ich immer zu den Bären, aber die halten jetzt wahrscheinlich ihren Winterschlaf. Früher gab es so einen verrückten Tanzbären, der marschierte zu den Leuten vor, doch kurz bevor er da war, hat er eine Drehung gemacht wie ein Pinguin. Dann wandte er sich ab, ging zurück, brummte – und kam wieder vor. Der muss irgendwann einen Pinguin getroffen haben.« Natürlich hatte sie von Knut gehört und wollte ihn unbedingt sehen.

Mit dem unfassbaren Interesse am Eisbärbaby Knut erwachte auch die Auseinandersetzung mit der Institution »Zoologische Gärten« im Allgemeinen. Neben den üblichen Vorwürfen, dass darin Tiere nicht artgerecht verwahrt oder dass sie schlichtweg gefangen gehalten würden, wurde von der öffentlichen Meinung sehr wohl wahrgenommen, wie viele Tiere nur dank Zoos und Tierparks überlebt haben und noch existieren können. Denn der Tierbestand im Berliner Zoo und Tierpark wird, heißt es, an Vielfalt und Seltenheit weltweit nirgendwo erreicht. Hier und in ähnlichen Anlagen können nicht nur vom Aussterben bedrohte Tierarten gerettet werden, hier können außerdem die Menschen Aug' in Aug' mit ihren evolutionären Vorgängern an ihre Herkunft wie an ihre nicht unproblematische Gegenwart denken. Die argentinische Autorin María Sonia Cristoff etwa schreibt in ihrem 2006 in Buenos Aires, 2012 auf Deutsch erschienenen Buch *Unbehaust. Was Menschen mit Tieren machen*:

> »Im letzten Bericht der Weltnaturschutzunion IUCN werden sie [die Nilpferde – I. B.] als gefährdete Art eingestuft. So starben offenbar im Jahr 2005 nahezu 95 % der bis dahin im Kongo lebenden Nilpferde. Bei der bloßen Vorstellung, eines Tages könnte es auf der Welt keine Nilpferde mehr geben, wird mir schwindlig. Ich frage mich, wie ich künftig meine eigene Gefährdetheit wie auch die der Nilpferde ertragen soll. [...] Angesichts ihres maßlosen Körperumfangs – und des ebenso grenzenlosen Schutzes, den er zu versprechen scheint – frage ich mich, wieso alle Welt das Schlanksein, die Magerkeit, zur Religion erhoben hat.«

Knut wurde schnell zu einem Symbol für sehr viele Dinge, mit denen sich Stadt- und Landbewohner querbeet beschäftigten: Wie lange wird es noch Eisbären geben, wenn die Polkappen schmelzen? Wie lange werden Menschen noch leben, wenn sich das Klima tatsächlich so extrem verändert, wie es zahlreiche Forscher prognostizieren? Was versagt unsere Zeit an Freude, Emotion und sozialer Wärme, wenn ein kleiner Eisbär solche Anteilnahme, Begeisterung, Liebe erregen kann? Für die vielen, nicht nur älteren Frauen und ihre Männer, die sich Tag für Tag vor Knuts Gehege einfanden und wie von einem leiblichen Kind über ihn sprachen, schien er das interessanteste, umschwärmteste Geschöpf in ihrem ganzen Leben zu sein. Wann immer man in den Zoo kam, war »bei Knut« stets etwas los – Menschen, Fotoapparate, strahlende Gesichter. Auch als er größer wurde und zotteliger, als er eine Bärin zugesellt bekam und später, als er zu den anderen Eisbären – darunter seine Mutter Tosca – verlegt wurde, blieb er das unglaubliche Fabelwesen, als das er über den Berliner Zoo gekommen war.

Und dann war Knut weg. Sein plötzlicher Tod im März 2011 löste eine Trauereuphorie fast wie nach dem tödlichen Unfall von Lady Diana aus. Inzwischen hat er ein privat finanziertes Denkmal am Eisbärengehege bekommen. Oft liegen frische Blumen darauf. Als er im Februar 2013 eine Weile im Berliner Naturkundemuseum als maßstabsgerecht rekonstruierte Plastik mit Originalfell ausgestellt wurde, hielt sich der Besucherandrang indes in Grenzen. Es war einfach nicht dasselbe, Knut zwar aus der Nähe, aber tot in einer gläsernen Vitrine zu betrachten – anstatt ihn im Wassergraben plantschen oder an einem Baum herumkratzen zu sehen. Zudem war ihm der rational, nicht emotional nachvollziehbare Ortswechsel nicht bekommen. Das Foyer des Museums war eben nicht der Zoologische Garten, in dem

KNUT

Er kam, sah und siegte: Der Eisbär Knut, geboren im Dezember 2006 im BERLINer Zoo und dort von Menschenhand aufgezogen, wurde ein internationales Medienphänomen. Er lockte Hunderttausende an und bescherte dem Zoo enorme Einnahmen. Knut starb überraschend und vor vielen Augen im März 2011. Als lebensgroße Dermoplastik mit Originalfell gehört er zur wissenschaftlichen Sammlung des BERLINer Museums für Naturkunde.

Knut keine Statue aus PU-Schaum war, sondern eine Kreatur aus Fleisch und Blut – vielleicht sogar ein wenig wie du und ich. Zu seinen Lebzeiten hat er Berlin für eine Weile ein bisschen schöner, freundlicher, friedlicher gemacht. Was in allen Theatern funktioniert, klappte – die Stadt als Bühne, die Passanten als Protagonisten, die Realität als Inszenierung – auch in der preußischen Metropole: Kinder und Tiere retten jede Vorstellung.

DER JUNGE W. UND SEIN SCHÖPFER

KLAUS HOFFMANN über ULRICH PLENZDORF
Zu klug, um siegen zu wollen

Als ich Uli das letzte Mal sah, saß er wie ein altes Kind im Rollstuhl, und aus seiner Stirn ragte eine Diode. Gehirnblutung, ein übler Unfall, sein geliebtes Auto landete im Graben. Seine Familie brachte ihn dann auf Umwegen in dieser Klinik in Charlottenburg unter. Als ich auf ihn zukam, hob er abwehrend die Hände in die Luft, er wollte mich nicht sehen, konnte ja nichts sagen, war hilflos, wehrlos.

Es war an sich ein schönes Bild in diesem Augenblick der Endlichkeit. Ulrich Plenzdorf, der beste Drehbuchautor, aus dem Osten, besser als alle, die ich damals als Anfänger respektiert hätte, der Nachfolger aller großen Realisten der 1950er-Jahre, Filmautor, Autor von Novellen, Theaterstücken, Dichter, Schreiber, Hippie, hüben wie drüben. Und der Erfinder des »jungen W.« sowie des großartigen Films *Die Legende von Paul und Paula*, erweitert ein paar Jahre später zu dem Roman *Legende vom Glück ohne Ende*. Keiner konnte ihm in seinem Genre das Wasser reichen.

Und jetzt saß er da, so wie er immer gewesen war, aufrecht, bloß diesmal in einem wackeligen Rollstuhl mit einer Diode im Kopf, als wäre er aus einem Film von Stanley Kubrick gefallen. Zerbrechlich, einfühlsam für die, die ihm begegneten, und immer noch mit denselben warmen, traurigen Augen, die mir schon bei unserer ersten Begegnung am

Set in Baden-Baden aufgefallen waren. Einer, der verwundbar war und zu klug, um siegen zu wollen.

»Ich hatte immer ein Problem, ich konnte nicht verlieren.« An diesem Satz knabberte ich schon, als ich das Drehbuch von *Die neuen Leiden des jungen W.* zum ersten Mal gelesen hatte. Nicht verlieren können. Was? Dinge, Ländereien, Autos, Lieben, das Leben? Ich war damals noch zu dumm, um unter den Text zu schauen. Das kam erst im Laufe der Zeit.

Wir schlängelten uns an diesem Drehtag in Baden-Baden vorsichtig umeinander, beschnupperten uns. Er war zu erfahren für mich, ein professioneller DEFA-Filmautor, gewaschen mit allen inhaltlichen Wassern, Gauklerkenntnissen, kollegial, echt bemüht und immer sozial ergeben. Und ich, der Jüngere, der etwas schlaksige Aufsteiger-Schauspieler aus dem Westen, nach ein paar Filmen und Theaterarbeiten brennend vor Ungeduld, es endlich allen zu zeigen.

Eberhard Itzenplitz, unser Regisseur bei *Die neuen Leiden des jungen W.*, hatte sich für diesen Ost-Stoff entschieden, nachdem er 1970 das Fernsehspiel *Bambule* nach dem Drehbuch von Ulrike Meinhof und einige weitere sozial anspruchsvolle Streifen gedreht hatte. Wir wussten alle um die Brisanz des Themas, es herrschte eine unausgesprochene Gewissheit im Team: Es ging hier um mehr als um Ost und West. Da wollte einer über alle Mauern hinweg ins Glück, in das, was wir mit dem Wort Freiheit strapazierten. Jeder auf seine Art.

Harald Müller, der Produzent, hatte Plenzdorfs Buch in den Westen gebracht, und Uli hatte seitens der DDR-Behörden eine Reisegenehmigung bekommen.

Die *Frankfurter Allgemeine Zeitung* fand es gut, den jungen W. mit einem Schauspieler aus dem Westen zu besetzen, die Kollegen im Osten murrten, einige Schauspieler vom Berliner Ensemble fanden mich von Anfang an fehlbesetzt, denn wie könnte ein Wessi den Osten verstehen?

Ich lief an dem Tag ein wenig in der dritten Reihe auf und ab und maß den Mann, der das fertiggebracht hatte, was mich nach einer halben Stunde Drehbuch-Lektüre umfallen ließ. Es gibt nur wenige Momente dieser Art, es ist ein großes Geschenk, wenn einem so etwas geschieht, vielleicht ähnlich wie bei der ersten Begegnung mit einer Frau, wenn einem das Herz von einem Moment auf den anderen durch den Reifen springt. Das war so ein Moment, es stimmte alles von A bis Z. Dazu kam, dass meine damalige Liebe auch noch wie bei Plenzdorf von mir Charly genannt wurde. Es konnte nichts schiefgehen.

Irgendwann, nachdem sich alle beschnuppert hatten und der Autor und das Filmteam auf einer Wellenlänge waren, sagte Uli zu Eberhard über mich – so, dass ich es hören konnte: »Der Junge ist 'ne Bank.« Das saß, ich hatte seinen Segen. Einen besseren Einstieg hätte ich mir nicht erträumen können.

Am Nachmittag zogen wir durch Baden-Baden, von einem Haushaltswarenladen in den nächsten. Uli liebte diese Läden, er interessierte sich enorm für Schrauben, Fittings und Haushaltseinerlei. Wir führten von Anfang an »Lebensmittelgespräche« – also über dies und das, Tiefgründiges und Hochfliegendes, Haben und Sein. Verkehrte Welt, hätte Wolf Biermann gesagt. Der Ossi im Westen und der Wessi versucht, den Osten zu packen. Innerlich, wohlgemerkt. Ich kannte ja vieles von drüben. Meine Leute waren doch aus Berlin-Kaulsdorf. Ich kannte also diesen Hunger nach Westklamotten, dieses verdeckte, unaufgeregte Lächeln im Bemühen, nicht jedem Wessi gleich in die Arme zu fallen, bloß weil er die angesagtere Hose trug. Die Scheu, das Misstrauen und meine blöden Schuldgefühle, die richtige Jeans anzuhaben. Furchtbar äußerliches Zeug, aber bis auf die DDR-TV-Propagandasendung *Der Schwarze Kanal* mit Karl-Eduard von Schnitzler ging mir das ganze System am Hintern vorbei. Ich war ein Freigeist, Kuba ertrug ich nur in Gedichtform, und wenn's sein musste, erfuhr ich lieber alles zu Chile durch Pablo Neruda als in diesen unsäglich konformistischen Marx-Kreisen in den Kneipen rund um den Savignyplatz.

Aber da waren die Grenzen, die Mauern, der allgegenwärtige Zaun im Gesicht eines Spießers von nebenan, der uns töten wollte, der unsere Musik nicht verstand, der nicht begriff, warum es noch viel weiter gehen sollte, weiter und über alle Grenzen hinaus. Die Sehnsucht nach Entgrenzung und Freiheit war mir sehr viel näher. Ich hatte immer Angst vor dem Osten, vor seinen Funktionären und Kadern, vor den Grenzern und vor dem *Schwarzen Kanal*. Nur war der für uns arrogante Wessis – im Gegensatz zu den Leuten drüben – in weiter Ferne, so nah, und mit ein paar Flaschen Bier und einem Joint gut auszuhalten. Ein echter Spaß.

Uli lachte stets an den richtigen Stellen. Er hat später immer wieder in der innerpolitischen Kritik gestanden. Er war so wenig konform – und doch so in der DDR beheimatet.

ULRICH PLENZDORF

In BERLIN geboren 1934, dort gestorben 2007. Ab 1963 als Dramaturg und Szenarist im DEFA-Studio Babelsberg. Mit seinem Roman *Die neuen Leiden des jungen W.*, als Bühnenstück mit sensationellem Erfolg 1972 in Halle (Saale) uraufgeführt, wurde er auch im Westen bekannt. Er zählte zu den besten deutschen Drehbuchautoren, etwa bei den Filmen *Die Legende von Paul und Paula* oder *Der Trinker*. Ab 1992 war er Mitglied der Akademie der Künste BERLIN.

Dazu kam der enorme Erfolg durch *Die neuen Leiden des jungen W.* In zig Sprachen übersetzten sie das Stück und den Roman, aber er sah nur wenig von den Tantiemen. Ich habe in späterer Zeit einige Male mit ihm darüber gesprochen. Er spielte es herunter, blieb aber mürrisch.

Auch wenn er meine Lieder, die ich schon damals im Gepäck hatte, nicht so ohne Weiteres unterschrieb, er hat mich nie in meiner Ausdrucksweise gestört. Er hatte das, was man in Amerika als *lovely independence* bezeichnet. Gefühlvolle Anteilnahme oder so, würde Edgar, der junge W., gesagt haben. Ich habe Plenzdorf von Anfang an für seine Beobachtung der Leute und der Gesellschaftsstrukturen bewundert und ihn für die Wahrheiten, die zwischen den Zeilen und unter den Worten standen, geliebt. Ich kannte ihn ja nicht weiter, nur als einen, der von drüben kam und Geschichten erfand, die zu mir gehörten.

Er sah nicht gut aus in dieser Zeit – eben so, wie die intellektuellen Ossis Ende der 1970er-Jahre aussahen: etwas blass, aber mit großem Geist behaftet. Einem Geist, der hinter der Stirn unermüdlich an Fluchten baut, aber nicht weg will, nicht weg kann. Uli trug die Haare lang und kleidete sich konspirativ und betont lässig ostig. Als ich ihm das erste Mal begegnete, fiel mir auf, dass ihm drei, vier Vorderzähne im Oberkiefer fehlten. Das gab ihm einen verwegenen, ein wenig aus der Zeit gefallenen Ausdruck. Er litt darunter, sagte aber nichts. Ich hoffte schon am ersten Tag, dass er seine Gage für einen guten Zahnklempner verwenden würde. Männer mit Zahnlücken haben es gerade im Westen schwer – allein schon beim Versuch, sich klar und deutlich zu artikulieren.

Das alles dachte ich bereits damals bei unserem Treffen in Baden-Baden. Und er hatte gesagt, ich wäre »die Bank« des ganzen Films. Es war eine clevere Aussage, ich war sofort

»verhaftet«. War ich ja sowieso, es war doch, nach all den Theater-Spektakeln in Berlin an der Freien Volksbühne zu Beginn meiner Schauspielkarriere, nach meinen ersten Platten und all den kleinen und großen Aufregungen eine Riesenchance für mich.

Kein Autor hatte mich derart gelobt, nicht Tankred Dorst, der eine Nebenrolle in Peter Beauvais' Film *Die Soldaten* (1977) nach Jakob Michael Lenz übernommen und nur Augen für sein Schachspiel hatte, und auch nicht Peter Shaffer, dessen Stück *Equus* ich 1974 gleich nach der Schauspielschule in der Regie von Kurt Hübner an der Freien Volksbühne in Berlin spielen durfte. Uli war anders, er wusste um die feine und verletzbare Art von Schauspielern, von dem ganzen Trödel alter Überlieferungen, der unterschwelligen Konkurrenz und dem Leistungsdruck. Er als Autor brauchte die Schauspieler, die Schauspieler wiederum brauchen die Autoren, sonst kommt nichts rüber. Er war ein Neorealist. In Italien hätten sie ihm einen roten Teppich ausgerollt. Er war immer ein Grenzgänger. Er kam von drüben, kommunistisch erzogen, und interessierte sich für alles, was machbar war. Und sie hatten ihm für eine kurze Zeit die Fahrerlaubnis in den Westen gegeben.

Nach dem Ende der Dreharbeiten zu *Die neuen Leiden des jungen W.* ergaben sich Reibereien. Ich suchte in den Zeitungen nach seiner Zuneigung. Es war wie verhext. Dazu kamen der Neid und die Kollegenschelte. Mensch, dabei hatten wir einen im Kino und im Fernsehen erfolgreichen Film geschaffen!

Uli blieb im Osten. Und schrieb die Drehbücher zu dem Film *Glück im Hinterhaus* (Regie: Herrmann Zschoche, 1980) nach dem Roman *Buridans Esel* von Günter de Bruyn für die DEFA und zu dem ARD-Fernsehspiel *Der König und sein Narr* (Regie: Frank Beyer, 1981) mit dem wunderbaren Wolfgang

Kieling als Jacob Paul von Gundling und Götz George als König Friedrich Wilhelm I.

Und dann kam die Wende, und alles wurde anders. Die Ideale, die Wirklichkeiten, der ganze Berg an Träumen verschob sich wie eine Wanderdüne, und die Linken wurden Grüne, und die neuen Biedermeier zogen nach Berlin-Mitte. Uli und ich sahen einander nur noch selten. Mal bei einem Konzert, mal, weil Harald Müllers Produktionsfirma Artus-Film Geburtstag hatte, mal auf einer Preisverleihung in Saarbrücken – und dabei ging es um Musik und um Filme, die ihm fehlten.

Er hatte das Gesicht eines alten Mannes, immer schon. Er umgab sich mit der traurigen Melancholie eines jung gebliebenen Minnesängers, gab sich schroff, konnte aber sehr warm sein. Irgendwie hatte ihn dieses Wechselspiel aus Ost und West sehr geprägt. Dazu kam die stete Sorge um das nötige Geld, weshalb ihn in seinen letzten Jahren tiefe Bitternis erfasste. Wenn ich ihm dazu gratulierte, dass er geboren wurde, antwortete er gern: »Sag es heiterer, das klingt wie ein Abgesang.«

KLAUS HOFFMANN

Geboren 1951 in BERLIN, Schauspieler, Liedermacher, Autor. Bekannt machte ihn 1976 die Titelrolle der westdeutschen Verfilmung von *Die neuen Leiden des jungen W.* Ein Jahr zuvor war seine erste Platte erschienen. In dem Album *Was fang ich an in dieser Stadt* setzte er sich 1978 mit dem geteilten BERLIN auseinander. Er schrieb drei Romane und seine Autobiografie.

Es gab eine Begegnung, als Heiner Carow für einen seiner letzten Filme einen noch jungen Mann suchte. Ich ging zum Casting. Alle saßen um einen großen Tisch: Dramaturgen, Regisseure und der Autor. Aber es war alles sehr geschäftig, eben wie man im Westen so castet: Kommt ein Schauspieler herein und sieht so aus, dass ihn der geplante Film gebrauchen kann, heißt es, okay, fünf Kilo runter – und das war's. Ich schaffte es trotzdem, Plenzdorf und Carow in einen Minikrach zu verwickeln, und zwar über eine Szene, die als Autofahrt in den Serpentinen eines Berges beschrieben war. Irgendwie ging es um die Freude über den Abstieg oder über den Aufstieg. Die beiden wurden sich nicht einig. Es war lustig. Plenzdorf brachte mich dann noch zur Tür, was bei Castings eigentlich nicht üblich ist. Es war eine feine Geste, er war sehr optimistisch, wollte unbedingt, dass ich die Rolle bekomme. Ich war es leid, immer nur den Freigeist, den wirklichen Kommunisten, den mit den Widersprüchen, mit den langen Haaren, der hippiehaft der Welt ergeben ist, zu zeigen. Ich sehe das heute anders. Dann sagten wir einander Tschüss.

Als Harald Müller 1995 den Film *Der Trinker* produzierte, hatten wir nur selten Kontakt. Doch ich bekam die Titelrolle angeboten und sollte als Erwin Sommer ein Comeback im Fernsehen feiern können. Daraufhin schlug ich Tom Toelle als Regisseur und Ulrich Plenzdorf als Drehbuchautor vor. Ich war so froh, dass wir wieder zusammenkommen könnten – und dann entschied sich der WDR als Koproduzent plötzlich für Harald Juhnke als Erwin Sommer. Was im Nachhinein zwar eine weise Entscheidung war, mich damals aber zu Tode kränkte. Ich war so beleidigt, weil mein Freund Harald Juhnke hier die Rolle seines Lebens geben durfte – und dazu viel besser, als ich es gekonnt hätte. Denn in seiner Gestaltung war zu spüren, wie die Realität mitspielte.

Weißt du, Uli, ich saß danach bei einer Preview hinter Harald Müller im *Zoopalast*, und er wusste es nicht. Ich war so eitel gekränkt, dass ich mich ihm nicht zu erkennen gab. Später kamen wir dann doch noch zusammen. Nach Tom

Toelles Tod 2006 und bevor Müller am 4. November 2008 in München endgültig seinen Hut nahm, gab es ein paar ganz wunderbare Telefonate zwischen uns. Einmal rief er mich an, als ich im Zug zu einem Konzert nach Hamburg fuhr, und er stellte diese Fragen, die kommen, wenn es zu Ende geht: »Wie geht's dir, hast du genug Arbeit, hast du deine Steuer bezahlt?« Wir haben so viel über dich, Uli, gesprochen, als wärest du noch da.

Die letzten Jahre hing Plenzdorf in der Bitternisschleife. Wir trafen uns ein paar Mal, zufällig, Filme bringen zusammen. Aber seine Bücher verkauften sich nur schlecht, und er hielt sich mit Drehbüchern zur vierten Staffel der ARD-Serie *Liebling Kreuzberg* mit Manfred Krug über Wasser.

Anlässlich seines 70. Geburtstages 2004 wurde Uli in der Berliner Akademie der Künste gefeiert. Alle kamen, Vertreter des Verlages, die Kläger und die Lobhudler. Irgendwann stand er in seiner übergroßen Wohn- und Westernhose auf der Bühne und bedankte sich. Feinsinnig, immer die Wahrheit und die Zeilen Heiner Müllers und Bertolt Brechts im Gepäck – aber die Nähe zu Holden Caulfield, dem jungen Anti-Helden aus J. D. Salingers Roman *Der Fänger im Roggen*, konnte man einfach nicht übersehen. Dazu diese traurigen, verletzten Augen, nicht vergessend, dass sie ihn gelinkt hatten. Sie hatten ihm den größten Teil seiner Tantiemen aus den Weltverkäufen von *Die neuen Leiden des jungen W.* vorenthalten. Ich suchte nach einem Schuldigen, fand ihn aber nicht. Uli bedankte sich freundlich bei den Gratulanten, und ich heulte innerlich: »Es war wohl immer mein Problem, ich konnte nicht verlieren.«

Uli war der »junge W.«, ich war nur die Brücke. Er hatte sein bekanntestes Werk immer als Freizeichen gemeint. Erst als Novelle für die Schublade geschrieben, dann als Theaterstück in Halle uraufgeführt. Auch wenn es die SED-Genossen und später einige Kollegen nicht wahrhaben wollten – Uli war für beide da: für Ost und West. Er war der Fänger im Roggen, über alle Mauern hinweg.

Ich war damals ein junger Schauspieler, dünn, sehr zerbrechlich, mit langem Haar und traurigen Augen. Ich sah passabel aus und konnte mich zeigen. Unsere – und ich betone – unsere Nähe zu Denkern wie Kant und Hegel war gleich, obwohl bei ihm sicher noch viel cooler gemeint. All dies zusammen bildete den Geist, der unter dem Text von *Die neuen Leiden des jungen W.* verborgen lag.

Als er mich an dem letzten Tag in der Klinik kommen sah, hob er abwehrend die Hände hoch, beruhigte sich dann aber gleich wieder. Sein Sohn schob ihn in den Garten, und wir stiefelten los. Wir hielten das gemeinsam aus, gingen da durch: Abschied nehmen, sich anblicken, verstehen, nicht verstehen. Wortlos. Ich ging nebenher. Wir liefen eine letzte Runde im Krankenhausgarten. Er zwinkerte einer Krankenschwester zu und begann sogar irgendwann, über einen faulen Witz zu lachen. Als wir wieder am Anfang waren, sagte ich: »Tschüss, Uli!« Er weinte ein bisschen, und ich weinte auch, und ich glaube, wir waren beide froh, einander noch einmal gesehen zu haben.

Dann ging ich weg, innerlich aufgewühlt und dabei dankbar für das Glück, diesen wunderbaren Menschen Ulrich Plenzdorf gekannt zu haben. An der Tür drehte ich mich noch einmal nach den beiden um, aber da waren sie schon weg, Vater und Sohn.

DIE LIEBHABERIN UND DER VERÄCHTER

MARIA OSSOWSKI über KURT TUCHOLSKY
Das zärtliche Nachstreicheln

Er hat diese Stadt wirklich nicht gemocht. Alles an Berlin und in Berlin sei Imitation. Berlin sei preußisch und voller Angeberei: »Der Horizont des Berliners ist längst nicht so groß wie seine Stadt.« Die Berliner fand er zu nassforsch und das Metropolengetue zu laut, viel zu laut. »Ich liebe diese Stadt nicht, der ich mein Bestes verdanke, wir grüßen uns kaum.« Aber die Sprache der Menschen in dieser Stadt hat Kurt Tucholsky begrüßt, genutzt und geliebt. Das Berlinerische mit all seiner unhöflichen Derbheit, seinem »zärtlichen Nachstreicheln«, seiner verzweifelten Ironie, seiner ordinären Vitalität, seiner pragmatischen Lebensklugheit und seiner witzigen Lebensgestimmtheit war sein *Genius Loci*. An seinem Berlin hing Tucholsky wegen des Humors und des Geistes in der Berliner Mundart. Wegen des Humors? »Wejen den Humor«, heißt es in Berlin, denn der echte Berliner verachtet den Genitiv keineswegs, er kennt ihn nur nicht. Deshalb ließ Tucholsky die Prinzessin Lydia in seiner Sommergeschichte *Schloss Gripsholm* auch so wunderbar unnötige Genitive bilden. Berliner tun jern fürnehm, jestern und »fürderhin« (eines von Tucholskys Lieblingswörtern).

Das Berlinerische besitzt den »Unschuldsglanz des Naiven« (wie es der Journalist und Autor Walther Kiaulehn ausdrückte), seine Ironie muss schweben. Tucholsky spielte mit dem Esprit dieser Sprachfülle, die einst aus dem Französischen der Hugenotten, dem Jiddischen aus dem Osten, den Dialekten der Rheinländer, Alemannen, Kaschuben, Schlesier und vor allem der Norddeutschen entstanden war, denn Berlinerisch ist eine Variante des Plattdeutschen. Er rettete sich in den Berliner Witz, wenn Pathos drohte, er zwinkerte im Dialekt, wenn die Sentimentalität ihn überwältigte. Er flüchtete in die wohltuende Kürze des Berliner Idioms, wenn es galt, politische Katastrophen zu benennen. Dieser kleine dicke Jude aus Berlin-Moabit, Sohn einer Lehrerin und eines wohlanständigen Geschäftsmannes, ausgebildet als Jurist und aus Leidenschaft Journalist, haderte mit dem Ort, aber nur an diesem Ort hat er sein Werkzeug geschärft: seine Sprache. Sie endete erst im Schweigen, als alle Katastrophen, die er hellsehend schon Mitte der 1920er-Jahre formuliert hatte, eingetreten waren.

Für mich als Berlinerin der dritten Generation ist Tucholsky der eine von zwei literarischen Fixsternen im Alltag. Ich brauche ihn als Stütze, um der allgegenwärtigen Selbstgerechtigkeit, dem Lärm und manch unverschämtem Zeitgenossen zu trotzen. Ich brauche ihn als Korrektiv, um sentimentale Momente zu genießen und meinen Wein zu streicheln. Ich brauche ihn als Ratgeber für die eine große Liebe, die mich viel treuer begleitet als ihn je eine. Aber eben, die Reibereien: »Das ist schwer, ein Leben zu zwein, nur eines ist schwerer: einsam sein.« Tucholsky erscheint mir oft ganz unvermutet im Büro, im Café, beim Zahnarzt und auf der Couch, kurz aufblitzend mit Aphorismen, Gedichten, Textfetzen, und meist flankiert von jenem melancholischen Romantiker aus Düsseldorf, den auch er heiß verehrte: »Die Zahl der deutschen Kriegerdenkmäler zur Zahl der deutschen Heine-Denkmäler verhält sich hierzulande wie die Macht zum Geist.«

Für mich als Journalistin glänzt Tucholsky mit einer entscheidenden Tugend, die im heutigen hektischen Online-Gesabbel, im nominal-passiven Nachrichtenstil oder im Feuilleton-Geschwurbel aufgeblasener Kulturberichte verloren gegangen ist: Tucholsky hatte eine Meinung. Immer. Er traute sich, Sachverhalte zu vereinfachen und gegen die damaligen politisch korrekten Mehrheiten, nämlich die deutschtümelnden, zu benennen. Keiner seiner Kommentare endet mit der grauenvollen Sowohl-als-auch-Geißel unserer Tage, jenem: »Es wird spannend, zu beobachten, wie die Kanzlerin sich verhalten wird. Beide Positionen sind möglich. Warten wir es ab.« Tucholsky hat nicht gewartet. Er hat ausgesprochen, was stört – in der großen Politik und im kleinen Alltag. Mit der einzigen Waffe, die er besaß. Mit seiner Sprache. »Alles ist richtig. Auch das Gegenteil. Nur das ›zwar ... aber‹, das ist nie richtig.«

Wenn wir ihn suchen, wo könnten wir ihn finden, außer in seinen Texten, in seinen Büchern, in seinen Couplets und Chansons? Wo lebt Tucholsky noch in dieser Stadt? Eine Gedenktafel erinnert an sein Geburtshaus in der Lübecker Straße, ein Grabstein in Weißensee an seine Eltern. Sein Vater ist früh verstorben, die Mutter in Theresienstadt elendig zugrunde gegangen. Hier und da, lesen wir, habe er gewohnt. Die Tucholskys sind oft umgezogen. Im Französischen Gymnasium hat er gelitten, der Korpsgeist seiner Zeit war ihm zuwider, überall im Zeugnis hatte er ein in Sütterlinschrift gestochenes »genügend«, nur im Französischen ein »sehr gut«. Eine Oberschule in Pankow ist nach ihm benannt, sie trägt seinen Namen mit Stolz und, wie ich finde, zu Recht. Eine Straße, ein Restaurant und eine Buchhandlung heißen »Tucholsky«. Das Museum mit seinem Namen liegt außerhalb der Stadt, in der flachen Landschaft der Mark, die er so geliebt hat – mit jenem Ort, der seinen Ruhm begründete.

Wer immer sich Tucholsky nähern möchte, kommt an diesem Kleinod in Rheinsberg nicht vorbei. Ich selbst treffe Tucholsky oft auch dort, wo er streng genommen gar nicht weilen kann. In meinem Alltag.

BELLAS HÜHNERSUPPE

Zum Beispiel bei meinem Friseur. Dort bin ich samstags. Jeden Samstag? Ja, Lottchen sei Dank, jeden Samstag. Lottchen war die literarische Freundinnenfigur des Tucholsky-Pseudonyms Peter Panter. Lottchen ist in ihrer Unbekümmertheit hie und da mein *Alter Ego*, denn Lottchen hat gern über ihre kleinen Verhältnisse gelebt. Peter Panter, von Lottchen »Daddy« genannt, hat sie einmal im Jahr finanziell saniert und gemahnt, für Kleider und Hüte weniger auszugeben, was Lottchen aber regelmäßig bis zur Sanierung im nächsten Jahr vergessen hatte. Also: Samstag in einer Seitenstraße des Kurfürstendamms, es ist laut. Zu laut für Tucho, dem Lärm jeder Art ein Gräuel war: »Wenn ich Krach haben will, gehe ich nach Hause – auf der Straße möchte ich meine Ruhe haben.« Auch deshalb schätze ich den hinteren, ruhigen Teil des kleinen Salons, in dem der Chef seit vierzig Jahren Charlottenburgerinnen und Wilmersdorferinnen mit einem angedeuteten kleinen Kuss empfängt und auch nach Jahrzehnten vornehm siezt. Es ist unaufgeregt dort. Der Meister, der diesen Titel noch zu Recht trägt, und seine Mitarbeiterinnen ruhen in ihrer coiffeuralen Kompetenz, sind völlig jugendwahnfrei und daher angenehme Wesen. Viele Kundinnen dieses Salons waren vor einem halben Jahrhundert jung und sicher so chic wie die Einrichtung damals. Heute »wedeln alle nur noch mit Charakter«, was enorm beschwingt. Mein Auto parkt derweil vor Tucholskys Wohnung in der Duisburger Straße. 1927 hat er hier einige Monate verbracht. Später, als er längst in Schweden schwieg, war die Duisburger Straße Durchgangsfluchtpunkt für jene Juden, die vom Kurfürstendamm vertrieben wurden. Bis sie ganz verschwanden – für immer. Es gibt wenige Ausnahmen, und eine treffe ich samstags im Salon.

Regina Karolinski, genannt Oma, hat den Holocaust dort überlebt, von wo fast niemand zurückkehrte, in Katowice und Vilnius. Nach dem Krieg ist sie als *Displaced Person* in Berlin gestrandet und hier hängen geblieben. Diese sehr alte Dame, die mit ihrer Freundin Bella Katz bis zu deren Tod im April 2014 in einer Wohngemeinschaft lebte, sitzt allwöchentlich, so eine Altersmalaise sie nicht hindert, mit bunten Lockenwicklern unter ihrer Trockenhaube und beobachtet scharfsinnig die kleine Salonwelt. Alltagsprobleme löst sie auf ihre Art. Wenn ich mich bei einer Erkältung mit Tucholsky tröste – »keine Krankheit, sondern ein Zustand« –, fragt Oma: »Was haben Sie? Schnupfen? Müssen Sie nehmen jüdisches Penicillin.« – »Jüdisches Penicillin?« – »Ja nu, was hilft gegen Schnupfen? Eine gute Hühnersuppe. Bellas Hühnersuppe. Das ist jüdisches Penicillin.« – Oma schaut überzeugt streng: »Diese modernen Arzneien. Unsinn. Alle Leute sind sie geworden ein bisschen modern. Ich nie. Ich bin nie gar nicht modern.« (Merke: Berliner verneinen gern doppelt!) Und dann streckt sie ihre Hand aus, legt sie auf der Friseurstuhllehne ab und wartet auf die Maniküre. Dies ist einer meiner vielen Tucholsky-Momente, der Blick auf diese geäderten, leicht verkrümmten und doch noch kräftigen alten Hände.

Meine eigene Mutter fand das Gedicht *Mutters Hände* ein bisschen sehr sentimental und hat sich in späten Jahren doch gefreut, wenn ich es zitierte. 1929 hat Tucholsky es für die *Arbeiter Illustrierte Zeitung* verfasst:

Hast uns Stulln jeschnitten
un Kaffe jekocht
un de Töppe rübajeschohm –
un jewischt und jenäht
un jemacht und jedreht ...
alles mit deine Hände.
Hast de Milch zujedeckt,
uns Bobongs zujesteckt
un Zeitungen ausjetragen –
hast die Hemden jezählt
und Kartoffeln jeschält ...
alles mit deine Hände.
Hast uns manches Mal
bei jroßen Schkandal
auch 'n Katzenkopp jejeben.
Hast uns hochjebracht.
Wir wahn Sticker acht,
sechse sind noch am Leben ...
Alles mit deine Hände.
Heiß warn se un kalt.
Nu sind se alt.
Nu bist du bald am Ende.
Da stehn wa nu hier,
und denn komm wir bei dir
und streicheln deine Hände.

In diesem Gedicht finden wir Tucholskys Berlin: das zärtlich gefühlvolle und erträglich sentimentale, das bildhafte und das gegensätzliche Berlin. Nicht am heutigen Touristen-Hotspot Oberbaumbrücke zwischen Kreuzberg und Friedrichshain oder im Promilokal *Borchardt* in Mitte, sondern hier im Frisiersalon Konstanzer Straße in Wilmersdorf blitzt es kurz für mich auf. Ich liebe diese Tucholsky-Momente, blicke auf die alten Hände und möchte zärtlich nachstreichen, so wie Tucholsky seinen Berliner Dialekt.

Ich frage mich bei diesem Gedicht aber auch immer aufs Neue, wie ambivalent wohl das Verhältnis zu seiner Mutter war. Es gilt gemeinhin als äußerst schwierig. Herrschsüchtig sei sie gewesen, die Lehrerin Doris, eine Familienglucke, die mit Argusaugen über Benehmen und Unvermögen ihrer drei Kinder wachte. Tucholskys Liebesdramen lassen ahnen, wie stark ihn das Weibliche anzog und wie sehr große Nähe ihn ängstigte.

Zeit seines Lebens sei er von verblüffender sexueller Unersättlichkeit gewesen, lese ich in meinem Lieblingsessay über Tucholsky: »Sein Glück ist so partnerlos wie sein Unglück.« Fritz J. Raddatz hat in *Tucholsky – Ein Pseudonym* die Schlüssel zu den vielen Türen gesucht, hinter denen jener sich verbirgt, und einige geöffnet. Die Widersprüche in Tuchos Leben und Wirken irritieren oft, Raddatz ließ sie nebeneinander als Ausdruck der Zerrissenheit, der Verlorenheit und als Ursache dessen stehen, was Tucholsky spät in Schweden bitter als sein »zerhauenes Leben« aburteilte. Die Mutter als Urschuld allen privaten Unglücks?

DIE OKKUPIERTE GROSSCOUSINE

Es ist Zeit für einen klärenden Anruf bei Brigitte Rothert-Tucholsky, letzte Verwandte, Überlebende des deutschen Rassenwahns, Großcousine von Kurt, Russischlehrerin in der DDR, Mitbegründerin der Tucholsky-Gesellschaft, noch heute überzeugte Kommunistin und eine hinreißend widerständige und herzenskluge Dame. 84 Jahre alt ist sie und im Koppe topfit. Mit ihrem Großcousin eint sie die Lust am »Nein« zur herrschenden Klasse, ein radikaler Gerechtigkeitssinn und ein schwieriges Verhältnis zu Berlin.

Sie lebt in Dresden, im 13. Stock eines Hochhauses mit Blick über die Stadt. Vorher hat sie 40 Jahre im Osten Berlins gewohnt, Tucholskys Mutter und ihr Großvater waren Geschwister. Sie ist eine der engagiertesten Streiterinnen für das Andenken Kurt Tucholskys, wenngleich sie ihn nie selbst getroffen hat. Aber ihre Mutter kannte seine Mutter gut, beide waren Freundinnen, und Kurts Mutter Doris müsse ich bitte verstehen: »Sie hat im 19. Jahrhundert Lehrerin studiert, welch eine Courage. Studiert, im 19. Jahrhundert. Gearbeitet, damals. Was blieb ihr übrig, als den Drill der preußischen Schule in die Familie zu übertragen? Sie war so ausgebildet und dachte, ein gut erzogenes Kind müsse gehorsam sein.«

Perspektivwechsel auf die Rezension eines Stücks von August Strindberg, erschienen 1914 in der von Siegfried Jacobsohn gegründeten Zeitschrift *Die Schaubühne*, verfasst vom damals noch unbekannten Kurt Tucholsky. Er schreibt über die weibliche Hauptdarstellerin:

> »Sie hockte auf ihren geretteten Scheiten Holz, die sie, vor Herrschsucht keuchend, aus dem Kamin gezogen hatte; sie stopfte sie unter das Sofa und saß knurrend da, wie ein Hund über dem Knochen. Es handelte sich gar nicht um das Holz. Sie hatte ihren Willen, ihren verfluchten Willen ... Es war die unbändige Herrschsucht der Familienglucke, die auf Küken und Hahn gleichmäßig hackte. Hier war ihr Reich, hier herrschte sie mit allen Mitteln.«

Seiner Jugend geschuldet, verabscheute Tucholsky verdeckten und offensichtlichen Zwang, sei es in der Familie, beim Militär oder in Liebesbeziehungen. Er lebte vor, was Hannah Arendt nach dem großen Morden mit ihrer Feststellung bekräftigte: »Niemand hat das Recht zu gehorchen.« Tucholsky beschwor das »Nein« zu jedweder Machtanmaßung und zu offensichtlichem Unrecht. Und das Wichtigste müsse ich unbedingt erwähnen, bittet Brigitte Rothert-Tucholsky: »Man kann heute leider mit ihm machen, was man will. Die Leute wollen jetzt nur noch lachen und sich unterhalten, deshalb lieben sie seine Couplets und Chansons. Aber selbst in privaten Belangen blieb er immer der politische Publizist. Alles war politisch. Ich wäre ihm nicht so nahe, wenn er die Gesellschaft nicht so fundamental kritisiert hätte.«

Seiner linken Gesinnung wegen, der er selbst oft genug widersprach, sei er konservativen Kräften heute noch suspekt – Ex-Kanzler Helmut Kohl zum Trotze, der in den Ferien am Wolfgangsee bevorzugt Tucholsky las. Nein, für Brigitte Rothert-Tucholsky ist Tucho kein Teil des kollektiven Gedächtnisses mehr, besonders, so die Großcousine, seit der Okkupation ihrer Heimat durch den Westen im Jahre 1989. Meinem leisen Zweifel an dieser historisch recht ungewöhnlichen Beschreibung der Wende begegnet sie mit dem Hinweis auf den Widerstandsgeist der Tucholskys.

In allen Sammlungen seiner Aphorismen findet sich die eine berühmte programmatische Zuspitzung: »Nichts ist schwieriger und nichts erfordert mehr Charakter, als sich im

MARIA OSSOWSKI

Sie wurde 1958 in BERLIN-Zehlendorf geboren. Ihr Vater Rudolf Ossowski gehörte zu den ersten prägenden Journalisten des RIAS. Nach ihrem Literaturstudium an der Freien Universität BERLIN arbeitete sie in Stuttgart, Frankfurt, Baden-Baden und Basel als politische Redakteurin, später als Kulturjournalistin. Heute berichtet sie als Kulturkorrespondentin des Rundfunk BERLIN-Brandenburg (RBB) für die ARD-Hörfunkprogramme.

offenen Gegensatz zu seiner Zeit zu befinden und laut zu sagen: Nein.« Nein, ihre Familie habe zu sehr gelitten unter den Nazis, nein, sie bleibe Kommunistin und ihren Idealen treu. Nein, nicht laut formuliert, sondern im Stillen bitte.

Wie Kurt lehnt auch Brigitte Rothert-Tucholsky Statusdünkel und Pose ab. Sie brüstet sich nicht mit dem prominenten Verwandten, kein Bild in ihrer Wohnung erinnert an ihn, nur in einer kleinen verschlossenen Schachtel liegt obenauf eine verblichene Fotografie. Das bringt mich auf den Gedanken einer Büste, eines Denkmals. Gibt es das überhaupt in Berlin? Habe ich es übersehen? Oder haben wir nicht nur zu wenig Heine, sondern auch gar keinen Tucholsky? Und wenn, warum? Liegt der einsame Freitod in Schweden als Schatten über dem Andenken? Nein, es gab eine Büste, vor der Tucholsky-Oberschule in Pankow, leider aber, bedauert Brigitte Rothert-Tucholsky, war sie aus Buntmetall. Und das ist teuer. Erst stand sie im Wäldchen hinter der Schule. Dann bekam sie 2011 einen prominenten Platz am Eingang. Und verschwand. Geklaut. Was dem Gedenken an Tucholsky in dieser Schule aber keinen Abbruch tat.

SCHENK MIR EINEN SATZ

Zwei schlichte Neubauten in der Pankower Neumannstraße, einer für den künstlerisch-musischen Zweig der Kurt-Tucholsky-Oberschule, der andere für den naturwissenschaftlichen Zweig der KTO. Am Eingang zum Hof eine Bronzetafel mit den Pseudonymen Peter Panter, Kaspar Hauser, Theobald Tiger, Ignaz Wrobel. Und eine Schultafel, auf der steht: »Ein voller Terminkalender ist noch lange kein erfülltes Leben.« Dahinter wehen kleine Fähnchen, schwedische, polnische, italienische ... Viele ihrer Kunstprojekte bauen die 800 Schüler mit internationaler Beteiligung auf.

Emilia, Abiturientin und sehr engagiert in der Schauspiel AG, führt mich durch die Gänge. In der Eingangshalle weist sie auf den Stützpfeiler mit einem Tucholsky-Piktogramm, auf den Wänden im Treppenhaus lesen wir je einen Aphorismus pro Absatz, von den Schülern ausgesucht und gemalt. Im Erdgeschoss, durch das alle Besucher kommen, prangt eine fundamentale Erkenntnis: »In der Kunst gibt es nur ein Kriterium: die Gänsehaut. Man hat es, oder man hat es nicht.« Erster Stock: »Ein Dichter ist ein Mensch, der seine Gefühle aufbewahren kann.«

Links daneben das Büro der Schulleitung. Egbert Stern erklärt das Leitbild seiner Schule: Die Lehrer und Schüler sollen das Werk ihres Namenspatrons ernst nehmen. Sie orientieren sich an seinem Wirken als Literat und Künstler, als Demokrat und Pazifist, als Europäer und kritischer Zeitgenosse. Kurt Tucholsky soll sie zu Toleranz, Respekt und einem gewaltfreien Miteinander motivieren, zu Hilfsbereitschaft und zur Achtung vor der eigenen und der Leistung anderer. Das klingt nach sehr allgemeinem Gutmenschentum, aber es scheint zu funktionieren, die Schule gilt im Internet als »in«, einige Jugendliche warten vergeblich auf einen Platz in der KTO. Als Kriterium für die Aufnahme zählen die Grundschulnoten in Musik und Kunst doppelt. Welch eine andere gymnasiale Welt als jene, an die Tucholsky sich erinnert: »Was hat man uns gelehrt? Was hat man uns beigebracht? Nichts. Nicht einmal richtig denken, richtig sehen, richtig gehen, richtig arbeiten – nichts, nichts, nichts. Wir sind keine guten Humanisten geworden, keine guten Praktiker – nichts.« Ein Jahrhundert später macht ihm eine Schule seines Namens alle Ehre, sein Werk begleitet die Schüler fast bis zum Abitur. Leider nur fast, denn Tucholsky war bislang im Berliner Zentralabitur kein Thema, Brecht gilt den Verfassern der *Curricula* als bedeutender.

Ganz oben unterm Dach lernen die Kinder malen, zeichnen, Bildhauerei, und sie musizieren. Zwischen den Unterrichtsräumen hängt ein Plakat mit der Aufforderung »Schenk mir einen Satz« und den kreuz und quer geschriebenen Assoziationen der Schülerinnen und Schüler zu Tucholsky: »Unverständlich, dass er keinen Rosenkohl mag.« – »Tucholsky war ein cooler Typ, wie der alte Charlie Harper.« – »Freidenker.« – »Geistreich verzweifelt.« Und: »Er liebte angespitzte Bleistifte.« Hier, da bin ich mir sicher, hätte Tucholsky sich wohlgefühlt. Angenommen, angekommen. Zuhause. Hier ebenso wie dort, wo der Ruhm begann.

RHEINSBERG – EIN BILDERBUCH DER ERINNERUNG

»Auf sie mit Idyll«, hat der Satiriker und Autor Wiglaf Droste seine Rheinsberg-Impressionen genannt, denn der gemeine Berliner liebt sein Umland und ist ganz sicher, dass diese Liebe immer erwidert wird (was ein Irrtum ist, den ein Berliner jedoch nie bemerken würde). Dezente Zurückhaltung, so Droste, überlässt der typische Berliner den anderen Besuchern. Wenn *er* am Wochenende *frei* hat, soll das bittschön jeder in der Provinz hören, sehen und fühlen. Dann tritt er im Tross auf, und vorbei ist es mit der brandenburgischen Idylle. Daher lohnt es sich, das Städtchen Rheinsberg samt Schloss, See und Tucholsky-Museum an einem durchschnittlichen Mittwochvormittag zu besuchen. Am Wochenende strömen die Massen auf die Boote, zu Friedrich II., der hier laut eigener Aussage »die glücklichsten Jahre seines Lebens« verbrachte, und auch ins Literaturmuseum, denn mit *Rheinsberg – ein Bilderbuch für Verliebte* feierte Tucholsky seinen ersten großen Erfolg als Schriftsteller.

An diesem Mittwoch im Frühling ist es so ruhig, wie Tucholsky sich das gewünscht hätte. Es grüßt nur unser aller Friedrich am Parkeingang still in Bronze, die Pferde vor den knarzigen Kutschen scharren mit den Hufen, die Kutscher auf dem Bock und unterm Zylinder lesen aus Mangel an Gästen die *Bild*-Zeitung, und die Kellnerinnen putzen die leeren Cafétische. Auf dem See fährt kein Boot, alle scheinen zu schlafen.

Alle? Nein. Dr. Peter Böthig ist das Gegenteil der wochentäglichen Rheinsberg-Kontemplation. Er ist vollkommen konzentriert, hellwach und seit zwanzig Jahren Geist, Motor, Mahner, Organisator, Ideengeber, Geldbeschaffer und Wissenschaftler im Auftrage des Kurt-Tucholsky-Gedenkens. Der Berliner Literaturwissenschaftler aus früheren literarischen Zirkeln des Prenzlauer Bergs war und ist wie Tucholsky ein widerständiger Geist. Die Stasi hat ihn einst observiert und in Untersuchungshaft gesteckt. Er ist 1988 aus der DDR ausgereist und in die USA gegangen, bevor 1993 ein Leiter für das noch nicht existierende Tucholsky-Museum in Rheinsberg gesucht wurde.

Böthig hat dieses Literaturmuseum in der ehemaligen Dia-

KURT TUCHOLSKY

In der schwedischen Kleinstadt Mariefred, die Schloss Gripsholm umrahmt, kann man Kurt Tucholskys gleichnamige »Sommergeschichte« sogar auf Deutsch kaufen. Denn unzählige Touristen aus seiner alten Heimat wollen sehen, wo sie sich abgespielt hat. Dabei hatten die Nationalsozialisten seine Bücher verbrannt und den 1890 in BERLIN geborenen Schriftsteller und Journalisten ausgebürgert. 1935 starb er an einer Überdosis Schlaftabletten im Krankenhaus von Göteborg.

betiker-Klinik, die zu DDR-Zeiten im Schloss untergebracht war, aus dem Nichts heraus aufgebaut. Er hat Tucholskys sächlichen Nachlass aus einer Turnhalle in Berlin-Buch befreit, Dauerleihgaben aus der Berliner Akademie der Künste organisiert, er hat Schenkungen veranlasst, Erstausgaben, Autographe und Widmungsexemplare gefunden, und er hat sein Museum strukturiert. Sechs Abschnitte geleiten uns durch Tucholskys Leben: Student mit stilistischer Begabung – Im Irrgarten des Militärs – Ein geradezu unanständiger Beruf – Hier bin ich ein Mensch (Frankreich) – Ein geduldeter Intellektueller – Aufgehörter Dichter.

Besser geht es nicht. Das ist Tucholsky auf den Punkt gebracht, mit Tausenden von hinreißenden, erschreckenden, klugen, witzigen und zum Ende hin unendlich traurigen Unterpunkten. In der Mitte steht der Schreibtisch aus dem schwedischen Exil, aus jener Zeit, als Tucholsky programmatisch verstummt ist. Die geistige Gründungsurkunde des Museums ist auch sein wertvollstes Stück: Eine ledergebundene Sonderausgabe von *Rheinsberg – ein Bilderbuch für Verliebte* mit der Widmung an die literarische Figur der Claire, hinter der sich seine erste Ehefrau Else Weil verbirgt.

Durch die kleine Ausstellung führt ein Audioguide mit der Stimme Wiglaf Drostes, die erstaunlich geistesverwandt klingt. 30.000 Menschen besuchen pro Jahr dieses Kleinod im Rheinsberger Schloss. Sie lernen einen großen Denker kennen, der schon vor 90 Jahren von einem gemeinsamen »Haus Europa« träumte, einen Mann, der den Geist adelte und dic Frauen liebte, und sie tauchen in eine vergangene intellektuelle Kultur ein: Zu Tucholskys Zeit galt das geschriebene Wort. Seine Zeitschrift *Die Weltbühne* kam von 1905 bis 1933 auf 47.000 Seiten Text fast ohne Bilder aus. Doch als allerletztes Zeugnis seines dichterischen Lebens machte Kurt Tucholsky eine Zeichnung – eine Treppe mit drei Stufen. Unten: Sprechen. Mitte: Schreiben. Oben: Schweigen. Seine Totenmaske liegt darunter.

Ich habe Dich gesucht, Tucho, und Dich gefunden in Deiner Berliner Sprache, bei meinem Friseur, bei Deiner letzten Verwandten, in einer Schule Deines Namens und hier, an diesem stillen märkischen Ort. Und Du bleibst mir für immer in den letzten Zeilen Deines Gedichtes *Augen der Großstadt*:

> »Was war das? Von der großen Menschheit ein Stück!
> Vorbei, verweht, nie wieder.«

DER KNABE UND DER GENTLEMAN

ILJA RICHTER über CURT BOIS
Alles mit links gemacht

»Mit fünf hatte ich mein Debüt und mit sechs dann mein Comeback«, sagte der große Charakterschauspieler Curt Bois. Da war er siebenundsechzig. »Ich bin immer so alt wie das Jahrhundert«, erklärte er mir, dem Knaben, um mir eine kleine Denkstütze zu geben; über sein Alter – den Lebensabschnitt eines Mannes, in dem ich mich jetzt zeitlich ungefähr aufhalte. In einer Probenpause tätschelte er väterlich meine Hand. Er, der nie Vater geworden war, aber nun auf liebevoll-kollegiale Weise den kleinen Jungen tröstete. Ich hatte meine erste künstlerische Krise. Er kniff nur leicht die Augen zusammen und raunte mir konspirativ zu: »Ilja, wir Kinderdarsteller müssen zusammenhalten!«

Aber ich will Sie nicht mit *meiner* Biografie aufhalten. Will nur sagen: Herr Bois war, als ich ihn kennenlernte, ein älterer Herr. Ein Gentleman. Wir kommen auf diesen Begriff – auf eine hoffentlich nicht zu alberne Weise – nachher zurück. Denn das Wort »Gentleman« bekommt im deutschen Sprachgebrauch schnell etwas Affektiertes, Albernes, Altmodisches. Dabei hatte die Form, wie Curt Bois mit Menschen umging, für mich immer etwas Vorbildhaftes. Bis zum heutigen Tag.

Es war im Frühling 1966 – gewissermaßen die Ruhe vor dem Sturm. Einem Sturm, der dann doch nicht so losbrach, wie sich das die Damen und Herren Revolutionäre der Bundesrepublik Deutschland vorgestellt hatten. Im Restaurant neben dem Schlossparktheater in Berlin-Steglitz, in dem wir probten (*Feinde* – mit Martin Held – und *Freunde*, zwei Einakter von Arkady Leokum, Regie: Max Peter Ammann), trugen die Kellner noch Frack; zu dieser Zeit, also anno '66, war das mittlerweile schon eher die Ausnahme – in dieser ausnahmslos sich in ihrer Uneleganz noch weiter steigernden Epoche. Die 68er-Revolution hatte ja als Revolte immer das Pariser Modell im Auge. Man eiferte ihm nach. Man geiferte ihm nach.

Recht bald durfte ich feststellen, dass Herr Bois bei allem, was er so an linkem Gedankengut in die Debatte warf, immer ein Herr blieb – ein Gent eben! Ich glaube, dass sein Umgang mit Frauen – in Form und Inhalt – dem Umgang mit sozialistischen Vorstellungen ebenso entsprochen hätte; er hätte zum Beispiel zu den Stahlbaronen Krupp und Thyssen in diesem unvergleichlich sanft-schnarrenden Bois-Ton gesagt: »Meine Herren – darf ich Ihnen Ihre Fabriken abnehmen, um sie denen zu überlassen, die darin arbeiten?«; und in eben dem gleichen Ton einer schönen Dame sacht ins Ohr gehaucht: »Darf ich ...?« Und ihr dann elegant den Pelzmantel abgenommen. Ob nun Diva oder Nutte – Curt Bois war immer ein Herr; ein berlinischer Gent gewissermaßen. Der amerikanische Akzent kam erst später dazu. Doch einiges von diesem weltläufigen schnarrenden Sound, diesem weichen »R«, war bereits da zu hören: Als auf Berliner Bühnen zur Hoch-Zeit von Bois vor 1933 immer noch drei »R's« gerollt wurden, anstatt zu unterspielen, und kräftig grimassiert wurde, anstatt Understatement zu geben, konnte man auch ihn sehen, den Understatement spielenden Klamotteur! Zum Charakterkomiker wurde er erst später. Wo Bois auf Berliner Bühnen auftauchte – mit bourgeois hübsch abgegucktem

Styling –, machte er alles. Aber er machte es mit links! Sowohl komödiantisch als auch ideologisch.

Womit wir wieder beim Pelzmantel der schönen Dame und den Fabriken der weniger schönen Herren Krupp und Thyssen wären. Denn die Frau hätte ihren Pelz schon wiederbekommen vom Gent. Bei den Fabriken der hässlichen Herren bin ich mir da nicht so sicher. Rein hypothetisch natürlich. Denn erstens kam es anders und zweitens nicht, wie man gedacht.

Wie Bois dachte – noch dazu in jenen früheren Zeiten, so kurz vor der Machtergreifung der Nationalsozialisten –, maße ich mir nicht an zu wissen. Ich stell' mir nur den Gent im Maßanzug vor. Auf einen gewissen modischen Chic legte er, so kann man es auf den Fotos deutlich erkennen, großen Wert. Dass der agile Berliner Komiker mit den lustigen Anglizismen – immer pendelnd zwischen Schwank und Revue – bald um sein Leben fürchten musste, ist aus den Fotos so gut wie gar nicht zu ersehen. Es lag was in der Luft, Luft, Luft ... Bei uns um die Gedächtniskirche rum ... So mit ihrem holden Duft, Duft, Duft ... Ab 1933 galt, um bei dem kraftmeierischen Schlager von der Berliner Luft zu bleiben, der Kalauer: »Der einzige linke Abend, der jetzt noch möglich ist, ist ein Lincke-Abend mit Paul.« Denn Hitler kam, und Paul Lincke machte die Musik dazu. Und viele andere taten's auch – von denen, die bleiben durften. Ich meine zum Beispiel die Kollos und andere künstlerische Kollaborateure der Zeit. Bois erkannte die Zeichen der Zeit.

Wäre die vertrottelte und teilweise recht verlogene SPD der Weimarer Zeit rechtzeitig mit der verlotterten, stalinistisch gesteuerten KPD für eine Saison geschlossen aufgetreten – die Nazis hätten keine Chance gehabt. Schon prozentual gesehen nicht. Und Bois hätte zur richtigen Stunde auch die passenden Songs gesungen, nicht nur Ernst Busch. Der linke Revolutionssänger, so habe ich es mir von Bois erzählen lassen, ist damals durchaus im Frack aufgetreten. Nach 23 Uhr! In sogenannten Salon-Revuen. Ob nun im feinen Eden-Hotel (»Jeden Sonnabend Gala-Abend«) oder weiß der Geier – wo die Bourgeoisie eben den Charleston und den Shimmy tanzte ... Auch Busch war durchaus für ein flottes Lied zu haben – aber nicht zu kaufen von irgendwelchen rechten Schmarotzern. Ich glaube, ich habe an Ernst Busch gedacht, als ich in den 1980er-Jahren einmal das Chanson erfand: »Wer sagt Ihnen denn, dass ich im Frack keine Bombe hab'!?« Rückblickend fällt mir dazu nur ein, dass es dann freilich eine sehr kleine Bombe hätte sein müssen.

Bois schmiss keine Bomben. Er roch die verdorbene Luft in seiner intelligenten Nase – und floh. Nein, er war kein Revolutionär, aber er muss in diesen verlogenen 1920er-Jahren doch wohl ein ehrlicher Komiker gewesen sein; denn der Curt Bois, den ich anno 1966 kennenlernen durfte, war nicht über Nacht *so* eine Art Mensch geworden. Er war, was er blieb:

CURT BOIS

Geboren 1901 in BERLIN, wo er 1991 starb. Er reifte vom Kinderstar über den »Salonhumoristen« zum virtuos-famosen Charakterkomiker. 1933 ging er ins Exil. 1950 kam er erst nach Ost-BERLIN zu Wolfgang Langhoff und Bertolt Brecht, dann nach West-BERLIN, unter anderem zu Fritz Kortner. In ihrem Film *Gedächtnis* (1982) porträtierten ihn seine Kollegen Bruno Ganz und Otto Sander. Mit den beiden war er auch in Wim Wenders' Film *Der Himmel über BERLIN* (1987) zu sehen.

»… Immer so alt wie die Welt,
aber nicht so grob wie die;
zart von Gestalt; kein Genie,
aber von genialischem Esprit.«
»Habe keine Bildung«, sagte Bois,
»habe nur ein großes Repertoire …«

Und so machte er es, um es mit einem Text von Friedrich Hollaender auf den grotesken Punkt zu bringen:

»Ich mache alles mit den Beinen,
Alles mit den Beinen,
Lachen oder Weinen,
Alles mit den Beinen,
Selbst die heil'ge Liebe will mir nur noch
halb so heilig scheinen,
Ich kann ihre Peinlichkeit mit meiner
Beinlichkeit vereinen.«

Dieses Couplet sang Bois nämlich im Deutschen Theater Berlin in der Uraufführung von Fritz von Unruhs Komödie *Phaea*, die Max Reinhardt 1930 dort inszenierte. Deshalb habe ich eine Standard-Antwort, wenn mich ein Radiosender anruft und zum Interview einlädt. Auf die Frage, was ich mir denn musikalisch wünschen würde, sage ich immer: »Curt Bois, ›Ich mache alles mit den Beinen‹«. Handelt es sich um einen staatlichen Sender, das kenne ich schon, wird man im Archiv meistens fündig und findet den singenden Komiker. Ist es hingegen ein Privatsender, folgt meistens als Gegenfrage: »Darf es nicht etwas aus den Siebzigern sein?« Neulich gab ich bei dieser Gelegenheit zur Antwort: »Sehr gern. Haben Sie etwas Flottes aus dem Deutsch-Französischen Krieg '70/'71?«

Weil wir gerade das Wort »Krieg« fallen lassen ... Bois schenkte mir einen Kalauer über die Medien: »Jetzt kommt der Herbst, wo wieder die Blätter über uns herfallen«; und sie fielen über uns her, über Bois weniger – über mich mehr! Zum Beispiel in der Berliner Waldbühne, auf der mich bei einer Protestkundgebung gegen die Stationierung neuer Cruise-Missile- und Pershing-Raketen durch die US-Amerikaner 1983 ein Buh-Konzert empfing. Bois stand hinter der Bühne und tröstete mich später. Er, der Pazifist, war ja immer ansprechbar, wenn es um Aktionen gegen die Aufrüstung ging. Für den Frieden eben. Um des lieben Friedens willen. Jetzt rüstete er mich auf, denn die Medien schlugen zu, wenn auch erst nach der Veranstaltung. Sie machten sich über den Showmaster Richter lustig; so ein friedensbewegter Ilja passte einfach nicht unter die Discokugel. Insofern trafen sich die Klischeevorstellungen friedensbewegter Linker durchaus mit den Ansichten reaktionärer Rechter in den Sendern: Ein Showmaster, der Partei ergreift oder gar linke Positionen vertritt, ist nicht sendefähig. Dieter-Thomas Heck allerdings war sendefähig. Auch oder gerade mit seiner Haltung zur CDU.

Curt Bois war ein durch und durch politisch denkender Mensch und hatte aufgrund seiner Biografie andere Kämpfe auszutragen als ich. Mein Leben war viel undramatischer. Doch ich war eben auch immer im tiefsten Inneren an Menschen wie Curt Bois orientiert – links und dennoch komisch. Tieftraurig, aber nie weinerlich. Moralisch, aber nie moralingesäuert. Ein undeutscher Komiker. Nein, ich bin nicht nach Amerika gegangen, so wie sich das Bois vorgestellt hatte und mir riet: »Einfach abhauen!« Um loszuziehen über den Großen Teich und ein wilder Bursche zu werden, dazu war ich weder fähig noch willig. Ein wilder Bursche war Bois ja auch nicht gewesen, jedoch stets ein Mann mit Charakter. Allerdings darf man nicht vergessen, dass er seine wunderbare Karriere in Deutschland nicht freiwillig aufgegeben hatte und nur sehr unfreiwillig in Hollywood tat, was er konnte. Er konnte mehr, als man ihn machen ließ: etwa den Taschendieb in Michael Curtiz' Meisterwerk *Casablanca* (1942). Mit dieser kleinen Szene gleich zu Beginn hat Bois Filmgeschichte geschrieben. Nun, was soll's: Als er die knappe Szene drehte, war es für ihn ein Tagesjob wie jeder andere. Später, anno 1967, war Ingrid Bergman längst mollig, Humphrey Bogart bereits tot, aber Curt Bois hatte überlebt – nicht weltberühmt, sondern weltbewegend. Zumindest die Welt in Bewegung haltend, die wir so lieben: das Theater! Curt Bois, immer so alt wie die Welt – und an manchen Tagen sogar ein wenig jünger als dieser alte, angefressene Knödel im Universum.

ILJA RICHTER

Der Schauspieler, Sänger und Moderator wurde 1952 in BERLIN geboren. Seine jüdische Mutter war Schauspielerin und hatte das Dritte Reich mit gefälschten Papieren überlebt. Als Kinderstar ernährte er bald die Familie. Höchst erfolgreich wurde die von ihm ab 1971 elf Jahre lang moderierte Sendung *Disco* im ZDF. Er war Kolumnist für Tageszeitungen und engagierte sich politisch als »wertkonservativer Linker«. Sein bekanntester Spruch ist bis heute: »Licht aus – Spot an!«

Sollte es im Paradies anstelle nachtragender Komödianten nur himmlisch nachtragende Kellner geben, stelle ich mir Curt Bois vor, wie der dem ausgetanzten Gene Kelly einen Drink spendiert. »Das ist eine Gemeinheit«, sagt dann der sportlichste Musical-Star der Welt, »Sie wissen genau, dass hier jede Art von Flüssigkeit für unsere Astralleiber sinnlos ist.

Sie lassen alles durchgehen ... und dabei wäre so ein Whiskey hier genau das Richtige ...« »Ich weiß«, antwortet der völlig durchgeistigte Curt, »aber das ist die Revanche dafür, dass Sie als Star mich damals in meiner klitzekleinen Rolle als Koch in dem Filmmusical *Cover Girl* (Regie: Charles Vidor, mit Rita Hayworth, 1944, deutscher Titel *Es tanzt die Göttin*) nicht einmal kurz haben steppen lassen ... Mir schwebte im Übrigen Folgendes vor ...« – spricht's ... und schwebt ... ignoriert nun die Kelly etwas Flüssiges nachtragenden Kellner und tanzt den verbotenen Tanz von Hollywood.

Halten Sie davon, was Sie wollen – aber genau so hatte mir das Herr Bois erzählt. Wie er da oben tanzen wird? Nein, wie ihm Kelly das Tanzen vermasselt hat – 1940/41, als Bois 40 Jahre alt war – immer so alt wie das Jahrhundert – und allmählich alterte ... *Solang wir jung sind, Madame* – auch diesen Song von Friedrich Hollaender hatte er in der Alten Welt zurückgelassen. Er machte alles mit den Beinen. Und in der Neuen Welt? Nein, da machte das Gene Kelly. Und was hat der nun davon? Einen Whiskey, den er nicht trinken kann! Ich trink' schon mal einen vor, Herr Bois – und komm' dann später nach! Wir Kinderdarsteller müssen zusammenhalten!

DIE PROFESSORIN UND DER POET

CHRISTINA WEISS über OSKAR PASTIOR
Seine Lust, seine List,
seine Waffe war die Sprache

Für Oskar Pastior war Berlin der Ort der Freiheit. 1969 entschied er sich für diese Stadt als den Ort, an dem er in größtmöglicher Ungebundenheit hoffte leben zu können. In den letzten 20 Jahren bis zu seinem Tod 2006 wohnte er als Einzelgänger in einem Zimmer einer Gemeinschaftswohnung des Hauses Nummer 53 in der Schlüterstraße. Hier erinnert heute eine Tafel an seine Berliner Zeit.

In bewundernswerter Kargheit konzentrierte sich der Dichter auf die Sprache der Poesie – Wort für Wort nahm er sie wörtlich und drang in den Molekularbereich der Wörter vor, um aus den Bedeutungssplittern eine neue, eigene Welt zu erschaffen, eine Welt der Unabhängigkeit von vorgegebenem Sprechen, eine Welt der Eigenwilligkeit. Er fand den Mut zu einer eigenen Sprache. »Einfall ist Zweifall«, sagte Oskar Pastior. Jeder Einfall in seinen Texten ist mindestens ein Zweifall, meist aber ein Vielfall. Der Zweifall bringt in jedem Fall schon zwei Dinge miteinander in Spannung. Gradlinigkeit, Eindeutigkeit gibt es nicht in der Poesie. Bei Pastior spielt die Mehrdeutigkeit die Hauptrolle. Das Alltagsvertrauen in die Sprache treibt er uns gründlich aus, stattdessen lehrt er uns das Staunen über das sinnliche Material Sprache und dessen Möglichkeiten, Bedeutungen zu erzeugen. Er erfindet und findet eine neue Weltsicht aus seiner

Sprache, die für uns eine fremde ist, eine befremdliche, eine unerwartete, eine unerhörte. Pastiors Texte führen *Vom Sichersten ins Tausendste*[1], wie er 1969 seinen ersten in der Bundesrepublik erschienenen Gedichtband nannte. Was ihn ausmacht, sind seine Sprachen und sein unbändiger Freiheitswille, mit diesen Sprachen aus westöstlichen Zungenschlägen und Mundarten umzugehen.

In einer deutschsprachigen Familie in Rumänien ist er aufgewachsen im siebenbürgischen Hermannstadt, dem heutigen Sibiu. Die schon früh und bewusst erfahrene Mehrsprachigkeit, immer den anderen Ausdruck im Augenmerk, schärft das Bewusstsein für die eigene Sprache und ihre Möglichkeiten. In seinem Essay *Vom geknickten Umgang mit Texten wie Personen* beschreibt Pastior die Erfahrung der sprachlichen Sonderstellung einer Minderheit:

> »Vielleicht leben und definieren sich Sprachen von Minderheiten ständig durch ständig übersetzende Vergleiche – der Januskopf in der Suppe, das schizophren gespaltene Haar, der schiefe (produktive?) Unterschied. Da steckt im Selberschreiben auch schon das Blinzeln nach der Bedeutung durch grundsätzlich andere Raster.«[2]

Seine Lebensgeschichte, wie wir sie heute – nach seinem Tod – durch Denunziationen und Nachforschungen genauer kennen als zu den Zeiten der Begegnungen mit ihm, war eine der Geschichten, wie sie das mörderische 20. Jahrhundert schrieb: Als Oskar Pastior 17 war, erhielt die Erfahrung von Sprache plötzlich eine neue Dimension, weil sein Name auf einer Liste stand, die ihn als Deutschen zur »Schuldabdienung« ins sowjetische Arbeitslager deportierte. Fünf Jahre lang musste der junge Erwachsene unter menschenunwürdigen Bedingungen um seine Existenz kämpfen. Herta Müllers Roman *Atemschaukel* gibt uns in seiner poetischen

Verdichtung einen erschütternden Einblick in die Bedingungen dieser Lager, wie sie sie aus den Erzählungen Oskar Pastiors und denen ihrer eigenen Mutter erfahren konnte. Oskar Pastior erkannte im Lager die Kraft der Sprache: Die Imagination, die Sprache erschließen kann, wurde zu seiner Überlebenskraft. Er lernte Russisch, hörte im Lager alle Nuancen der deutschen Mundarten aus den Ostgebieten. Diese Zeit beschreibt er als sein großes Kollektiverlebnis, als Zeit, in der seine Sehnsucht nach Freiheit und Selbstbehauptung sich ausprägte. Der Luxus des unabhängigen, nur eigenen Gedankenspiels wurde ihm bewusst, und er machte die Erfahrung einer geradezu existenziellen Sinnlichkeit von Sprache, indem er sich – in den Zeiten des Hungerns – durch die Vokabeln verführerischster Speisen ablenken konnte. Durch Schwelgen in Gänsebratenrezepten und Süßspeisennamen zerredete er den Hunger. Die weiten Spielräume der Vorstellungskraft befreiten ihn.

Über diese Erfahrung hat er gesprochen, sie hat ihn geprägt, aber es sollte schlimmer kommen. Nach der Rückkehr in die Heimat lebte er in einem totalitären Staat, musste Manipulation und Missbrauch von Sprache erfahren, und er erfuhr die »Fratze Stillstand«[3] in einem Gemeinwesen, das durch Bespitzelung, Zensur und Angst geprägt war. Er hatte Gedichte über die Russland-Erfahrung geschrieben, das war verboten, Sprechen darüber war ebenfalls untersagt – das Schuldgefühl war allgegenwärtig ebenso wie die Angst vor dem Entdecktwerden. Oskar Pastior war homosexuell, auch das hätte bei Entdeckung nur ins Gefängnis führen können. Was Haft in den 1960er-Jahren in Rumänien bedeutete, ist für uns schwer vorstellbar. Angst – vielleicht sogar panische Angst – muss Pastiors täglicher Begleiter gewesen sein.

Der rumänische Geheimdienst, die Securitate, spann in diesen Jahren ein äußerst verzweigtes Netzwerk aus Spitzeln – wer sich verweigerte, musste mit Gefängnis und brutaler Behandlung rechnen. So wurde auch Grete Löw, eine Kollegin, der Oskar Pastior seine Russland-Gedichte anvertraut hatte, verhaftet. Selbst vielfach bespitzelt, fühlte er sich schuldig und formuliert dies in einer Notiz von 1992 so:

> »Als ich dann in Bukarest – Reiter überm Bodensee, das hauchdünne Eis unter den Füßen – vom Hörensagen vom Prozess erfuhr und auch der Name der Kollegin fiel, man mich aber, all die albtraumhaften Monate und Jahre über, in trügerischer Ruhe und Ungewissheit ließ, fühlte ich mich dennoch schuldig, ohnmächtig, wehrlos und schuldig.«[4]

Die Securitate-Leute gaben sich Oskar Pastior gegenüber 1961 als Mitarbeiter einer Künstleragentur aus, verschleppten ihn und erpressten seine Unterschrift unter eine Erklärung, in der er sich verpflichtete, als Informant zu arbeiten. 2010, vier Jahre nach seinem Tod, wurde diese Tatsache publik gemacht. Zugleich kursierte ein Gerücht über seine Mitschuld am Freitod des siebenbürgischen Dichters Georg Hoprich. Beides löste Entsetzen aus. Es war schwer vorstellbar, dass Oskar Pastior, dieser bescheidene, sanftmütige Einzelgänger, der skrupulöse Spracherforscher, Freunde aktiv als Spitzel bloßstellen beziehungsweise denunzieren, also sprachliches Erpressungsmaterial liefern konnte – er, für den die Sprache der Quell von Freiheit war. Seine Unterschrift unter das ihm diktierte Schuldbekenntnis und die Verpflichtungserklärung ist aber belegt, schwer verzeihlich, ein Schock, so etwas von einem Freund zu erfahren, nach dessen Tod, wenn kein Gespräch mehr möglich ist.

Der Stiftungsrat der Oskar Pastior Stiftung, über deren eigene Geschichte noch berichtet wird, stand vor der Frage, ob sie überhaupt fortführbar sein würde. Ernest Wichner und Corinna Bernic sichteten in Kleinstarbeit Tausende von Akten in den Archiven, um sich Klarheit darüber zu verschaffen, was wirklich geschehen war.[5] Oskar Pastior ging aus diesen Recherchen entlastet hervor. Die gefundenen sechs Berichte aus neun Jahren erwiesen sich als belanglos und unschädlich, ohne jede kriminelle Energie. Der Dichter hatte sich vom »Ekelkomplex«[6] Securitate befreit, indem er 1968 von einer genehmigten Reise nach Wien nicht mehr zurückkehrte, sich in der Bundesrepublik den deutschen, amerikanischen, britischen und französischen Behörden »rückhaltlos ›offenbarte‹«[7], um zur eigenen Freiheit des Lebens, Denkens und Sprechens zurückfinden zu können. Herta Müller spricht davon, dass »er sich seine Unschuld hat abzwingen lassen, aber trotzdem versucht hat, sich nicht schuldig zu machen, soweit es gegangen ist«.[8]

Wie gern würde ich Oskar Pastior heute über sein Leben in dieser Zeit der Angst, der Entmündigung und Nötigung befragen. Seine Angst musste ja ihre schrecklichste Begründung in der früheren Lagererfahrung haben. Er wusste, was ihn erwarten konnte. Ist ein Mensch überhaupt dazu fähig, sich zweimal mit fiktiver Schuldzuweisung in ein solches Risiko der Entwürdigung zu begeben? Ich maße mir nicht an, darüber zu urteilen. Ich denke aber sehr wohl, dass bei der Unterschriftsleistung bereits der Wille, nichts Brauchbares zu liefern, mitspielte – vielleicht auch der Gedanke an die Flucht.

Für Oskar Pastior war Berlin der Beginn eines neuen Lebens ohne Angst, Misstrauen und Argwohn. Seine Sprache befreite er nun radikal von jeglicher Entmündigung durch politische Vernutzung. Zwanzig Bücher hat er in seiner kargen Schreibzelle geschrieben, wild entschlossen, die Sprache wiederzugewinnen, ohne Zwang und Entwürdigung. Er brachte sich selbst und seine Sprache, seine eigene Sprache wieder in die Freiheit. Paul Celan, der bereits 1947 aus Rumänien emigrierte, sprach 1958 über sein Exil und über die Sprache als Instrument der Wirklichkeitsschöpfung:

> »Das Erreichbare, fern genug, das zu Erreichende hieß Wien. Sie wissen, wie es dann durch Jahre auch um diese Erreichbarkeit bestellt war. Erreichbar, nah und unverloren blieb inmitten dieser Verluste dies eine: die Sprache. Sie, die Sprache, blieb unverloren, ja trotz allem. Aber sie musste nun hindurchgehen durch ihre eigenen Auswegslosigkeiten, hindurchgehen durch furchtbares Verstummen, hindurchgehen durch die tausend Finsternisse todbringender Rede. Sie ging hindurch und gab keine Worte her für das, was geschah; aber sie ging durch dieses Geschehen. Ging hindurch und durfte wieder zutage treten, ›angereichert‹ von all dem. In dieser Sprache habe ich, in jenen Jahren und in den Jahren nachher, Gedichte zu schreiben versucht: um zu sprechen, um mich zu orientieren, um zu erkunden, wo ich mich befand und wohin es mit mir wollte, um mir Wirklichkeit zu entwerfen. … wirklichkeitswund und Wirklichkeit suchend.«[9]

In diesen Sätzen liegt eine beeindruckende Nähe zu Oskar Pastiors Verhältnis zur Sprache. Auch er hat ihren Missbrauch erfahren, er nimmt sie als Material angereichert durch alle seine Erfahrungen, die er mit ihr, sie erlebend, lesend, lauschend, gemacht hat, und erfindet wortschöpferisch neue Denkwelten, ein Löcken wider alle Regeln, wider alle Zwänge und Ideologien. Zugleich demonstriert er eine unbändige Lust am Spiel mit der Sprache und den schier unendlichen Möglichkeiten ihrer Bedeutungspartikel.

Ich selbst habe Oskar Pastior in den Sitzungen des »Bielefelder Colloquiums« in den 1980er-Jahren kennengelernt. Ich habe ihm zugehört, wenn er von seiner akribischen Arbeit mit den Sprachpartikeln sprach, wenn er Bedeutungspartikel aufdröselte, wenn er die Hoffnung aussprach, in seinem Leser einen Mitspieler zu finden, voller Neugier und Staunen über Verrätselung und Enträtselung. Er wollte, dass der Leser sich voll und ganz auf sein Spiel mit der Sprache einlässt, ein Leser, der ihm auf die Schliche kommt und merkt, was da in der Sprache aus Rhythmus, Klang und Bedeutung passiert.

Der Mut zur Freiheit ist groß. Oskar Pastior nennt Welemir Chlebnikow seinen »Mutmacher«[10]. In Berlin begann er mit Übersetzungen von Chlebnikow-Texten. Die poetische, »Zaum« genannte Sprache des russischen Futuristen zu Beginn des 20. Jahrhunderts nennt Chlebnikow selbst eine »Sternensprache«. Es sind Wortgeflechte aus sprachlichem Material, bei dem alles zugelassen ist, Ungewohntes, Unerhörtes, Wortfunde aus abgelegenen Sprachen, Worterfindungen, alle Stimmlaute, alle Sprechweisen. Diese Sprache lässt sämtliche alltäglichen und vernutzten Redewendungen außer Acht und bietet auch gerade deshalb die Chance, von Menschen unterschiedlicher Muttersprachen verstanden zu werden. Von Menschen, die bereit sind, den Konstellationen der Sternensprache zu folgen. In diesem Sinne rücken die literarischen Experimente des 20. Jahrhunderts gegen die babylonische Sprachverwirrung an, indem sie die Wörterbuchfixierungen und die grammatikalischen Sätze, alle diese akribischen Versuche zur Vereindeutigung sprachlicher Kommunikation, in sinnlich erlebbare Lautbewegungen auflösen und die Sprachgrenzen zerbröckeln. Eine neue Welt zu erschaffen mit einer neuen Sprache, diese Sehnsucht Chlebnikows traf sich mit der Sehnsucht Celans und mit der Sehnsucht Pastiors. Die Aufdröselung der Sprache in ihre Bestandteile und die Erfindung neuer Kombinationen ist eine Herausforderung an den Übersetzer, der nur durch große verbale Kreativität zu begegnen ist.

Die Übersetzung ist eine der Versuchsanordnungen, eines der Verfahren in Pastiors strengem System von Arbeitsstrukturen. Beim Übersetzen ist immer eine Linie vorgegeben, eine Lautlinie, eine semantische oder eine syntaktische Linie, der Pastior folgt. Bei seinen Petrarca-Übersetzungen hing er sich an die Satzstruktur, erfand sich in Petrarcas Sätzen aber seine eigenen Vokabeln, versuchte, wie er schrieb, Petrarcas »Metaphern *in statu nascendi* zu überraschen«[11]. Er nähert sich Petrarcas Liebe, die ja auch Liebe zur Sprache war, und verstrickt sich in seine eigene Liebe zum Wort, zum aufgebrochenen Wort, zur Wortreihe mit Wechselspielen und Zweifällen. Es ist der »»Stoff, aus dem ich bin, meine handgeknüpfte Metapher‹; währenddessen, eingefädelt im Stich, heillos verheddert, verstrickt, übe ich darin den Salto mortale, eine Art Entbindung; gleichsam die Litanei; wie soll das ausgehn«[12]. Die Litanei, die Wortliste, das Wörterbuch sind Leitmotive des Dichters Oskar Pastior. Auch darin liegt der herausfordernde Reiz der Übersetzung, dass sie das Wörterbuch fordert und der aufgelistete Wortschatz immer neue Inspiration evoziert

OSKAR PASTIOR

Er wurde als Angehöriger der deutschsprachigen Minderheit 1927 in Rumänien geboren. 1968 blieb der experimentelle, vom Dadaismus geprägte Lyriker, Lautmaler und Sprachkünstler nach einer Reise im Westen. Ab 1969 lebte er als freier Schriftsteller und Übersetzer in West-BERLIN. Hier war er seit 1984 Mitglied der Akademie der Künste. Zwei Wochen, bevor er den Georg-Büchner-Preis erhalten sollte, starb er 2006 in Frankfurt/Main. An seine Deportationszeit in einem sowjetischen Gefangenenlager (1945–1949) erinnert Herta Müllers Roman *Atemschaukel* (2009).

und immer weitere Funde aufdeckt. Wort an Wort, Lautveränderung an Lautveränderung, Sinnspur nach Sinnspur. Das Einzelwort kann ohne die Einengung durch einen Kontext seinen Bedeutungshof öffnen – alles Erinnerte, Gelesene, Gehörte, Erlebte schwingt noch mit bei der Lektüre. Es verweist auf alle seine möglichen Verwendungen, oszilliert, endet in jedem Leserkopf anders. Es ist das Verfahren des poetischen Sprechens – die Sprache ist nicht das Instrument zur Mitteilung, sondern eine Sprache im »Möglichkeitssinn«. Robert Musil prägt dieses Wort in seinem *Mann ohne Eigenschaften*:

> »Wenn es Wirklichkeitssinn gibt, muss es auch Möglichkeitssinn geben ... Wer ihn besitzt, sagt beispielsweise nicht: Hier ist dies oder das geschehen, wird geschehen, muss geschehen; sondern er erfindet: Hier könnte, sollte, müsste geschehen; und wenn man ihm von irgendetwas erklärt, dass es so sei wie es sei, dann denkt er: nun, es könnte wahrscheinlich auch anders sein. So ließe sich der Möglichkeitssinn geradezu als Fähigkeit definieren, alles, was ebenso gut sein könnte, zu denken, und das, was ist, nicht wichtiger zu nehmen, als das, was nicht ist.«[13]

Dem Denken wird gewissermaßen ein unendlicher Spielraum geöffnet. Wir verlieren lesend immer wieder den Sinnesboden unter unseren Verstandesfüßen. Das, womit wir am unbedenklichsten umgehen, das alltägliche Sprechen, reißt auf zu Abgründen. Es gibt keine unschuldigen Wörter, jedes einzelne trägt die Geschichte seiner Verwendungen in sich, deshalb realisiert jeder Leser jedes poetische, das heißt nicht in einen zweckmäßigen Kontext eingebundene Wort in anderer Bedeutungsfülle. Der Text ist ein unablässiger, unabschließbarer Austauschprozess zwischen seinen möglichen Lesarten, deswegen aber auch spielerisch leicht. Aus dem Abgrund des Nichtverstehens erheben wir uns heraus mit den Flügeln der Lust am Sprachspiel. Dieses Phänomen führt Oskar Pastior musterhaft vor – ein bestaunenswertes Exempel der Poetik der Moderne, die der französische Philosoph Roland Barthes als Lust-Texte definiert:

> »Text heißt Gewebe; aber während man dieses Gewebe bisher immer als Produkt, einen fertigen Schleier aufgefasst hat, hinter dem sich, mehr oder weniger verborgen, der Sinn (die Wahrheit) aufhält, betonen wir jetzt bei dem Gewebe die generative Vorstellung, dass der Text durch ein ständiges Flechten entsteht und sich selbst bearbeitet; in diesem Gewebe – dieser Textur – verloren, löst sich das Subjekt auf wie eine Spinne, die selbst in die konstruktiven Sekretionen ihres Netzes aufginge.«[14]

Eine spielerische Energie sprang auch und vor allem über, wenn man Oskar Pastior beim Lesen zuhörte. Er war ein bezaubernder, ein zauberischer Leser seiner Texte, die Stimme unvergesslich, wer ihr einmal folgte. Er las mit seiner sanften Stimme und seiner weichen Sprachfärbung, die einen Hauch aus seiner Heimat mitschwingen ließ, als erfahre er lesend seine eigenen Texte zum ersten Mal, Wort für Wort, mit inniger Intensität und zugleich mit einer Lust an der Neuentdeckung der sprachlichen Vielfalt, dass es zuweilen auch geradezu verschmitzt klingen konnte. Oskar Pastior war ein grandioser Sprachformer. Wenn er las, wuchs die Sprache aus der Stimme wie Musik – er befreite sein sprachliches Material nicht vom Sinn, er gab ihm sprachliche Bedeutungsenergie aus den Klängen, zu denen sich die 26 Buchstaben komponieren. Spätestens beim Zuhören wurde einem klar, dass dies nicht ein Autor war, der mit dem Sprachspiel aus der Wirklichkeit oder vor der verstehbaren Mitteilung floh, sondern einer, dem es darauf ankam, allen ausgeleierten

Denkmustern auf die Schliche zu kommen, sie aufzubrechen, ihnen eine Gegenwelt entgegenzusetzen, um klarzumachen: Alles lässt sich auch anders denken, weil man es auch anders sagen kann. Seine Sprache war ihm Erkenntnisinstrument – diesem Ziel widmete er konzentrierte Arbeit und größtmögliche künstlerische Intensität.

Alles richtet Pastior gegen das normative Denken und gegen die unbedachte Selbstverständlichkeit der Verständlichkeitserwartung beziehungsweise Forderung nach Wissen, wovon die Rede ist. Er setzt die folgenden Worte dagegen:

»[...] im antitotalitären konsens treffen sich elegien und oden mit sonetten, palindromen, anagrammen, gehen läppische vokalisen einher mit hochgestochenen sestinen – es wuseln pantum, villanella, buchstabengewichtetheit und andere oulipotische tranformationsverfahren herum in diesem grundkonsens; von dem gar nicht geredet werden müsste, weil eiferer eh nicht dazu gehören, eh draußen sind und aus gedichten sich nichts machen; während wir schon wieder mancherorts des türmens mit dem elfenbein geziehen werden können, obgleich wir bloß verzweifelt komisch dabei sind, den spielraum und die hexenprobe zwischen determiniert und indeterminiert, möglich und notwendig auszuloten – irgendwie ständig mit dem ungesättigten procedere im kopf, ein sensorium fürs relationale zu entwickeln, sozusagen jenes skalpell aus dem beweglichen stoff, der so künstlich ist, dass es, das skalpell, selber zum denkkörper wird, in den es schneidet. Textgenese als vivisektion. Poesie als sachbuch. Die erkenntnis als fabrikation, scharf unscharf (unschärfe relationiert) findet umbedingung statt. Und die hoffnung, von der ich lebe, dass nämlich gute poetische texte der naturwissenschaftlichen erkenntnis eh immer eine nasenlänge voraus sind (oh ja!) ist wahrscheinlich nur ein buckel irgendwo in einem fraktal.«[15]

Kommunikationsideologische Eiferer aller Art und Besserwisser des Verstehens haben in Oskar Pastiors Texten nichts zu suchen – sie würden diese Poesie aus Verständnislosigkeit auch ablehnen. In Pastiors poetischen Wortgeflechten wird die Verschlungenheit von Sprache und Denken offensichtlich. Welt gibt es nur durch Sprache, Erkenntnis gibt es nur durch Sprache. Mit Pastiors Vokabeln kommen neue Dinge in die Welt, Dinge mit ungewöhnlichen Ecken und Kanten und Abgründen. Dinge, die wir selbst erschaffen, deshalb rücken sie uns so nah, dass sie uns berühren und anrühren.

Selbstzweifel und Neugier, Forscherdrang und Lust am Spiel fließen zusammen und wechseln sich ab. Wissen aus allen Bereichen blitzt auf und entzündet eine Aneignung aus Zuneigung. Die Pastiorschen Sprachexperimente sind Versuchsanordnungen des Wissens. Weder Wissen noch Wort sind unschuldig – die unendliche Geschichte der Verwendungen und Anwendungen schreibt sich ein. Wir mischen uns ein in diese Poesie mit all unserem Wissen. Nichtwissen macht sich bemerkbar, ohne zu frustrieren, weil wir ja Teil des Experiments sind. Das Experiment folgt fast immer einer selbst gesetzten Regel, sie ist für den Autor Erkenntnisinstrument, Verfahren der Konzentration, aber: Das Schöne an freiwilligem Regelzwang ist natürlich die Abweichung aus künstlerischen Gesichtspunkten oder Ohrpunkten, die erfrischende Subversion durch Unschärfen oder Zusatzregeln.

Das Muster, dem ein Text folgt, die Versuchsanordnung der Komposition, ist Oskar Pastior wichtig, und darin liegt auch einer der Gründe, weshalb er als einziges deutschsprachiges Mitglied in die Gruppe OULIPO aufgenommen wurde. Die von François Le Lionnais und Raymond Queneau gegründete *Ouvroir de Littérature Potentielle* versammelt die Familie der »Wörtlichnehmer«, die es auszeichnet, dass sie »einander Befremdendes herstellen«.[16] Die Oulipoten geben sich bestimmte »contraintes«, also Regeln, Formzwänge, Beschränkungen welcher Art auch immer. Eine numerische Struktur oder eine alphabetische, konsonantische, vokalische, syllabische, phonetische, rimische, rhythmische Struktur. Pastior hat zum Beispiel die Gattung »Gedichtgedichte«[17] erfunden, mit der er Gedichte imaginiert, die es nicht gibt. Es sind Beschreibungen möglicher Typen von Gedichten, die er als Zeilenprozession vor dem geistigen Auge des Lesers vorüberziehen lässt, Mutmaßungen über Poesie. Pastior liebt auch die historischen Spielformen der Poesie: Anagramme, Palindrome, das Sonett, die Villanellen und Pantums, die Sestine und natürlich die von ihm hinzuerfundenen Vokalisen und Gimpelstifte, die lustvollen Orgien »nicht nur des Wohlklangs; eher der Polysemie und syntaktischen Polyvalenz«[18]. Oskar Pastior war stolz auf seine Aufnahme in den Club der Oulipoten, in diese Dichtervereinigung der Weltschöpfung durch Sprache. Seine Augen blitzten, wenn er von OULIPO sprach. Er nahm gerne Bezug auf die Wörtlichnehmer. Er hatte es geschafft, mit der Sprache zur Freiheit zu gelangen, er war

---

CHRISTINA WEISS

Geboren 1953 in St. Ingbert, ist promovierte Komparatistin, freie Publizistin, Beraterin und seit 2006 Honorarprofessorin der Universität des Saarlandes. Von 1991 bis 2001 war sie Kultursenatorin in Hamburg, von 2002 bis 2005 Staatsministerin für Kultur und Medien in BERLIN, wo sie seither lebt. Von 2008 bis 2014 war sie Vorsitzende des Vereins der Freunde der Nationalgalerie in Berlin.

Weltschöpfer, niemand konnte ihm mehr mit erzwungener Sprache Demütigungen zufügen. Die Sprache hatte ihm die Freiheit der Selbstbestimmung und Selbstbehauptung zurückgegeben. Er hatte der babylonischen Sprachverwirrung den Schrecken genommen, indem er das Maß der »Alltagskommunikation« außer Kraft setzte. Aus der Verwirrung der Sprachen entstand in seinen Texten eine neue Energie, die das Subjekt reizte, Mut zur Eigenwilligkeit zu entwickeln, mit Mut allen Normen zu trotzen und neue Netzwerke des Wissens zu knüpfen.

Oskar Pastior lebte mit seiner Sprachobsession in einer fast unglaublichen Weise bescheiden, fast karg. Auf seine Freunde wirkte er wie ein Mönch, der sich der Armut verschrieben hatte. Alle gaben ihm gerne, was er zu benötigen schien. Er zeigte keinerlei Ansprüche an das Leben außerhalb seiner Spracharbeit. Dass ein Plan dahinterstand, haben wir erst nach seinem Tod begriffen: Oskar Pastior sparte jedes Honorar, das er erhielt, und häufte in Kleinstsummen Geld auf, weil er als Vermächtnis seines Lebens eine Stiftung plante, um die Weiterentwicklung des experimentellen Schreibens aus der Tradition, in der er selbst stand, heraus zu fördern. Er wollte, dass junge Autoren ermutigt werden, ihre Arbeit an und mit der Sprache unabhängig vom kommerziellen Druck des Marktes fortzuführen. Er wollte ihnen zu dieser Freiheit verhelfen, die er sich mühevoll erkämpft hatte. In seinem Testament formulierte er die Idee für seine Stiftung und ihre Ziele, bestimmte auch den Stiftungsrat aus Freunden und Wegbegleitern.

So erhielt auch ich eines Tages einen Brief von Oskar Pastior, in dem er anfragte, ob ich bereit sei, im Stiftungsrat mitzuwirken, wenn die Stiftung nach seinem Ableben ihre Tätigkeit aufnehmen würde. Es war gewiss der sprachlich anrührendste Brief, den ich im Kanzleramt lesen durfte – zu dieser Zeit war ich noch Staatsministerin für Kultur und Medien. Er wünschte sich selbst, noch sehr lange zu leben, und mir, noch lange im Amt zu bleiben – falls aber sein Leben und mein Amt ein Ende gefunden haben würden, wünschte er sich mich als Stiftungsratsmitglied.

Meine Amtszeit endete mit der Bundestagswahl 2005, Oskar Pastior starb 2006 zwei Wochen vor der Verleihung des Georg-Büchner-Preises durch die Akademie für Sprache und Dichtung. Er starb einen eigenartigen, eigensinnigen, literarischen Tod: In Frankfurt zur Buchmesse angekommen, saß er allein am Tisch von Freunden, las, war völlig auf die Interviews der folgenden Tage eingestellt, seine Rede zum Büchner-Preis lag zu Hause in Berlin fertig auf dem Tisch. Ein guter Moment in seinem Dichterleben. Aber Freude und plötzlich anbrandendes Öffentlichkeitsinteresse brachen geradezu gewaltsam in das Leben eines Kopfarbeiters, für den Konzentration und Präzision der Arbeit so existenziell wichtig waren, ein. Oskar Pastior saß am Tisch und las, und sein Leben hörte einfach auf. Am Tag vor den großen Interviews, dem ihm gar nicht geheuren öffentlichen Gepränge, ging er mit der ihm so eigenen Bescheidenheit einfach friedlich davon.

Dieser Tod, der zu früh kam wie der Büchner-Preis zu spät, passt zu Oskar Pastior, diesem Sprachzauberer, der allen, die ihm beim Vorlesen zuhörten, den Kopf verdreht hat. Seine Sprache hat er zu seinem Instrument der Freiheit gemacht. Er hat in seinem Leben begriffen, dass die Sprachfähigkeit das Einzige ist, was dem Subjekt Freiheit beschert, Freiheit des Denkens gegen den Strich. Es geht um die Freiheit, mit einer eigenen Sprache den Horizont der Wahrnehmung und des Denkens zu erweitern, um sich unabhängig zu machen von Vorgaben, Zwängen und vorgegebenen, eindeutig verstehbaren Bedeutungen. Eindeutigkeit der Sprache ist eine

Illusion der alltäglichen Kommunikation und eine Vorschrift in diktatorischen politischen Systemen. Seine Lust, seine List, seine Waffe war die Sprache. Oskar Pastiors Leben als jegliche Unfreiheit Fliehender passt gut zu dem Berlin des ausgehenden 20. Jahrhunderts, der »Insel« der Freiheit für viele und später der Drehscheibe zwischen Ost und West, einer Stadt der ständigen Veränderung, einer Stadt, die sich in den 1990er-Jahren neu erfinden konnte, einer Stadt, aus der Kreativität sprießt.

1 Oskar Pastior, *Vom Sichersten ins Tausendste. Gedichte*, Frankfurt/Main 1969.
2 Oskar Pastior, *Jalousien aufgemacht. Ein Lesebuch*, herausgegeben von Klaus Ramm, München 1987, S. 17.
3 Oskar Pastior, *Jetzt will ich arbeiten an dem Gedicht*, in: *...sage, du habest es rauschen gehört* (= Werkausgabe, Band 1), herausgegeben von Ernest Wichner, München 2006, S. 95.
4 *Versuchte Rekonstruktion – Die Securitate und Oskar Pastior*, herausgegeben von Ernest Wichner (= *Text + Kritik* Sonderband XII), München 2012, S. 11.
5 Die Dokumentation dieser Forschung ist vollständig publiziert in *Versuchte Rekonstruktion*, a.a.O.
6 Ebenda, S. 27.
7 Ebenda, S. 27.
8 Ebenda, S. 138.
9 Paul Celan, *Gesammelte Werke in sieben Bänden*, Band 3, herausgegeben von Beda Allemann und Stefan Reichert, Frankfurt/Main 2000, S. 185 f.
10 Oskar Pastior, *Das Unding an sich*, Frankfurt/Main 1994, S. 63.
11 Oskar Pastior, *Francesco Petrarca. 33 Gedichte*, München 1983, S. 78.
12 Ebenda, S. 35.
13 Robert Musil, *Der Mann ohne Eigenschaften*, Reinbek bei Hamburg 1958, S. 16.
14 Roland Barthes, *Die Lust am Text*, Frankfurt/Main 1974, S. 94.
15 Oskar Pastior, zitiert nach: *Mitteilungen aus dem Brenner-Archiv*, Nr. 20, 2001, S. 14.
16 Oskar Pastior, *Das Unding an sich*, a.a.O, S. 123.
17 Oskar Pastior, *Gedichtgedichte*, Darmstadt 1973.
18 Oskar Pastior, *Vokalisen & Gimpelstifte*, München 1992, S. 107.

DIE KÄMPFERIN UND
DER GUTE GEIST

ROMY HAAG über HILDEGARD KNEF
Für sie soll's immer rote Rosen regnen

Lange, bevor ich erstmals in Deutschland war, und lange, bevor ich die Bekanntschaft von Hildegard Knef machte, habe ich durch sie Deutsch gelernt und mich in die Stadt Berlin verliebt. Wie das kam? Das lag vor allem am holländischen Rundfunk. Ich bin in Scheveningen, einem Stadtteil von Den Haag, aufgewachsen. Ende der 1950er-Jahre gab es bei uns kaum Fernsehen und nur drei Radioprogramme – Nederland 1, 2, 3. Auf Nederland 3 wurde abwechselnd in verschiedenen Sprachen gesendet: eine Stunde deutsch, eine Stunde französisch, italienisch und so weiter. Und da hat Hildegard Knef mit Chansons wie *Ich hab noch einen Koffer in Berlin* oder *Berlin, dein Gesicht hat Sommersprossen* zum ersten Mal meine Aufmerksamkeit erregt. Die deutsche Sprache und ihre tiefe, dunkle Stimme haben mich derartig fasziniert, dass ich mir als Kind, wenn ich allein zu Hause war, alle erdenkliche Mühe gegeben habe, sie nachzuahmen, was natürlich extrem schwierig war, meiner Begeisterung aber keinen Abbruch tat: Dieses rauchige Timbre! Dieses erotische Vibrato! Diese verhauchten Konsonanten, die nonchalant modulierten Vokale! So etwas hatte ich noch nie gehört – und würde ich übrigens, wie ich nach 35 Jahren, in denen ich nunmehr Musik mache, weiß, auch nie wieder hören.

Schon damals hat mir das alles zusammen unendliche

Freude bereitet und mir ein Gefühl von der großen, weiten Welt vermittelt, obwohl die Deutschen in Holland seit dem Zweiten Weltkrieg überhaupt nicht beliebt waren. Wir nannten sie verächtlich die »Moffen«, also diejenigen, die muffig riechen und unangenehm, unappetitlich, folglich äußerst unwillkommen sind. Trotzdem haben viele Menschen, die eigentlich die Deutschen gar nicht mochten, die Knef geliebt – und sogar Zarah Leander, die zwar aus Schweden stammte, aber im »Dritten Reich« sehr populär wurde. Beide waren richtige Stars in Holland und wurden noch mehr geschätzt als Marlene Dietrich, obwohl diese den Holländern als Emigrantin und antifaschistische Aktivistin, die als Unterhalterin mit den US-Soldaten quasi bis an die Front zog, doch besonders sympathisch hätte sein müssen. So unberechenbar und fast ein wenig seltsam ist das mit den Leuten und dem, was ihnen gefällt – davon kann ich als Sängerin und Musikerin selbst ein Lied singen. Die Knef jedenfalls war die Nummer eins, für viele und erst recht für mich!

Wie geschmeichelt war ich dann, als mich Anfang der 1980er-Jahre ein Manager ansprach und unter Vertrag nehmen wollte. Er betreute neben anderen auch *The One and Only* Hildegard Knef. Oh mein Gott, habe ich mir gedacht, was auch immer ich da unterschreiben muss, das mache ich sofort! Ich war so stolz, denselben Manager wie sie zu haben ... Irgendwann gab es eine *Meet and Greet*-Party seiner Agentur mit allen von ihr vertretenen Künstlern. Bei diesem Anlass habe ich Hildegard Knef zum ersten Mal leibhaftig getroffen. Obwohl wir ganz unterschiedliche Biografien hatten und obwohl wir von sehr weit her aufeinander zukamen, haben wir uns von Anfang an gemocht. Vielleicht hat das auch damit zu tun, dass wir beide im Tierkreiszeichen des Steinbocks geboren wurden? Ich war damals in meiner wilden Punk-Phase, hatte eine entsprechend schrille Frisur und ebensolche Klamotten, war bunt und grell geschminkt. Hilde jedoch hat sich daran überhaupt nicht gestört, sie war so was von offen und authentisch und direkt und nahe! Als wir uns nach einiger Zeit wieder sahen und ich mich vom Punk verabschiedet und wieder normalisiert hatte, fürchtete ich, dass sie mich nicht mehr erkennen würde, aber nein, sie winkte mir zu, rief »Romy, hallo, hallo!« und wusste gleich, wer ich war.

Ich habe mir so um 2005 herum ein Programm mit dem Titel *Frauen, die ich nicht vergessen kann* zusammengestellt. Darin würdigte ich neben Marlene Dietrich, Zarah Leander und Eartha Kitt auch Hildegard Knef und habe solche Klassiker wie *In dieser Stadt kenn ich mich aus* und *Von nun an ging's bergab* gesungen. Allerdings war ich sehr erstaunt, wie wenige Menschen Hilde noch kannten, vor allem im Osten Deutschlands. Ihre großen Erfolge, ihre berühmten Platten und Filme lagen freilich schon länger zurück, nicht zu vergessen ihre Autobiografie *Der geschenkte Gaul* (1970) und ihr Krebs-Buch *Das Urteil* (1975). Darin hatte sie schonungslos und schutzlos über ihre eigene Krankheit gesprochen, was selbst heute noch nicht selbstverständlich ist. Mitte der 1970er-Jahre war es hingegen völlig tabu.

Hildegard Knef war überhaupt eine sehr mutige Frau und hat sich immer wieder der Kritik und der Missgunst der Öffentlichkeit ausgesetzt, weil sie ihren eigenen Kopf hatte und tun wollte, was ihr passte. Sie hat sich nicht darum geschert, was andere über sie dachten, obwohl es sie häufig verletzt haben muss. Einerseits hat sie die Medien angefüttert, andererseits waren die ihr sowieso dauernd auf den Fersen, weil es zu dieser Zeit nicht so viele echte Stars in Deutschland gab. Und sie war ein Superstar! Mit ein paar Paparazzo-Fotos von ihr konnte man sicher ganz gut Geld verdienen. Sie war nicht so clever im Umgang mit der Öffentlichkeit, war nicht gecoacht und vorbereitet, wie das inzwischen bei vielen der Fall ist. »Ich bin vor dem Pressefaschismus in Deutschland geflohen«, hat sie einmal erklärt. Im Grunde war sie einfach zu ehrlich und hat zu oft die Wahrheit gesagt, obwohl die Leute sie gar nicht wirklich wissen wollten. Und sie hatte keine Lust, Geheimnisse für sich zu behalten.

Mir selbst geht es nicht anders. Auch ich plaudere schnell alles aus, weil ich nicht unter psychischer Verstopfung leiden, sondern geistig gesund bleiben will. Sehr gut erinnere ich mich an die Geschichte, als herauskam, dass sie sich 1979 bei dem Schweizer Schönheitschirurgen Rudolphe Meyer einem Facelifting unterzogen hatte. Was war da in den Medien, was war da in Deutschland los! Die *Bild-Zeitung* wusste es natürlich ganz genau und titelte in riesigen Buchstaben: »Hilde Knefs neues Gesicht: 5 Stunden lang operiert!« Und nannte als Preis dafür 20.000 Mark. Als es dann hieß, sie würde bei Wim Thoelcke in seiner Show *Der Große Preis* zu Gast sein, waren die Straßen leergefegt, das wollten alle sehen. Danach gab es böse Kommentare über sie und ihre Offenheit vor der Kamera, bloß weil sie sich gegen die Lügnereien entschieden hatte. Dabei sah sie kaum verändert aus, hatte höchstens ein paar Falten

ROMY HAAG

Geboren 1951 in Den Haag, begann ihre Karriere als Kinderclown im Zirkus Strassburger. Bald entdeckte der Junge seine weibliche Identität, nannte sich Romy Haag, wurde als Tänzerin und Sängerin ein Star von Paris bis New York. Legendär wurde ihr Nachtclub Chez Romy Haag in BERLIN, wo sie seit 1974 lebt. 2013 erhielt sie den European Tolerance Award des Kultur-Forum Europa. Ihr Motto: »Ich wollte nie ein Freak sein, ich wollte Respekt.«

weniger und eine etwas steife Mimik. Aber es genügte, um einen enormen Skandal auszulösen. Marika Rökk ließ sich bei dieser Gelegenheit zu den Worten hinreißen: »Wenn es eine Frau braucht, sich liften zu lassen, soll sie es tun – aber eine hässliche Frau bleibt auch geliftet hässlich.« Das kann man sich heute in Anbetracht eines Showgeschäfts, in dem eigentlich jede und jeder gebotoxt und geliftet ist, überhaupt nicht mehr vorstellen.

Es gab Menschen, die Hildegard Knef gar nicht mochten, aber sie hatte auch geradezu fanatische Fans. Einmal war ich bei einem ihrer Konzerte in der Berliner Philharmonie, es muss Anfang der 1970er-Jahre gewesen sein, und der Saal war brechend voll! Überall saßen, lehnten, standen Zuschauer, die Atmosphäre war *very gay* und mit irrsinniger Begeisterung aufgeladen. Sie ist in Deutschland stets mehr als die Dietrich bejubelt worden. Wenn die kam, hieß es richtig garstig und giftig »*Go home!*« – bei Knef, die zeitweilig die amerikanische und britische Staatsbürgerschaft besaß, indes nie. Marlene Dietrich hat diesen Unterschied aber wohl nicht persönlich genommen, sondern ihrer beider Situation in einem Gedicht, das sie Hilde aus ihrer Pariser Matratzengruft schrieb, treffend analysiert:

> »Du liebtest mich
> Nicht nur wie eine Schwester
> Sondern wie eine Überlebende
> Die einen Kopf
> Über Wasser hält
> Zum Atmen
> Aus keinem anderen Grund
> Als einer leblosen Schwester
> Leben zu geben.«

Ella Fitzgerald hatte Hildegard Knef als die »beste Sängerin ohne Stimme« bezeichnet. Mich hat ihre Art zu singen von Anfang an inspiriert und ermutigt, es selbst zu versuchen, es mir zuzutrauen und keine Angst zu haben, dass andere darüber lästern könnten. Sie hat mir wirklich Mut gegeben! Und was für schöne Songtexte sie geschrieben hat:

> »Ich möchte am Montag mal Sonntag haben
> und nie mehr in drohenden Rechnungen graben.
> Ich möchte nach keiner Beförd'rung mehr streben
> und meinem Alltag den Abschiedskuss geben.«

Was ich noch sehr gern mag, ist ihr Liebeslied auf Berlin:

> »Berlin, du bist viel zu flach geraten
> für die Schönheitskonkurrenz.
> Doch wer liebt schon nach Metermaßen,
> wenn du dich zu ihm bekennst?«

Und natürlich dieses grandiose Lied, das jeder kennt:

> »Für mich soll's rote Rosen regnen,
> mir sollten sämtliche Wunder begegnen;
> das Glück sollte sich sanft verhalten,
> es soll mein Schicksal mit Liebe verwalten.«

Ihr Tod 2002 hat mich sehr traurig gemacht, weil er bedeutete, dass sie nun endgültig weg und verschwunden war. Für Hilde aber muss er eine Befreiung gewesen sein, die sie endlich von den Schmerzen, von den Ängsten, von den Süchten, von der Erschöpfung und Verausgabung erlöste. Sie war ja Steinbock, sie war realistisch, sie wusste, was los war. Ihr Ehemann David Cameron hatte vorher einmal über sie gesagt, sie hätte gar nichts, wäre in Wirklichkeit gesund und litte nur unter dem »Münchhausen-Syndrom«, würde also lügen. Was muss es für ein Gefühl sein, so einen Mann an seiner Seite zu haben! Ich jedenfalls weiß, dass sie richtige Schmerzen hatte, dass sie Morphiumspritzen und andere starke Medikamente brauchte. Dabei hat sie sich nie beklagt, aber man hat gemerkt, wie sie sich anstrengen musste, um diese Schmerzen zu verbergen. Sie wollte einfach nicht, dass einer mitkriegt, wenn ihr etwas wehtat. Auch in dieser Hinsicht war sie ausgesprochen tapfer. Als ich zu ihrer Beerdigung auf den Waldfriedhof in Berlin-Zehlendorf ging, trug ich einen dunkelblauen Mantel mit einem dunkelgrünen Rand. Daraufhin erhielt ich zahlreiche üble Beschimpfungsbriefe, vor allem von erbosten Tunten, die mir vorwarfen, dass ich nicht in Schwarz gegangen wäre und mich nach ihrer Meinung also respektlos verhalten hätte ... In Wahrheit wäre ich am liebsten ganz in Weiß gegangen, weil Hilde es nun überstanden hatte und frei war.

Günther Pfitzmann starb ein Jahr später, Harald Juhnke dann 2005 – und mit ihnen verschwand allmählich das, was man nach dem Fall der Mauer etwas despektierlich »das alte West-Berlin« nannte. Ich konnte mich freilich nicht darüber beklagen, ich mochte dieses Berlin, und es mochte mich. Vor allem, nachdem ich 1974 meinen Club Chez Romy Haag eröffnet hatte, den ich neun Jahre lang führte und mit dem ich das Nachtleben aufmischte und Schöneberg zum Amüsierviertel machte, stieg ich zum Liebling der Stadt auf. Zu mir kamen ja alle, von Mick Jagger über Freddie Mercury bis zu David Bowie. Im Schatten der Mauer konnte man in den 1970er- und 1980er-Jahren, zumindest auf ihrer westlichen Seite, vielerlei Freiheiten genießen und tun, was man wollte. Es waren tolerantere Zeiten damals. Überall war etwas los, anarchisch, voll Kraft – und es gab dort, als einziger Stadt in Deutschland, keine Sperrstunde. Die Einheimischen wie die Zugereisten setzen ihre Kreativität, ihre neuen Ideen und innovativen Konzepte mit Witz, Esprit, Lust um – und meist ohne viel Kapital. Inzwischen dreht sich eigentlich alles nur noch um das Geld: Haste was, biste was.

Es gibt auch noch andere Dinge über Berlin hinaus, die sich in eine Richtung entwickelten, die mir nicht gefällt. So ist das Rollback in den Medien unübersehbar. Ich habe das Gefühl, dass »Randgruppen« wieder ganz an die mediale Peripherie gedrängt werden. Bei Harald Juhnke zum Beispiel bin ich als Interpretin in drei großen Eurovisionssendungen aufgetreten, einmal sogar mit dem Männerchor *Die Bremer Jungs*. Ich war in diesen Sendungen natürlich ein bunter Vogel, aber ich wurde ernst genommen und respektiert. Das wäre mittlerweile kaum mehr möglich. Das Privatfernsehen hat in Sachen Qualitätsminderung vorgearbeitet, und jetzt machen es die öffentlich-rechtlichen Sendeanstalten nach. Trotz des guten Geldes, das sie über die Gebühreneinzugszentrale GEZ, die sich jetzt lustigerweise »Beitragsservice« nennt, einnehmen, bieten sie allzu selten ein informatives, kluges Programm und allzu oft nur Müll, Volksmusik und mieses Entertainment. Was da als Emanzipation verkauft wird, ist in Wirklichkeit häufig angewandte repressive Toleranz und hat mit echter Gleichberechtigung nichts mehr im Sinn.

HILDEGARD KNEF

Sie kam 1925 in Ulm zur Welt, aber schon bald in die Heimatstadt ihrer Eltern nach BERLIN. Mit Recht konnte man die international erfolgreiche Künstlerin später als die inoffizielle Botschafterin der Stadt bezeichnen. Sie wurde als Schauspielerin und Sängerin in Hollywood und am Broadway gefeiert und schenkte der Welt den Evergreen *Für mich soll's rote Rosen regnen*. Ihre Bücher wie *Der geschenkte Gaul* wurden Bestseller. 2002 starb sie in BERLIN an einer Lungenentzündung.

Hildegard Knef hatte einen weiten Horizont und war sehr tolerant, sowohl was die sozialen Hierarchien als auch was die Geschlechternormen betraf. Berührungsängste oder Standesdünkel kannte sie nicht. Legendär ist ihr Spruch: »Brüllt ein Mann, ist er dynamisch, brüllt eine Frau, ist sie hysterisch.« Die Berliner, ach was, die Deutschen, selbst die Amerikaner lagen ihr zu Recht zu Füßen, spätestens seit sie in *Silk Stockings*, der Musical-Version von *Ninotschka*, 1955 und 1956 am Broadway bejubelt worden war. Sie stand 675 Mal als Ninotschka auf der Bühne. Solch einen Triumph hatte außer ihr noch keine Deutsche je am Broadway feiern können. 1962 schickte sie der Berliner Regierende Bürgermeister Willy Brandt sogar in offizieller Mission nach Los Angeles, um dort eine Ausstellung über die geteilte Stadt zu eröffnen. Als es ihr viel später finanziell sehr schlecht ging, hat der Berliner Senat sie dann unterstützt und ihr zum Beispiel eine Wohnung besorgt – und letztlich ein Ehrengrab auf dem Waldfriedhof ermöglicht.

Trotzdem habe ich manchmal den Eindruck, dass die Deutschen nicht sehr gut zu ihren Künstlern sind. Wie anders geht man etwa in Frankreich oder England mit seinen Schauspielern, Regisseuren, Schriftstellern, Musikern um – und nicht nur mit denjenigen aus der Hochkultur, sondern auch mit denen aus der sogenannten Unterhaltungsbranche. In den Medien begegnet man ihnen allen mit Respekt und Aufmerksamkeit, man spricht und diskutiert über sie, nimmt sie als relevante Phänomene der Populärkultur wahr. Roland Barthes setzte sich in *Mythen des Alltags* mit dem Gesicht der Garbo auseinander, Michel Foucault sprach mit Werner Schroeter über Maria Callas. Was für ein Niveau des Diskurses, auch zwischen den Genres! Hierzulande gibt es weder im Rundfunk noch im Fernsehen eine Plattform etwa für Bettina Wegner, Konstantin Wecker oder Klaus Hoffmann, obwohl sie famose Liedermacher sind – zu denen ich auch Hildegard Knef zähle.

Was ist geblieben von ihr? Für mich sind es neben den Erinnerungen an eine großartige Frau auf jeden Fall ihre hinreißenden Lieder und ihre wirklich wunderschöne Lyrik. Aber auch mit anderen Texten – wie von Charly Niessen – habe ich ihre unverwechselbare Stimme oft im Ohr:

> »Eins und eins, das macht zwei
> Drum küss und denk nicht dabei
> Denn denken schadet der Illusion ...«

Als ein guter Geist ist sie für mich bis heute präsent. Und so beziehe ich mich durchaus auf sie und ihre lautere Unbotmäßigkeit, wenn ich sage: Ich bleibe eine Kämpferin.

DER INTENDANT UND DER THEATERKÖNIG

JÜRGEN FLIMM über MAX REINHARDT
Genug ist nicht genug

I

Da sitzt er im fernen Corona del Mar im kalifornischen Domizil; im tiefen Fauteuil der großen Theaterzauberer, elegant wie eh und je, schwarze Schuhe, Einstecktuch und Weste. Hinter ihm auf der Rückenlehne des breiten Sessels hockt seine Frau Helene Thimig, die einen sehnsüchtigen Blick zum offenen Fenster wirft, durch das das helle, weiche Licht der Westküste Amerikas ins Zimmer fällt; über ihr ein mächtiges Bücherbord, das von einer prächtigen Wohnung kündet. Das alles mutet wie eine wehmütige Szene im bürgerlichen Interieur von Dr. Tschechow an – wie aus dem melancholischen Ende von *Onkel Wanja* oder *Der Kirschgarten*. Das Paar hat alles verloren, ihre Theater in Berlin, Wien und Salzburg, ihr Schloss mit dem verwunschenen Garten, dem Teich, in dem der Mond widerschien, ihre geliebte Sprache, viele Kollegen, die, schändlich genug, zum teuflischen Hitler überliefen und sich dort gut taten.

Max Reinhardt war der größte Veränderer der deutschen Theaterszene, so einer wie er kam nie wieder, er war wichtiger als Otto Brahm, Erwin Piscator, Bertolt Brecht, Leopold Jessner, allesamt Berliner Kollegen. Dieser bedeutende, sanfte Revolutionär war alt geworden in seinem bequemen Möbel: Keine Spur mehr vom impulsiven, jungen Regisseur, den Fotografien auf der Stuhlkante hockend zeigen, aufmerksam, gespannt, jeden Moment hellwach, jeden Moment bereit, einzugreifen und Korrekturen und Kritik am Spiel der Spieler auszusprechen.

Auf dem Tisch vor dem vornehmen Herrn in Corona del Mar liegen Bücher, Goethe vielleicht oder Shakespeare? Denkt er an die »Faust-Stadt« in der Felsenreitschule? Oder an den *Sommernachtstraum*, jenes Stück, das ihn ein Leben lang begleitet hat: an seine Träume?

Im Meisterwerk des großen Elisabethaners, erwacht im wilden Märchenwald, nach allerlei Verwirrungen und Irrungen, der Zettel, Theaterstar einer Handwerkstruppe, aus tiefem Schlaf. Er fasst sich an den Kopf, der kurz zuvor in der Sommernacht in den eines Esels verzaubert worden und der wunderschönen Elfenkönigin Titania Anlass zu zärtlichem Getue und Geschmuse und erotischem Gestammel gewesen war. Erwacht in der Waldeswelt, erzählt nun Zettel mit durchaus schwerem Kopf, dass er einen höchst seltsamen und erstaunlichen Traum gehabt habe, den zu erklären jedes Menschen Verstandeswitz überstiege: »I have had a dream, past the wit of man to say what a dream it was ...«

II

Immer wieder hat sich der Regisseur Max Reinhardt diesen köstlichen, nie wirklich zu ergründenden Sommernächten mit Blumen, Früchten, Elfen, Tümpeln, Tölpeln, Liebespaaren, bösen und guten Geistern genähert, zu allerletzt 1935 im fernen Hollywood in dem großartigen filmischen Meisterwerk der Emigration mit einem hochgedrehten Mickey Rooney als flitzigem, bösartigen Elfenknaben Puck, der diese dunklen Waldfantasien in größte Unordnung treidelt ... Reinhardt war stets ein Meister der Besetzungen, wie auch hier ersichtlich: Olivia de Havilland spielte die Hermia, James

Cagney den Zettel und der fünfzehnjährige Mickey Rooney den Puck. Den Film drehte Reinhardt zusammen mit William Dieterle, der es in Los Angeles zu Ruhm und Ansehen gebracht hatte – auch er ein Mitarbeiter aus Berlin, wo Reinhardt die Besten der Besten an seinen Theatern versammelt hatte. Auf vergilbten Fotos des Ensembles lacht eine Charge im Hintergrund: Ernst Lubitsch, der bald als Regisseur eine Hollywood-Größe wurde.

Ist Zettels Gestammel nicht auch ein Beispiel des lebenslangen Traumes vom Theater als heimatlichem Fest? »Past the wit of man«: Da eben, wo alle Wirklichkeit aufgehoben ist und schöne Harmonie süß durch die Bühnenlüfte segelt. Doch hier im heimatlosen Exil versiegen die Luftgespinste. Bald nach der fotografischen, trügerischen Idylle stirbt der Zauberer an einem Schlaganfall, er war gerade 70 geworden, eigentlich kein Alter: Die Theaterleute hätten ihre Kindheit in die Tasche gesteckt, um bis an ihr Lebensende weiter zu spielen, hat er in einer tiefgründigen Rede vor den Studenten der Columbia University in New York einmal gesagt.

III

In Baden bei Wien ist Max Goldmann, wie Reinhardt ursprünglich hieß, aufgewachsen. Seine Jugend hat er auf dem Stehplatz im königlichen Burgtheater erlebt, auch er ein Kind des Olymps, des Hoftheaters: Stand- und Spielbein, rudernde Armbewegungen geziemender Art, Plüsch und Plunder, goldene Troddeln, Gips und Samt, bemooste Barden und hoch geschnürte Madamen säumten seine jugendlichen Pfade, und nicht zu knapp. Das war ein Theater, in dem noch befrackte Diener den königlichen Protagonisten auf silbernen Tabletts die Texte hinterher trugen. Aber der Junge war heftig angesteckt: Der strenge Vater erlaubte den Schauspielunterricht, Privatstunden waren gerade noch erschwinglich. Im Fürstlich Sulkowsky Privat-Theater im Vorort Matzleinsdorf spielte er bald alte Männer, so oft alte Männer! Da hieß er schon Reinhardt, auch sein geliebter Bruder Edmund, der später sein kaufmännisches Gewissen wurde, nannte sich so. Was für ein Ort, ein *Melting pot* war dieses Wien, wo so viele Völker zusammenkamen, ein enormes Schauspielernest: Fritz Kortner, die Thimigs, die Hörbigers, die Parylas und eine Vielzahl anderer Barden wie Josef Kainz und Alexander Moissi und Komödianten zu Hauf! Otto Schenk, ein später Nachfahre, genialer Komiker und Regisseur, weiß davon trefflich zu erzählen.

IV

In Salzburg, das ein kleines, verschlafenes, ehemals deutsches Erzbistum war, trat Max Reinhardt 1893 sein erstes Engagement an, und wieder warteten viele alte Männer auf ihn. Die Firma Fellner & Helmer, berühmte Architekten prächtiger Theaterbauten, hatte, wie in Hamburg, Wien, Oldenburg und in vielen anderen europäischen Städten, ein Theater auf die andere Salzachseite gerade gegenüber dem Wohnhaus der Familie Mozart gepflanzt, das spätere Landestheater. Im *Talisman* von Ludwig Fulda trat Max Reinhardt hier 1893 zur Eröffnung des Neuen Stadttheaters als Berengar erstmals auf, in Schillers *Maria Stuart* spielte er den Burleigh, alte Männer also wieder.

Oft mag er wohl durch die imposante Altstadt gestreift sein, vorbei an den Klöstern, der historischen Universität, den Kirchen, um sicherlich am großzügigen Platz vor dem großen Dom innezuhalten. Vor der Mariensäule mag er gehockt und lange auf die hoch aufragende, mächtige Fassade des barocken Gotteshauses, gebaut vom italienischen Architekten Santino Solari, geschaut haben, die sich vor dem Himmel wie eine aus Papier geschnittene Kulisse abhebt. Bei diesem erhabenen Anblick, davor der große Platz umrahmt von Klostermauern und der bischöflichen Residenz, beginnt jeder Theatermensch zu träumen, sieht prächtige Kostüme, Brettergerüste, die Pfosten aufgeschlagen, hört geistliche Choräle und sieht Tänzer sich drehen, die Menge sich auf dem Platze drängen. Schauen! Hören! »Und jedermann erwartet sich ein Fest«, heißt es im *Faust*. Das barocke Fest sollte wohl der Kern der kommenden Festspiele werden – und Doktor Faust bald an anderem Ort in der Felsenreitschule des Erzbischofs Wolf Dietrich von Raitenau eine veritable Stadt bewohnen. Schwirrten derlei Ahnungen schon durch Max Reinhardts jungen, klugen Kopf?

V

Diese barocke Stadt Salzburg mit ihrer vergangenheitssüchtigen, ja morbiden Atmosphäre – nach dem ersten Schnee von besonders berückender Schönheit – hat den jungen Max immer beschäftigt. Ohne diese Zeit am Stadttheater wäre er sicher ein ganz anderer geworden, Salzburg gab ihm Richtung und Kraft. Die erste Begegnung mit den tausendfach himmelwärts strebenden Formen des Barock blieb bei dem Wiener Knaben nicht ohne tiefe Wirkung. In Salzburg traf ihn Otto Brahm, der mächtige Direktor des Deutschen Theaters in Berlin, der rasch aufstrebenden Kapitale des deutschen Kaiserreichs, das eine Weltmacht sein wollte, überheblich und unvernünftig. Der kluge Kaiser Friedrich III. war 1888 an Krebs elend gestorben, sein Sohn Wilhelm Zwo, ein sehr junger Mann, eitel und hochfahrend, entließ seinen realpolitisch gesonnenen Kanzler Bismarck und steuerte sein junges Imperium, ein aufgeblähtes Preußen, größenwahnsinnig in den Ersten Weltkrieg, an dessen Ende alles grundlegend anders wurde. Eine zügellose und intellektuell verkommene Epoche war dann diese Republik von Weimar, die geradewegs in wenigen Jahren in die schrecklichste Krise Deutschlands schlittern sollte, in die verbrecherische Zeit der Nationalsozialisten mit ihrem Führer Adolf Hitler, mit Konzentrationslagern und dem grauenhaften Zweiten Weltkrieg. Das Ende dieses zweiten Weltenbrandes sollte Reinhardt nicht mehr erleben. Er, der dezidiert Unpolitische, der Träumer eines entrückten Theaters, geriet, wie viele andere, in die mörderische, politische Verkommenheit eines ganzen Volkes, das einmal das der Dichter und Denker genannt wurde.

Otto Brahm, Reformator und Begründer eines durchweg bürgerlichen Theaterstils, eines theatralischen Realismus – davon zeugen auch seine zeitnahen Spielpläne –, erkannte wohl rasch die Begabung des jungen Mannes und bot ihm an, nach Berlin zu kommen. Berlin mit seinen Museen, Varietés, Cabarets, Theatern, Opernhäusern war ein musischer Bezirk, in dem Max Reinhardt wachsen konnte, den er erobern wollte. Es sollte die erfolgreichste Zeit seines Lebens werden, ein steiler Weg nach oben. 1894 ist Reinhardt nach Berlin gekommen, bald sechs Jahre später gründete er mit anderen jungen, wahrscheinlich ebenso aufgeregten Mitspielern des Deutschen Theaters das Kabarett *Schall und Rauch*, das sich, was Wunder, rasch zum Kleinen Theater Unter den Linden mauserte. Der unaufhaltsame Aufstieg des hochbegabten, jungen Feuerkopfs begann. Einen Partner fand er im nicht weniger hochbegabten Kollegen und Regisseur Richard Vallentin, einem politischen Künstler, dem unter anderen die so eminent wichtige deutsche Erstaufführung von Maxim Gorkis *Nachtasyl* 1903 zu verdanken ist.

Zum Kleinen Theater gesellte sich rasch das Neue Theater, das ins heutige Theater am Schiffbauerdamm mit erfolgreichen Inszenierungen einzog. In den Jahren bis 1930 kamen noch das Große Schauspielhaus, die Komödie und das Theater am Kurfürstendamm und weitere Theater dazu.

> **JÜRGEN FLIMM**
>
> Der Regisseur wurde 1941 in Gießen geboren und wuchs in Köln auf. Ab 1979 war er Intendant des Kölner Schauspiels, von 1985 bis 2000 des Thalia Theaters Hamburg, leitete die Salzburger Festspiele und wurde 2010 Intendant der BERLINer Staatsoper. Er inszenierte an allen großen Theatern und Opernhäusern, war Gastprofessor an der Harvard University, der New York University und Professor an der Universität Hamburg. Seit 1990 ist er Mitglied der Akademie der Künste BERLIN, die ihm 1995 den Konrad-Wolf-Preis verlieh.

Als Max Reinhardt nach seinen Jahren der Schauspielerei bei Otto Brahm 1905 die Leitung des Deutschen Theaters in der Schumannstraße übernahm, gehörte ihm fast das gesamte Theater-Berlin. Er war ein gemachter Mann! Heinrich Braulich beschreibt das zutreffend in seiner Biografie: »Sein Berlin reichte von Mitte bis zum Kudamm!« Nie wieder war er so bedeutend, so wichtig, so mächtig wie hier an der Spree. Er formte sein Berlin zur Theaterhauptstadt ganz Europas – im Gegensatz zu Wien, immer noch im verstaubten Hoftheatergesang erstarrt, oder München, wo vor allem die Bohème von sich hören machte, etwa durch Lion Feuchtwanger, Bertolt Brecht und Frank Wedekind. Den holte er ans Deutsche Theater, brachte 1906 – auch gegen die kaiserliche Zensur – dessen *Frühlings Erwachen* zur Uraufführung und inszenierte *Lulu* mit Gertrud Eysoldt. Sie spielte überdies die Elektra und den Puck. So besetzte er eben, ohne die überkommenen steifen Fächer wie »Jugendliche Naive« oder »Heldenvater« zu bedienen. Die Individualität der Schauspieler war von zentralem Interesse für die Interpretation eines Textes – modernes Denken! Die Schauspieler waren das Zentrum des Reinhardtschen Theaters, schließlich war er selbst ein sehr guter Darsteller gewesen. Berlin liebte »seinen« Reinhardt: Wie viel Uhr es sei, ging die Frage in einer der vielen Reinhardt-Anekdoten. »Sieben«, kam als Antwort, »da dreht sich der Wald bei Reinhardt« – sein *Sommernachtstraum*-Wald!

VI

Schaut man auf die Liste von Reinhardts Spielplänen, gilt die Goethesche Devise: »Ein jeder sucht sich endlich selbst was aus. / Wer vieles bringt, wird manchem etwas bringen; / Und jeder geht zufrieden aus dem Haus.« So sagt es der Theater-Direktor im Vorspiel zum *Faust*. In Reinhardts Spielplänen finden sich Shakespeare, die deutschen Klassiker wie Goethe, Schiller und Kleist. Die antiken Genies wie Sophokles, auch Aristophanes sind dabei und viele Zeitgenossen wie Sternheim, Kaiser, Unruh, Lasker-Schüler, Wedekind, Ibsen, Hauptmann, Brecht und andere, die heute nicht mehr von Interesse sind, wie Tolstoi, Wilde, Bahr, Stramm sowie sehr viele inzwischen unbekannte Dichter. Diese vielfältigen Pläne erfassten alles, was die Theaterliteratur hergab. Eine Linie ist aber nicht erkennbar. Anders bei Brahm, der sich konsequent seinem Hausautor Gerhart Hauptmann und anderen Realisten zuwandte und so eine wichtige ästhetische Linie verfolgte.

Und die Oper? Ein solch großzügiger Regisseur sollte doch dafür geeignet sein. So inszenierte Max Reinhardt in Dresden die Uraufführung des *Rosenkavalier* mit großem Erfolg, *Ariadne auf Naxos* folgte 1912, Richard Strauss war begeistert. Mit Jacques Offenbach feierte Reinhardt einige seiner größten Erfolge! Diese mitreißende Musik und die Komik – welch geniale Mischung für ihn.

1905 gründete er die Schauspielschule des Deutschen Theaters, ein illustres Lehrer-Kollegium mit Gertrud Eysoldt und Eduard von Winterstein bezeugte die Ernsthaftigkeit dieses Unterfangens. Auch in Wien gab es 1928 eine solche Gründung – das Max-Reinhardt-Seminar für Schauspieler und Regisseure –, und sogar im Exil, in Los Angeles, in Hollywood entstand am Sunset Boulevard eine Max-Reinhardt-Schule in einem Studio der Columbia Pictures Corporation.

Reinhardts Bühnenbildner müssen unbedingt noch erwähnt werden: Emil Orlik, auch Edvard Munch, Lovis Corinth, Alfred Roller, Ernst Stern, der die barocke Drehbühne für den *Sommernachtstraum* wieder aktivierte. Alles Bühnen- und Kostümbildner, die sich großen Bildern widmeten, Text und Situation aus der Fläche lösten und in den Raum rückten.

Wenn es den einen Protagonisten in Reinhardts glänzendem Ensemble gab, war es der unvergleichliche Alexander Moissi. Ein attraktiver Mann, wie später nur noch der junge Will Quadflieg, betrat zur Jahrhundertwende die Szene.

In Triest geboren, brachte er es vom Wiener Komparsen bis zum allerersten und vielleicht allerbesten *Jedermann*-Darsteller. 1903 kam Moissi ans Deutsche Theater, wo er zum Superstar wurde. Sogar Franz Kafka rühmte ihn überschwänglich. In den Kammerspielen, die Reinhardt 1906 als seine zweite Spielstätte neben dem Deutschen Theater eröffnete, spielte Alexander Moissi in der legendären Aufführung von Ibsens Stück *Gespenster* mit den Bühnenbildern von Edvard Munch den todkranken Osvald. Berlin lag dem Italiener zu Füßen. Die Kammerspiele sollten »eine Art Kammermusiksaal des Theaters« werden. Leider hat kürzlich ein ignoranter Architekt diesen schönen Saal mit seinen Abbildungen der

Commedia dell'Arte gänzlich verunstaltet – unbegreiflich, wie heute in Berlin mit Reinhardts Erbe umgegangen wird. Und der Denkmalschutz?

Von Berlin aus gingen die Stücke oft in die weite Welt. *Ödipus* reiste in die Hauptstädte Europas, zum ersten Mal zeigte sich ein deutsches Theater in deutscher Sprache in New York auf der berühmten Theatermeile, dem Broadway. 1924 ging Reinhardt mit *Das Mirakel* von Karl Gustav Vollmoeller und Engelbert Humperdinck ins Century Theater in New York, riesig. 298 Vorstellungen wurden allein hier gespielt, die Tournee dauerte bis 1930.

»Genug ist nicht genug«, ein Leitsatz des Theaterkönigs – entlehnt dem Gedicht *Fülle* von Conrad Ferdinand Meyer –, könnte nicht nur seine Regiearbeit beschreiben, sondern auch die stete Erweiterung seines Imperiums: So wurde aus dem Zirkus Schumann das Große Schauspielhaus, mit einer riesigen Arenabühne für Vorhaben, die den üblichen Theaterrahmen sprengten. Endlich gab es keine Trennung zum Saal mehr, keine Rampe und kein Portal, die Szene drängte sich in den Zuschauerraum. Man spielte dort

MAX REINHARDT

Der österreichische Schauspieler, Regisseur, Intendant und Theatererneuerer wurde 1873 als Sohn eines jüdischen Kaufmanns in Baden geboren. Er kam 1894 nach BERLIN, wo er nach und nach ein Theaterimperium aufbaute und die Theaterkunst revolutionierte. Er war Mitgründer der Salzburger Festspiele und eröffnete 1928 in Wien seine bis heute bestehende Schauspiel- und Regieschule, das Max-Reinhardt-Seminar. Die Nationalsozialisten boten ihm 1933 eine »Ehren-Arierschaft« an, die er empört ablehnte. 1937 emigrierte er in die USA und starb 1943 in New York.

Ödipus mit großem Chor, auch *Dantons Tod* mit seinen revolutionären Massen.

Max Reinhardt kehrte auch immer wieder nach Salzburg zurück und gründete dort 1920 die Festspiele als ein Zeichen für den Frieden. Er zeigte vor dem großen Dom, vor der einzigartigen, hoch aufragenden Fassade, den *Everyman*, ein englisches Mysterienspiel in der neuen Fassung von Hugo von Hofmannsthal, mit Alexander Moissi in der Titelrolle. Eine lange Erfolgsgeschichte, die bis heute nicht beendet ist, begann. »Das Spiel vom reichen Mann« fasziniert seither jeden Sommer Heerscharen von Zuschauern. »Jedermann!«, hallt es von der Burg und durch die Gassen Salzburgs. »Jeedermaaann!«

Die Salzburger Festspiele, das bislang größte und auch reichste Festival der Welt, waren geboren und leben bis heute, trotz aller Intrigen und erheblicher Missgunst. Max Reinhardt, in Berlin reich geworden, kaufte sich 1918 am Rande der Stadt das Schloss Leopoldskron, die großartige Residenz eines Theaterkönigs, ein Paradies mit See und Gärten und Heckentheaterchen. Gäste kamen, Gäste gingen: Fjodor Schaljapin und Franz Molnár, Hofmannsthal und Alfred Polgar, Schauspieler, Politiker, Künstler. Es wurde musiziert, getafelt, Theater gespielt wie an Oberons Hof.

VII

Berlin war seine Heimat, Wien war seine Heimat, Salzburg war seine Heimat – New York, ein anderer Kontinent, sein auswärtiger Triumph. 1923 pachtete er das Wiener Theater in der Josefstadt als ein »Theater für Schauspieler« und stattete es prächtig wie einen venezianischen Palazzo aus, als hätte dort schon Antonio Vivaldi komponiert oder Carlo Goldoni gewirkt, dessen geniale Commedia, *Der Diener zweier Herren*, mit Helene und Hans Thimig die neue Ära eröffnete. Dann *Kabale und Liebe* mit Fritz Kortner als Wurm und der Thimig als Luise.

VIII

Dieses umfassende Imperium zu leiten muss eine außerordentliche Anstrengung gewesen sein, auch wenn Max Reinhardt sein Bruder Edmund die längste Zeit zur Seite stand. Nach heutigen Begriffen schwer vorstellbar: Wie lange haben die damals probiert? Wie war das System – Leseprobe, Stellprobe, dann die szenischen Proben, Durchläufe, Generalprobe: Fertig? Drei Wochen? Zwei? In Windeseile wurden Stücke transferiert von hie, Berlin, nach da, Wien, und zurück. Vom Neuen Theater ins Deutsche Theater ... Für Licht wurde wohl keine Zeit verschwendet, das war lange nicht auf modernem Stand und nicht von der Bedeutung wie im ausgehenden 20. Jahrhundert.

Alles war kürzer, also schneller, wie hoch wurden eigentlich die Bühnenarbeiter bezahlt? Wie viele gab es? Und die Schauspieler? Gab es Kräche, Zoff zwischen dem Direktor und seinen Künstlern, kehrten ihm Schauspieler im Zwist und nach Streitereien den Rücken? Was sagte, was dachte wohl Brahm, als er das »Deutsche« verlassen musste und Adolph L'Arronge, der Besitzer, diesen Emporkömmling, den er selbst aus der tiefen Salzburger Provinz erlöst und der seit neun Jahren sein Ensemble geschmückt hatte, zu seinem Nachfolger machte? Saß er empört, gar verbittert im Lessingtheater? Solche Riesensummen, die Reinhardt verdient hatte, ohne bequeme Subventionen, wie hat er die denn zusammengetragen und acht Theater und das Schloss gekauft? So viele und noch mehr Fragen bleiben, wie beim »lesenden Arbeiter« von Brecht:

»Wer baute das siebentorige Theben?
In den Büchern stehen die Namen von Königen.
Haben die Könige die Felsbrocken herbeigeschleppt?«

Wie haben Sie das alles gemacht, geschafft, verehrter Herr Reinhardt, ohne Jets und E-Mails? Ohne Limousinen und Hochgeschwindigkeitszüge?

IX

In der Wiener Hofburg inszenierte er *Clavigo*, *Stella* mit seinen Stars Moissi und den Thimigs, auch Wilhelm (später William) Dieterle findet sich auf dem Zettel, und – »genug ist nicht genug« – *Dame Kobold* von Calderón wurde aufgeführt. In *Kabale und Liebe* spielte er sogar selbst mit, die Paraderolle des alten Kammerdieners – die berühmte, Tränen treibende Szene mit Lady Milford. Seit jungen Jahren ja oft Darsteller alter Männer, hat er sich diesen Auftritt nicht entgehen lassen. Der kleine Bühnenkasten der Josefstadt war wie ein Rückzug vom riesigen Großen Schauspielhaus im tobenden Berlin, die kleinen Stücke der realistischen Klassiker von Goethe und Schiller, *Der Schwierige* von Hofmannsthal und Schnitzlers eleganter *Anatol* waren wie Salonstücke mit Wiener Melodie, süß wie Sachertorte. Endlich zu Hause? Doch Berlin war nicht vergessen, eben auch Heimat. Allerdings, wie Herbert Ihering schrieb: »Die aufgeregten Jahre der Weimarer Republik waren ja nicht besonders geeignet für den apolitischen, in die barocken Feste des *Homo ludens* verliebten Reinhardt.« Die Luft wurde rauer im Dickicht der Städte, Freischärler marodierten, es gab Straßenkämpfe zwischen Rechten und Linken, Nazis und Kommunisten. Hitler aus Braunau und Goebbels aus Rheydt hetzten und höhnten gegen die Juden, die Luft wurde dünn für die schönen Künste Reinhardtscher Opulenz. Brecht meldete sich als nachgemachter Lederjackenprolet, Piscator mit seinem dezidierten politischen Begriff einer angriffslustigen Bühne, Jessner, der geniale Jürgen Fehling, allesamt die Modernen. Reinhardt, doch immer noch Zögling des königlichen Burgtheater-Olymps, ein spürbarer k.u.k. Geist, schwebte über all dem, weltabgewandt.

In den 1920er-Jahren gehörten acht Theater zu seinem Konzern in Berlin und Wien, dazu die Salzburger Festspiele. »Genug ist nicht genug«, aber war das doch zu viel? Diese Eingliederung der Theaterkunst in ein durchaus kapitalistisches System der umspannenden Synergien und hohen Renditen stieß bald an ihre Grenzen. Die Nazis marschierten unaufhaltsam, die Scheiben klirrten, bis alles in Scherben fiel. Der Albtraum begann langsam, aber unaufhaltsam, das deutsche Bürgertum schwenkte, »marsch!«, nach rechts, die Intellektuellen und Künstler, bis auf Brecht und Co., schwankten zwischen Resignation und Protest, ein Bündnis der Linken und der Liberalen kam nicht zustande. 1929 starb der geliebte Bruder Edmund, der gute Geist aller geschäftlichen Unternehmungen der Firma Reinhardt. 1933 musste er selbst Deutschland verlassen, der wichtigste Theatermann Europas kapitulierte vor den braunen Verbrecherhorden. In einem bewegenden Brief, den er am 16. Juni 1933 aus Oxford an den »Herrn Minister« schickte, trat er von seinem Lebenswerk zurück und vermachte seinen Besitz dem Staat, also Deutschland – da wird sich die braune Kulturclique gefreut haben. Das war das Ende des größten privaten Theaterverbundes: Der Besitz »gehört nun zum Nationalvermögen Deutschlands«. Finita la commedia.

X

Eine lange Reise begann 1933. Reinhardt zog sich zunächst in die alte Heimat nach Österreich zurück, dort waren noch seine »Josefstadt« und sein Salzburg. Er inszenierte in der imposanten Felsenreitschule *Faust*, wofür ihm der Architekt Clemens Holzmeister, der später die ersten Festspielhäuser im monumentalen Stil errichtete, die »Faust-Stadt« an die hohen Wände und Galerien klebte. Auch *Jedermann* feierte auf dem herrlichen Domplatz seine trügerischen Feste. Und Reinhardt fuhr viel durch die Welt, nach Oxford, wo er mit Studenten im Park wiederum *Sommernachtstraum* inszenierte, auch im florentinischen Garten von Boboli tummelten sich Titania, die Elfenkönigin, und Zettel, der Esel. Im Rahmen der venezianischen Kunstbiennale inszenierte er auf dem Campo di Trovaso Shakespeares *Il Mercante di Venezia*, alles ohne Bühne, auf den Brücken, vor den alten Mauern. 1934 sauste er auch nach Los Angeles, wo er in der Hollywood Bowl, der gigantischen Freiluftkonzertmuschel, wiederum den *Sommernachtstraum* nach allen Regeln der Freilichtkunst einrichtete, eine Riesen-Shakespeare-Show. Die Amerikaner waren hingerissen und – wen wundert's – auch die Studiobosse der großen Filmgesellschaften.

Die Nazis marschierten derweil in Österreich ein, triumphal empfangen. Max Reinhardt und Helene Thimig-Reinhardt flohen aus der alten Welt in eine neue, nach Amerika. So viel er dort auch arbeitete, er kam nicht mehr richtig vom Fleck. In einem langen Brief an Gisela Proßnitz, eine der kundigsten Reinhardt-Kennerinnen der Salzburger Max-Reinhardt-Forschungs- und Gedenkstätte, beklagte Thornton Wilder im Jahr 1974 die Unkenntnis der amerikanischen Theaterproduzenten. Sie »hatten leider keine Vorstellung von den ruhmvollen Jahren seiner größten Produktivität in Deutschland und Österreich [...]. Ihnen fehlte das Vertrauen«. Dennoch ist die Liste von Reinhardts Vorhaben lang, er inszenierte Stücke wie Thornton Wilders *The Merchant of Yonkers*, auch Nestroys *Einen Jux will er sich machen* in Billy Wilders Fassung, *Die Fledermaus* unter Erich Wolfgang Korngolds musikalischer Leitung, Irwin Shaws *Sons and Soldiers* mit Gregory Peck.

Am 9. September 1943 feierte Reinhardt seinen 70. Geburtstag in New York. Viele seiner Weggefährten gratulierten, so Albert und Else Bassermann, Elisabeth Bergner, Lili Darvas, Korngold, Ernst Lubitsch, Heinrich und Thomas Mann, Arturo Toscanini, Otto Preminger, Erich von Stroheim, Berthold und Salka Viertel, Bruno Walter, Kurt Weill, Carl Zuckmayer und viele andere Mitglieder der großen deutschen Emigrantengemeinde. Wenige Wochen später, am 31. Oktober 1943, starb Max Reinhardt, der größte Theaterkünstler des 20. Jahrhunderts, an den Folgen eines Schlaganfalls. Er hatte einen Traum gelebt, wie ihn Zettel beschrieb: »*I have had a dream, past the wit of man, what dream it was ...*« In der Carnegie Hall in New York gab es eine Trauerfeier. Bruno Walter dirigierte die New Yorker Philharmoniker. An Reinhardts Geburtstag hatte Franz Werfel, dessen *Eternal Road* der Meister noch mit großem Erfolg an der Box-Office inszeniert hatte, eine Laudatio gehalten, die im Nachklang wie ein Nekrolog anmutet. Er beschrieb die umfassende Theaterbegabung: »So wurden Städte und Landschaften seinem immer planenden Geist zu Schauplätzen des Spiels, in dem der Mensch und sein Schicksal sich trunken spiegelt [...]. Max Reinhardt ist ein Götterliebling.« Wohl wahr.

DER RABBI UND DER KANTOR

ANDREAS NACHAMA über ESTRONGO NACHAMA
Es tönt von der Erde zum Himmel empor

Estrongo Nachama war mehr als 50 Jahre mit all seiner Kraft Vorbeter für und in seiner Gemeinde, der jüdischen Gemeinschaft in Berlin, war geduldiger Ehemann, liebevoller Vater und leidenschaftlicher Großvater. Es gab immer wieder Anlässe, die mich dazu brachten, Tagebuchnotizen über meinen Vater zu machen, die ältesten entstanden unter dem Titel *Der Alltag eines Kantors in Berlin* für eine Schulaufgabe im Jahr 1966, bei der man den Arbeitstag des Vaters beschreiben sollte.

>»Ein ganz gewöhnlicher Freitag im Dezember 1966:
>11.00–11.45 Uhr
>Beerdigung auf dem Friedhof Scholzplatz in Charlottenburg
>Autofahrt über den Checkpoint Charlie nach Ost-Berlin
>13.00–13.45 Uhr
>Beerdigung auf dem Friedhof Weißensee
>16.00–16.45 Uhr
>Gottesdienst im jüdischen Altersheim Iranische Straße in Wedding
>18.00–19.00 Uhr
>Gottesdienst in der Synagoge Pestalozzistraße in Charlottenburg
>Gleichzeitig von 18.05 bis 18.30 Uhr Sendung der Sabbat-Feier im RIAS Berlin als Studioaufnahme vom Band

20.00–20.45 Uhr
Gottesdienst in der Synagoge der US-Armee im Chaplain Center Hüttenweg in Zehlendorf
Wenn der dortige Rabbi anschließend nicht zu sich nach Hause einlud, wurde eine Familie in der Xantener Straße besucht, um nach getaner Arbeit noch im Kreis von Freunden ein Stück gefüllten Fisch zu essen.

Am nächsten Morgen gegen 8 Uhr Sendung der Sabbat-Feier im (Ost-)Berliner Rundfunk als Studioaufnahme vom Band.
10.00–12.00 Uhr
Gottesdienst in der Synagoge Pestalozzistraße
Anschließend Besuch bei einem Jubilar mit ›rundem‹ Geburtstag von 65 Jahren aufwärts.«

Was ich damals nicht genau ausführte – zu den Vorbereitungen für die wöchentliche Sabbat-Feier im Rundfunk traf er sich einmal im Monat mit dem Redakteur des Kirchenfunks.

Oft habe ich erlebt, wie mein Vater ein Konzert mit einem Chor vorbereitete. Da war zunächst das Zusammensuchen der Noten, denn der Konzertablauf sollte immer einer gedachten optimalen Linie entsprechen. Nach einem Solostück kam eines für den Chor, das von Tempo und Klangfarbe an das vorhergehende anschloss und natürlich auch einen inhaltlichen Bezug herstellte. Am Ende lagen alle Noten fein säuberlich aufeinandergestapelt. In früheren Jahren gingen sie dann zur Vervielfältigung zum Notenschreiber, später in den nächstgelegenen Copyshop. Manchmal mussten vorher noch Harry Foss, der unvergessene Orgelbegleiter, oder die Organistin Gloria Seipelt etwas modifizieren oder ergänzen. Schließlich kam der vorläufige Höhepunkt: das Zusammentreffen mit dem Chordirigenten oder der -dirigentin. Mit leuchtenden Augen sprach mein Vater jetzt vom Inhalt der Musik und dem Spannungsbogen, den die Stücke oder ihre Reihenfolge entstehen lassen sollten.

Die Proben fanden am besten in einem Sakralraum statt, der etwas überakustisch war und eine heilige Atmosphäre ausstrahlte. Da störte es auch nicht, wenn darin mit einem Taufbecken oder dem Kruzifix nichtjüdische Symbole vorhanden waren. »Nein, heute kann ich nichts zu Mittag essen, denn wir haben am Nachmittag Chorprobe, und mit vollem Magen kann man nicht singen.« So hieß es oft, obwohl mein Vater gern gegessen hat.

Offener Hemdkragen, die Noten in der Hand, schritt Estrongo Nachama bei der Probe zum Podest oder Pult, nickte Harry Foss oder Gloria Seipelt an der elektronischen Orgel huldvoll zu und erlaubte dem Dirigenten oder der Dirigentin, den Taktstock zu heben. Musste ein Einsatz oder auch eine Chorstelle mehr als zweimal geübt werden, legte er sich vornüber auf das Notenpult, schlug die Hände über den Kopf und flehte den Dirigenten an, die Choristen doch nicht so zu quälen, denn

ESTRONGO NACHAMA

Geboren 1918 in Thessaloniki, gestorben 2000 in BERLIN, war überzeugt, dass seine schöne Bariton-Stimme ihm das Leben im KZ Auschwitz gerettet habe, wo selbst das Wachpersonal ergriffen war und von ihm immer wieder *O sole mio* hören wollte. Nach der Befreiung kam er nach BERLIN und war von 1947 bis 2000 Kantor wie Oberkantor der Jüdischen Gemeinde. Schon 1947 übertrug der RIAS jeden Freitag die Sabbat-Feier mit ihm. Als griechischer Staatsbürger konnte er auch nach dem Mauerbau im Ostteil wirken, vor allem in der Synagoge in der Rykestraße in Prenzlauer Berg.

Singen bedeutete für ihn die größte Freude und Lust. Im weiteren Fortgang der Probe setzte er sich auf einen der Stühle, um den Chorstücken zuzuhören. Schließlich sprang er irgendwann auf, warf einen Handkuss hinüber und rief fröhlich aus: »Wunderbar! Einmalig! Es wird ein schönes Konzert!« Und dieses Versprechen wurde eingelöst!

Ganz anders war die Vorbereitung eines Gottesdienstes, zum Beispiel in der Charlottenburger Synagoge Pestalozzistraße am Freitag um 17 Uhr. Mein Vater saß etwa eine Stunde vor dem Beginn der Sabbat-Feier in einem Zimmerchen an einem mit Gebetbüchern, Noten, Zeitungsausschnitten und Fotos übersäten Schreibtisch. Die Tür stand weit offen. Alle kamen hier vorbei, und alle sprachen ihn auch an. So bereitete er über 50 Jahre seine Gottesdienste vor: Der Organistin wurde mit auf den Weg gegeben, dass »wir heute den Ges-Dur-Psalm« singen, dem Synagogendiener gesagt, dass heute Trauernde in den Gottesdienst eingeführt werden, zwischendurch stand er auf und intonierte einige Töne: »Gott sei Dank, die Stimme ist gut, obwohl es heute Vormittag bei der Beerdigung in Weißensee so windig und kalt war.«

So habe ich ihn, den alle um ihn herum Eto nannten, erlebt, solange ich denken kann: pflichtbewusst, pünktlich, immer perfekt vorbereitet, aber kein Preuße. Er war ein Grieche von Geburt, dem am 4. Mai 1918 in Saloniki eben nicht an der Wiege gesungen wurde, dass er einmal in Berlin zu einem Eckpfeiler beim Wiederaufbau des jüdischen Lebens in der zerbombten Stadt und für die durch die Schoa zerstörte jüdische Gemeinde werden würde.

Der Weg dorthin war der schrecklichste: Zu Pessach 1943 wurde er im Viehwaggon nach Auschwitz deportiert, fand sich bald im Außenlager Golleschau im Steinbruch wieder und überlebte dort, weil er als »Sänger von Auschwitz« die

Wachmannschaften unterhalten sollte, wurde schließlich von der Roten Armee bei Nauen auf einem der Todesmärsche aus Sachsenhausen befreit. Was ihm dort überall widerfahren war, hat er mir nie erzählt. Aber wenn die Umstände es so wollten, dann schilderte er seinen Enkeln, was er erlebt hatte. Gern erzählte er hingegen über seine ersten Jahre nach der Befreiung: wie er nach Berlin kam, wie er half, die Synagoge Pestalozzistraße aufzubauen.

Wenn es auf 18 Uhr zuging, wurde aus Eto der Oberkantor: Er gewandete sich in seinen schwarzen Talar, legte sein Beffchen an und bat einen der Umstehenden, oft mich, ihm von hinten unter dem Kragen die Schleife festzubinden und den Gebetsschal an einem Knopf am Rücken zu fixieren. Er ergriff seine Noten, das Gebetbuch und schritt Richtung Synagoge. Auf dem Weg dorthin begegneten ihm Gemeindemitglieder, die er persönlich ansprach: »Wie schön, Sie wieder hier zu sehen!« – »Du bist aber gewachsen, wann hast du Bar-Mizwa? Ich freue mich schon darauf!« Punkt 18 Uhr spielte die Orgel auf. Mit sonorem Bariton erfüllte Estrongo Nachama bis zum »Sabbat Bo« (Bo = Komm) die 800 Plätze große Synagoge in der Pestalozzistraße und erreichte die hinter ihm sitzenden Beter, ohne sich tatsächlich umzuwenden. Er füllte den Raum, nicht nur mit seiner Stimme, und er gab den Betern und Gästen seine Aufmerksamkeit, ohne die Gemeinde zu sehen. Halbe Drehungen verschafften ihm den Überblick, hier ein Zwinkern, dort ein Lächeln beim Singen.

Da kroch ein Kleinkind die sechs Stufen zur Kanzel herauf, unsicher schwankend, die Gemeinde hielt den Atem an, befürchtete, dass es Hals über Kopf die Treppe herabstürzen würde. Auf der Kanzel angekommen, zupfte es den Oberkantor am Talar. Eto öffnete die Schublade des Pultes und gab, betend, singend, sich herabbeugend, dem Kind einen Lutscher ... Dennoch: Die Sabbat-Feier war immer ernst gemeint, sehr konzentriert gesungen, nein gebetet: *Es tönt von der Erde zum Himmel empor!*

Nach dem Gottesdienst strömte die Gemeinde dem Ausgang zu. Aus dem Oberkantor Estrongo wurde wieder Eto, der in der Menge seiner Beterinnen und Beter badete. Vielleicht waren ja auch einige Anbeterinnen darunter. Noch der 80-Jährige gab hier ein Küsschen und dort einen jovialen Schlag auf die Schulter: »Wie geht es der Mama?« – »Was macht Ihre Tochter?« – »Ja, die habe ich vor Kurzem im Krankenhaus besucht.« Das war pastorale Basisarbeit, Teil des Gottesdienstes, der ein Konzert war und doch musikalische Zwiesprache mit Gott. Am nächsten Morgen setzte sich der Sabbat-Gottesdienst fort. Statt der 300 bis 400 Beterinnen und Beter kamen nun vielleicht 120. Estrongo Nachama, der Oberkantor, sang mit gleicher Intensität und las aus der hebräischen Bibel in jenem unverkennbaren Singsang, der an Gregorianik erinnert und doch ein ganz eigenes Tonsystem ist. Auf die Frage, warum er sich denn nicht schone, obwohl nur so wenige Menschen den Weg in die Synagoge gefunden hätten, antwortete er: »Für zehn Juden«, das Gebetsquorum für einen öffentlichen Gottesdienst, »habe ich die gleiche Verantwortung wie für 100 oder 1000.« Und

ANDREAS NACHAMA

Der Historiker, Publizist und Rabbiner wurde 1951 in BERLIN geboren. Der Sohn von Lilli und Estrongo Nachama war leitender Mitarbeiter bei den BERLINer Festspielen und steht seit 1987 der Stiftung Topographie des Terrors vor. Von 1997 bis 2001 war er Vorsitzender der Jüdischen Gemeinde zu BERLIN. 2005 wurde er zum Professor am *Lander Institute for Communication about the Holocaust and Tolerance* **am Touro College BERLIN ernannt.**

so war es bis zum 7. und 8. Januar 2000, als er kurz vor seinem Tod am 13. Januar zum letzten Mal auf der Kanzel stand – all die 20, 30, 50 Jahre lang.

Auf seinem Grabstein ist zu lesen:

> Seine Lust war Singen,
> sein Leben war Gebet!
> Sichrono liwracha,
> sein Andenken sei zum Segen!

FAST TOCHTER UND FAST MUTTER

MAREN KROYMANN über INGE MEYSEL
Vorhang auf oder Die apodiktische Frau

1. AKT: QUATSCH

»Quatsch«, schimpft die alte Marlene Dietrich oft in Maximilian Schells Film *Marlene* (1984), und wie sie dieses Wort ausspricht, gibt es nichts mehr zu diskutieren. In Loriots Film *Ödipussi* (1988) könnte es Katharina Brauren als der Mutter der männlichen Hauptfigur ebenso von den Lippen donnern. Man kriegt eine Ahnung davon, wenn man ihr »Pussi« hört, den von ihr so freudianisch verniedlichten Vornamen ihres Sohnes Paul. Den spricht sie so aus, als müsste selbst hierbei jeder Widerspruch von vornherein ausgeschaltet werden. »Quatsch« war auch eines der Worte, die meine Mutter gern gebrauchte, und vom Gestus, vom Elan, von der Unmissverständlichkeit her klang es nicht viel anders als bei diesen Damen. Ich kann mir gut vorstellen, dass außerdem Inge Meysel gern des Öfteren »Quatsch« gedacht und vernehmlich gesagt hat.

Marlene wurde 1901 geboren, die anderen drei Zeitgenossinnen 1910. Mit ihnen als Stellvertreterinnen für eine bestimmte Art von Berliner Frauen der Jahrgänge um 1900 bis 1920 wurden die weiblichen Rollenmuster gravierend verändert. Sie waren keine Feministinnen, aber sie wollten sich weder klein machen noch klein machen lassen. Zu dieser selbstbestimmten Praxis haben die Töchter um 1968 herum – »Unter den Talaren / der Muff aus tausend Jahren« – die berühmte Tomate geworfen und dann die entsprechenden Theorien entwickelt. Ihnen fühlte ich mich verbunden, und ich bin meiner Mutter, die 1996 starb, bis heute dankbar dafür, dass sie mir nicht die übliche Mädchenerziehung angedeihen ließ. Ich musste nicht kochen lernen, sondern sollte, wie meine vier Brüder auch, eine umfassende Bildung bekommen. Die Nähmaschine, die zu kaufen sie mir riet, war nicht für kecke Kleidchen gedacht, sondern eher für praktische Dinge, um mal einen Rock umnähen oder eine Hose flicken zu können. Ich habe mir dann aber nie ein solches Gerät gekauft. Das Geld, das meine Mutter extra dafür gespart hatte, bekam ich irgendwann trotzdem. Als ich ihr wiederum *Der kleine Unterschied und seine großen Folgen* von Alice Schwarzer schenkte und dachte, dieses Buch würde ihre vorbehaltlose Sympathie finden, musste ich feststellen, dass ich mich geirrt hatte. Meine Mutter konnte damit nicht viel anfangen. Die zweite Frauenbewegung hatte eben ein eher studentisches Konzept aus dem linken Spektrum, und meine Mutter sah sich darin nicht unbedingt aufgehoben. Sie praktizierte einen unideologischen Anspruch auf Menschenrechte für Frauen.

Vielleicht liegt es am Tonfall, an der norddeutschen Klarheit und Präzision, und an diesem Flair einer selbstständigen, selbstbewussten Frau, dass es mir nicht schwerfällt, an meine Mutter zu denken und bei Inge Meysel zu landen, oder umgekehrt. Beide kamen aus Berlin, beide liebten Berlin, und an beiden blieb immer ein Hauch von kesser Berlinerin hängen, selbst nach vielen Jahren in Tübingen tief in Süddeutschland, wie bei meiner Mutter, oder eben vielen Jahren mit dem Lebensmittelpunkt in einem Dörfchen nahe Hamburg, wie bei Inge Meysel. Sie allerdings hatte bis 1999 eine Wohnung in Berlin-Schöneberg und auch freundschaftliche Verbindungen in ihre alte Heimat.

»Jut«, würde ich sagen, wenn ich mich erinnere, wie ich als Kind bei einer so starken, berlinischen Mutter wie meiner aufwuchs. Ich erinnere mich, dass ich ihr einmal zum Muttertag, wie man das damals so machte, eine Zeichnung schenkte. Außer uns fünf Kindern, den Eltern und meiner Großmutter lebte in unserer Wohnung häufig noch ein ausländischer Schüler oder Student. Meine Mutter hatte dadurch sehr viel mit dem Haushalt zu tun und wenig Zeit für Hätscheleien. Ich habe ihr also meine Zeichnung gebracht, als sie gerade die Wäsche aufhängte. Sie drehte sich ein wenig um und sagte über die Schulter zu mir: »Is ja schön, mein Kind, aber wat soll ick denn damit?« Wahrscheinlich fand ich das damals ziemlich hart, aber heute erscheint mir diese nüchterne Unverblümtheit auch gegenüber einem Kind ziemlich cool und angenehm unpädagogisch.

MAREN KROYMANN

Die 1949 geborene Schauspielerin, Sängerin und Kabarettistin wuchs in einem Professorenhaushalt in Tübingen auf. In ihrem Soloabend *Auf du und du mit dem Stöckelschuh* **versöhnte sie 1982 den Schlager mit dem Feminismus. 1993 brachte ihre** *Nachtschwester Kroymann* **frauenbewegten Humor in die ARD. Sie lebt seit 1971 in BERLIN und erhielt 2000 den BERLINer Frauenpreis für ihre Bemühungen um die Emanzipation der Geschlechter.**

Nicht anders artikulierte sich Inge Meysel. Es ist bekannt, dass die Deutschen nach dem Ende des Zweiten Weltkriegs und der langen Nazi-Zeit die Nase voll hatten von dem sentimentalen, pathetischen Redestil, der Bühne und Film geprägt hatte. Dagegen fiel sie mit ihrem nüchtern-bodenständigen Ton nach 1945 natürlich positiv auf. An ihm erkannte man sofort das Berlinische, das *per se* unsentimental, tendenziell trocken und ironisch ist. Er zeigte Inge Meysel, selbst als sie zur Wahl-Hamburgerin geworden war, als Berlinerin, obwohl sie gar nicht berlinerte. Man kann bei einer Sprechweise nicht nur den Dialekt, sondern auch die Intonation und die Wortwahl analysieren und die gesamte Art, die Welt zu betrachten. All das zusammen ergibt den Gestus einer Person – und der war bei Inge Meysel berlinisch.

2. AKT: DIE APODIKTISCHEN

Die Lehrerinnen der in den ersten Jahren des 20. Jahrhunderts geborenen Mädchen brachten die Lawine ins Rollen. Für sie stellte die Emanzipation eine neue Errungenschaft dar. Sie waren zwar wilhelminisch und eindeutig durch die patriarchal orientierte Gesellschaft geprägt, aber sie witterten die Morgenluft der Freiheit. Lehrerinnen durften damals nicht verheiratet sein, um – wie Nonnen – ihre Kraft auf ein einziges Ziel zu fokussieren: die einen auf Gott, die anderen auf die Ausbildung ihrer Schüler. Ab 1919 wurde dieser »Lehrerinnenzölibat« zwar aufgehoben, 1923 jedoch wieder eingeführt, um die Posten verheirateter Lehrerinnen für ihre männlichen Kollegen freizuräumen. So standen diese »Fräuleins« einerseits für den klassischen Blaustrumpf und das Unerotische, weil ohne Mann, andererseits jedoch auch für die Tatsache, dass Frauen intellektuell sein, auf eigenen Beinen stehen und sich selbst versorgen können. Sie hebelten damit das Vorurteil aus, dass Frauen in erster Linie doof sind und lediglich zum Kochen und Kinderkriegen da. Sie waren die erste Generation, die als Vorbild dafür dienen konnte, dass Frauen selbst denken und eine eigene Haltung zum Leben und zur Welt entwickeln können. Ihren Schülerinnen brachten sie das Apodiktische als Ausdruck von Stärke und

Selbstbewusstsein bei und sorgten dafür, dass zahlreiche Mädchen nach der mittleren Reife nicht von der Schule abgingen, sondern ihr Abitur machen konnten. Meine Mutter, eine »promovierte Hausfrau«, hatte den Doktortitel in Romanistik erworben und nach ihrer Heirat 1937 und der baldigen Geburt ihres ersten Kindes zwar viele unterschiedliche Tätigkeiten ausgeübt, aber nie eine feste, bezahlte Stelle innegehabt. Sie hat niemals vergessen, dass sie ihren ganzen akademischen Werdegang und ihr Zurechtfinden im Leben überhaupt diesen Lehrerinnen verdankte. Dabei war meine Mutter keine Feministin, sondern hatte einfach Unterricht bei emanzipierten Lehrerinnen genossen. So wurde es für sie selbstverständlich wie die Luft zum Atmen, dass sie eine Ausbildung machen durfte und dass dasjenige zählte, was man selbst im Kopf hatte – als Selbstverständlichkeit gab sie das dann im restaurativen Nachkriegsdeutschland an mich, ihre Tochter, weiter.

Bei Inge Meysel war das ganz bestimmt nicht anders. Auch an ihr kann man dieses Apodiktische feststellen, das in selbstverständlicher Weise keinen Widerspruch duldet, ungefähr so: »Es ist ganz klar, dass das, was ich sage, richtig ist.« Bei aller Entschiedenheit würde ich das nicht als dampfwalzenartig bezeichnen, das fände ich in diesem Zusammenhang zu uncharmant und zu eindimensional. Und es gibt schließlich Gefährte, die mehr Fähigkeiten haben als die, jemanden zu überrollen. Überrollen heißt ja, den anderen absichtsvoll und ganz und gar niederzumachen, während das Apodiktische einfach heißt, sich hinzustellen, sich zu äußern und dem jeweiligen Gegenüber – mit Autorität, ohne autoritär zu sein – die Möglichkeit einzuräumen, damit zu tun, was immer sie oder er will: eventuell auch mit einer Gegenapodiktik zu opponieren.

Mit dieser Entschlossenheit, Geradlinigkeit und Wahrhaftigkeit wurde Inge Meysel in ihren Rollen zur Mutter respektive der Großmutter der Nation (Etiketten, gegen die sie sich immer gewehrt hatte). Im neuen Fach der Fernsehserien prägte sie das Musterbild der Serienmutter als selbstbewusste, integre, beherzte, im Grunde emanzipierte Frau – mit Eigenschaften also, in der sich die Kriegsgeneration wiederfand. Solche Frauen, die ihre Angelegenheiten in die Hand nahmen und selbst regeln konnten, die ihre Kinder ohne Männer durchgebracht und großgezogen hatten, kannte dieses Land – und schätzte sie. Da sie meist schon etwas älter waren – wie Inge Meysel ganz prototypisch in der ARD-Serie *Die Unverbesserlichen* ab 1965 –, mussten sie nicht mehr sexy sein und waren nicht mehr für die erotischen Projektionen der Männerwelt zuständig. Dass Inge Meysel in ihren Rollen nie eine potenzielle Konkurrentin für die Zuschauerinnen war, nie »die mit den tollen Titten« oder »die mit der scharfen Figur«, hat sie bei vielen Frauen ungemein beliebt gemacht. Man konnte sie wie eine Mutti liebhaben. Lange Jahre war sie denn auch die beliebteste Schauspielerin in Deutschland.

Von Inge Meysel, die sich stets als »Vatertochter« bezeichnete, ist bekannt, dass ihr Vater sehr stolz auf sie war und ihr, nicht weniger als ihrem fünf Jahre jüngeren Bruder Harry, ausgesprochen viel Selbstbewusstsein vermittelt hat. Aber sie muss auch einiges von ihrer Mutter mitgekriegt haben, denn in einem Interview mit der Zeitschrift *Emma* sagte sie 1987 etwa: »Meine Mutter war ein General.« Alice Schwarzer, die damals mit ihr sprach, schrieb: »Sie [also Inge Meysel – M. K.] ist auch einer.«

Zu diesen berlinisch-preußisch Apodiktischen würde ich natürlich auch die SPD-Ministerin Regine Hildebrandt zählen: Kriegsgeneration, sehr zupackend, handfest, unsentimental, doch beherzt und ohne Scheu davor, zu nerven, wenn es darum ging, etwas durchzusetzen, was sie für wichtig hielt. Regine Hildebrandt war für mich die Inge Meysel der Politik.

3. AKT: HALTUNG, NATÜRLICH

Inge Meysel war sehr klein, die Quellen sprechen von 1,54 Meter Körpergröße, aber dessen ungeachtet war sie eine Frau mit einer unglaublichen Ausstrahlung und mit dem Mut, sich zu positionieren und ihre Meinung öffentlich zu sagen. Schon 1925 hat sie in Berlin bei den linksliberalen Jungdemokraten im Hintersaal eines Cafés am Reichskanzlerplatz ihre »Antrittsrede« gehalten – gegen die Todesstrafe. Als Tochter eines jüdischen Vaters galt sie im Jargon der Nazis als »Halbjüdin« und durfte von 1933 bis 1945 nicht auftreten. Nach dem Ende des Zweiten Weltkriegs war sie schon 35 Jahre alt, hatte aber – politisch unbelastet, gut ausgebildet und hoch begabt – endlich ihre große Chance. Das hat sie natürlich gemerkt. Jetzt ging's los! Ihre Überzeugungskraft vor der Kamera und auf der Bühne rührte sicher auch daher, dass sie mit sich im Reinen war, weil sie den aufrechten Gang nie verleugnet hatte. Sie hatte sich nie verbogen, sie hatte sich nichts vorzuwerfen und konnte daraus gewiss eine Art von moralischer Überlegenheit beziehen. Sie hat gespürt, dass sie mit ihrer Meinungsfreudigkeit, Offenheit, Unangepasstheit gut rüberkam. Es war, wie man heute sagen würde, ihr Alleinstellungsmerkmal: kesse Schnauze und Herz auf dem rechten Fleck! Zornig oder selbstmitleidig zurückgeblickt hat sie auf die »gestohlenen Jahre« wohl nie und in Interviews gern ein kühles »Auf das Gewesene gibt der Jude nix!« eingestreut.

Verantwortlich für ihre Furchtlosigkeit im Umgang mit der öffentlichen Meinung war sicher auch das intellektuell couragierte Klima, in dem sie aufgewachsen war und das pointierte, apodiktisch schreibende Autoren wie Kurt Tucholsky, Erich Kästner, Alfred Kerr, Karl Kraus geprägt hatten. Diese Autoren als geistige Stimulanzien mögen ihre Meinungsfreude herausgekitzelt und ihren Willen zu eigenen, prononcierten Ansichten bestärkt haben. Inge Meysel war irgendwann ein gern gesehener Stammgast in allen Talkshows, weil sie so polarisierend wie schlagfertig zu argumentieren verstand und sich damit quasi zur Krawallschachtel entwickelt hatte. Ihre Haltung einer resoluten Urteilsfreudigkeit ist heute auch bei einem Berliner Politiker wie Heinz Buschkowsky zu finden oder war es bei dem Literaturkritiker Marcel Reich-Ranicki, der auf diese Weise im *Literarischen Quartett* für klare Worte sorgte.

Eine »Verwertungsbegabung«, wie ich sie bei vielen Menschen feststelle, die in der Öffentlichkeit stehen, konnte ich bei Inge Meysel freilich nie entdecken. Sie hatte eine Haltung, und die hat sie ohne jede Marketingstrategie, ohne Opportunismus und durchaus undiplomatisch geäußert. Sie hat sich nicht nach dem gerichtet, was Konsens war, und nicht nach dem, was sich vielleicht verkaufen ließ, sondern lediglich nach ihrem

INGE MEYSEL

Die »Mutter der Nation« hatte zwar keine Kinder, aber viel Humor und legte ihre Rollen auf der Bühne wie im Fernsehen so an, dass sie damit zur Volksschauspielerin geadelt wurde. Inge Meysel kam 1910 in Rixdorf, dem späteren BERLIN-Neukölln, zur Welt, hatte als Tochter eines jüdischen Vaters in der NS-Zeit Auftrittsverbot, dann startete sie mit Herz, Schnauze und gern auch Kittelschürze durch. Sie lebte in Bullenhausen nahe Hamburg, wo sie 2004 starb, hatte aber lange Jahre eine Wohnung in BERLIN.

eigenen Kopf – ob die Leute dies mochten oder nicht. »Widersprecht! Geht raus! Lebt!«, soll ihr Motto gewesen sein. Man kann es sich bestens vorstellen.

Ich hatte sie 1994 in meine Sendung *Nachtschwester Kroymann* bei Radio Bremen eingeladen, weil ich einen Sketch über Serienmütter machen wollte, die in einer Wohngemeinschaft zusammenwohnen – mit Witta Pohl, Inge Meysel und mir. Inge Meysel hat hin und her überlegt, schließlich doch nicht zugesagt, deshalb hatten wir einen O-Ton von ihr aus einem anderen Zusammenhang in die Sendung eingespielt. Mein Redakteur hatte Kontakt zu ihr, und ich weiß, dass sie mir und meiner Arbeit positiv gegenüberstand. Sie hatte mitgekriegt, dass ich mich kurz zuvor als lesbisch geoutet hatte, und ich glaube, das fand sie gut. Sie hatte schon 1987 in der *Emma* über ihre lesbischen Erfahrungen in der Jugend gesprochen: »Männer waren gestrichen, bis 21, dann ist es doch noch passiert. Aber da hatte ich schon längst eine Liebesbeziehung zu einer Frau. Mit einer Kollegin. *Tempi passati*. [...] Ich glaube, dass sehr viele Frauen zuerst aus Enttäuschung durch Männer zu Lesbierinnen werden – dann aber sehr oft merken, dass ihr Zärtlichkeitsbedürfnis durch eine Frau besser ausgefüllt wird.« Das wurde erst ein paar Jahre später flächendeckend wahrgenommen und sorgte natürlich wieder für erhebliche Aufmerksamkeit und Verwunderung – die Meysel lesbisch! Doch sie blieb dabei und vertrat auch noch später ihre Vergangenheit: »Wer nicht bisexuell ist, verpasst doch das Beste.« Sie hat 1978 zusammen mit Frauen wie Alice Schwarzer, Luise Rinser, Senta Berger, Erika Pluhar, Margarete Mitscherlich und Margarete von Trotta gegen die sexistischen Titelbilder des *Stern* protestiert, sie hat die SPD in Form von Willy Brandt und Helmut Schmidt unterstützt, sie hat das Thema Sterbehilfe in die deutschen Wohnzimmer getragen. Sie war eben mutig, sie stand zu ihrer Haltung, sie hat sich allerhand zugemutet. Solche Fernsehstars wie sie gibt es heute nicht mehr, niemand äußert sich mehr so klar, keiner hat dieses Sperrigkeitsformat wie Inge Meysel und diese Sperrigkeitswilligkeit.

Sie hatte nicht nur die Kraft, sich zu exponieren, sondern auch, es auszuhalten, wenn sie dabei aneckte, Probleme bekam, auf Ablehnung stieß. Da wird bestimmt der eine oder andere Alt-Nazi »diese jüdische Kuh« gedacht, gesagt, geschrieben haben! Sie hat nämlich wirklich polarisiert und zum Widerspruch herausgefordert, indem sie unbequeme Dinge aussprach und die Menschen zum eigenen Denken ermunterte. Das, finde ich, ist eine Ehrensache für eine Schauspielerin – und überhaupt für jeden, der in der Öffentlichkeit steht und gehört wird. Gut möglich, dass man damit ein paar Fans verliert, aber vielleicht kommen andere dazu. Insofern betrachte ich Inge Meysel als ein Vorbild an Zivilcourage. Sie wollte sich nicht verstecken. Das ging so weit bei ihr, dass sie als überzeugte Nudistin nackt über ihr Grundstück lief, auch wenn das die Nachbarn störte, oder dass sie manchmal die Unterwäsche wegließ oder dass sie sehr offenherzig in der Garderobe saß und die Beine hochlegte, wenn sie geschminkt und frisiert wurde. Ihr Wunsch, sich zu zeigen und als Mensch so kenntlich wie angreifbar zu machen, betraf ihr Denken, ihr Handeln, ihre körperliche Präsenz. In ihrem Bungalow bei Hamburg gab es trotz der vielen hohen Fenster keine Gardinen. Wenn sie in fremde Wohnungen kam, zog sie dort gern die Vorhänge auf, ob es den anderen gefiel oder nicht. Das erschien mir immer als die Handlung, die sie als Schauspielerin wie als Bürgerin am besten ausdrückte: VORHANG AUF!

»LINIE 1« UND »PÜNKTCHEN UND ANTON«

VOLKER LUDWIG über ERICH KÄSTNER
Mein Pate vom Nikolsburger Platz

Anfang 1948 packte meine Mutter ihre drei Söhne und floh über Nacht von Thüringen nach Hamburg. Mein Vater, Eckart Hachfeld, frisch aus britischer Kriegsgefangenschaft entlassen, kämpfte dort um eine neue Existenz als Kabarett-Texter. Ich war zehn Jahre alt, meine Brüder acht und fünf. Wir lebten zu fünft in einem Zimmer, zogen dreimal um, sprachen erfurterisch und fühlten uns unwillkommen, fremd. Ich wollte nur weg. Meine heimliche Sehnsucht war Berlin. Ich kannte es aus zahllosen Schnulzen der Blockade-Zeit und früheren Schlagern. Vor allem aber aus zwei Büchern von Erich Kästner: *Emil und die Detektive* und *Pünktchen und Anton*.

Ein gütiges Schicksal wollte es, dass mein Vater Anfang 1953 tatsächlich mit uns nach Berlin zog. Kabarett-Texter war damals wohl der einzige Beruf, der es sinnvoll erscheinen ließ, dorthin zu gehen. 1948 hatte er für das Hamburger Kabarett *Die Bonbonniere* Wolfgang Neuss als Schauspieler entdeckt und den »Mann mit der Pauke« erfunden. Hachfeld schrieb bis zu acht komplette Kabarett-Programme pro Jahr, fünf für die *Bonbonniere* und drei unter Pseudonym für die Konkurrenz, Peter Ahrweilers *Rendezvous*. Trotzdem konnte er damit seine Familie nicht ernähren.

Als die Kabarett-Elite Wolfgang Neuss, Ursula Herking, Thierry, Ruth Stephan, Ingeborg Wellmann, Ralf Wolter und

Co. nach Berlin zog, hielt es auch meinen Vater nicht länger in Hamburg. Bis 1956 schrieb er dann sämtliche Texte für Neuss. Höhepunkt waren seine Duo-Programme für Herking und Neuss im *Rauchfang*, dem heutigen Café Hardenberg.

Ursula Herking hatte ich schon als Kind bewundert. Sie war mit dem *Marschlied 1945* berühmt geworden, gesungen in der Münchener *Schaubude*. Immer wenn ich das Chanson im Radio oder auf Schallplatte hörte, kriegte ich eine Gänsehaut und einen Kloß im Hals. Der Refrain endete mit den Worten: »Links, zwei, drei, vier, / links, zwei, drei – / Denn wir haben ja den Kopf, denn wir haben ja den Kopf / noch fest auf dem Hals!« Der Autor, das wusste ich natürlich, war Erich Kästner. Den Ton, diese unvergleichliche Mischung aus Rotzigkeit und Gefühl, kannte ich aus seinen Büchern, und als Antons Mutter in *Pünktchen und Anton* stellte ich mir immer die Herking vor.

Der Tag des Umzugs nach Berlin war der glücklichste meines Lebens. Wann immer ich heute am Ende der Avus den Funkturm auftauchen sehe, muss ich daran denken. Als Begleiter unseres Hundes Struppi fuhr ich alleine über den alliierten Kontrollpunkt Dreilinden auf dem Möbelwagen mit, bestieg wie in einem Traum

VOLKER LUDWIG

Geboren 1937 als Eckart Hachfeld, weshalb sich der Sohn des gleichnamigen Schriftstellers Volker Ludwig nannte, nachdem auch er zu schreiben begonnen hatte. Er lebt seit 1953 in BERLIN, wo er 1965 das *Reichskabarett* und 1966 das *Theater für Kinder im Reichskabarett* mit gründete, das 1972 in *Grips Theater* umbenannt wurde. Als dessen Hausautor *(Linie 1)* und bis 2011 Künstlerischer Leiter machte er es zum wohl bekanntesten und erfolgreichsten Kindertheater der Welt.

die S-Bahn in Westkreuz, stieg im legendär besungenen Schöneberg um und in Lichterfelde-West aus. Wir kannten keinen und fühlten uns wie im Paradies. Wir waren für immer zuhause angekommen: Berlin – für mich ein einziges *Déjà-vu*. Selig fuhr ich wie Emil mit der Straßenbahn '77/'78 die Kaiserallee – sie hieß natürlich schon Bundesallee – rauf und runter, von Lichterfelde bis zum Zoo.

Meine ersten Gedichte hatten zumindest *eine* Qualität: Sie waren perfekte Kästner-Imitate. Viele Verse kannte ich auswendig, von der *Sachlichen Romanze* (»Als sie einander acht Jahre kannten«) bis zum hellsichtigen *Die andere Möglichkeit* (»Wenn wir den Krieg gewonnen hätten – / zum Glück gewannen wir ihn nicht!«). Aus *Besagter Lenz ist da* (»Es ist schon so. Der Frühling kommt in Gang.«) wurde dann mein Abgesang eines tödlich gelangweilten Steglitzer Gymnasiasten – Schluss-Strophe:

> Beim Skat gewann ich früher manchen Grand
> In Deutsch mit Rip und Klaus, dem alten Miefer.
> Die sind jetzt beide eine Klasse tiefer.
> Es ist schon so. Die Schule ist sehr lang.

1965 gründete ich mit Freunden das *Reichskabarett Berlin*. Anfangs lud ich auch meinen Vater, Thierry, Wolfgang Neuss oder Rudolf Lorenzen und Annemarie Weber zum Mitschreiben ein. Auf Erich Kästner kam ich nicht. Er war ja nach dem Krieg in München hängen geblieben; für mich eine ausreichende Erklärung für das Nachlassen seiner Schaffenskraft. Drei Jahre später, als das *Reichskabarett* zum satirischen Sprachrohr der Studentenbewegung mutiert war und mit dem Programm *Der Guerilla lässt grüßen* Furore machte, war Erich Kästner eines Abends unangemeldet unter den Zuschauern. Ich hatte ihn noch nie gesehen, aber danach das Gefühl, ihn gut zu kennen und mich irgendwie nicht genug um ihn gekümmert zu haben. Wir bezeugten uns gegenseitig unsere Hochachtung, er schrieb Lobendes in ein ihm peinlicherweise von unserem Geschäftsführer hingehaltenes Gästebuch. Was hätte ich ihm denn sagen sollen, das er nicht schon hundertmal gehört hätte …

Es schien ihm nicht sonderlich gut zu gehen.

Überhaupt München. Nie im Leben fühlte ich mich so unwohl wie während meiner drei Münchener Uni-Semester. Dass die Film-Fassungen von *Pünktchen und Anton* in München spielten, war für mich der Gipfel der Geschmacklosigkeit. Und nach dem Mauerbau verdrückte sich auch noch mein Vater, inzwischen viel beschäftigter Drehbuch-Autor und Udo-Jürgens-Texter *(Aber bitte mit Sahne)*, nach München, zusammen mit unserer Mutter, die ihm dies sehr verübelte. Zu Recht. Andernfalls hätte ich mir auch überlegen können, diesen Artikel über ihn statt über Kästner zu schreiben. Gelohnt hätte es sich. Aber er kehrte erst mit 80 Jahren nach Berlin zurück.

Kästner und ich haben beide mit 30 Jahren angefangen, für Kinder zu schreiben – für Moralisten und Aufklärer ein

---

ERICH KÄSTNER

Geboren 1899 in Dresden, gestorben 1974 in München, von 1927 bis 1945 und von 1966 bis 1969 freier Schriftsteller und Journalist in BERLIN. So satirisch, witzig und geistreich seine Romane, Gedichte, Feuilletons und Glossen für erwachsene Leser – etwa der *Weltbühne* – waren, so klug, offen und undogmatisch auch seine Kinderbücher. 1957 erhielt er den Georg-Büchner-Preis. Wie reimte er doch so schön: »Wird's besser? Wird's schlimmer? fragt man alljährlich. / Seien wir ehrlich: / Leben ist immer lebensgefährlich!«

überaus logischer Entschluss, für Satiriker, die von der Ironie leben, allerdings nicht ganz einfach. Bei Kindern funktioniert Ironie nämlich nicht. Die muss man dann woanders ablassen, will man nicht zum Zyniker werden ...

In einer Zeit, als es für Kinder im westdeutschen Theater nichts als Weihnachtsmärchen gab, setzte das *Reichskabarett* mit seinem *Theater für Kinder*, dem heutigen *Grips Theater*, gegen jede Tradition Geschichten aus ihrem Alltagsleben und über ihre Probleme mit den Erwachsenen auf den Spielplan. Diese Stücke wurden bald Welterfolge, fast wie Kästners Kinderbücher, hatten aber anfangs gegen heftige Widerstände und Vorurteile zu kämpfen, gegen die wir uns rechtfertigen zu müssen glaubten. Und siehe da, Erich Kästner ging es ganz genauso. Seine Verteidigung der Alltags-Realität gegen den Heile-Welt-Kitsch steht gleich im Vorwort seines ersten Kinder-Romans *Emil und die Detektive* (1929), und ich habe sie mir mit Wonne zu eigen gemacht, als ich mit dem *Theater für Kinder im Reichskabarett* begann. Es ist der »prima Rat« des Oberkellners Nietenführ, den er Kästner beim Grübeln über sein erstes Kinderbuch erteilt. Ich zitiere:

> »›Das Beste wird sein, Sie schreiben über Sachen, die Sie kennen. Also, von der Untergrundbahn und Hotels und solchem Zeug. Und von Kindern, wie sie Ihnen täglich an der Nase vorbeilaufen und wie wir früher einmal selber welche waren.‹
> ›Aber mir hat doch wer, der einen großen Umhängebart trug und die Kinder wie seine Westentasche kannte, ausdrücklich erklärt, das gefiele ihnen nicht!‹
> ›Quatsch!‹, brummt Herr Nietenführ, ›verlassen Sie sich auf das, was ich Ihnen sage. Schließlich habe ich ja auch Kinder. [...] Und wenn ich denen, an meinem freien Tag in

der Woche, erzähle, was so hier im Lokal passiert. [...] Dann lauschen meine Kinder, kann ich Ihnen flüstern, als ob's im Keller donnert.‹

›Na, wenn Sie meinen, Herr Nietenführ?‹, sagte ich zögernd.

›Bestimmt! Darauf können Sie Gift nehmen, Herr Kästner‹, ruft er und verschwindet.

[...] Und so habe ich, eigentlich nur, weil der Oberkellner Nietenführ es so wollte, eine Geschichte über Dinge geschrieben, die wir, ihr und ich, längst kennen.«

Soweit Erich Kästner. Herr Nietenführ hatte natürlich recht. Ohne ihn gäbe es keinen Emil und kein Pünktchen, aber auch kein *Max und Milli* und keine *Linie 1*.

Seit 1966 sehe ich von meinem Balkon direkt auf den Nikolsburger Platz, das Hauptquartier der Detektive. Mein erster Sohn Nicolas ging in den Kindergarten Prager Straße, der genau an der Stelle steht, wo Erich Kästner gewohnt und seinen *Emil* und sein *Pünktchen* geschrieben hat. Und wenn man auch in dem alten *Emil*-Film nur noch ein, zwei Häuser der Trautenaustraße wiedererkennt, weil die Bomben, viel schlimmer aber noch die Nachkriegs-Architekten, gerade zwischen Kästners Wohnhaus und Café Josty, heute eine Tankstelle, besonders gewütet haben, sehe und höre ich die Kinderbande immer noch um die Ecke wetzen, und die x-mal verbaute Motzstraße läuft für mich immer noch schnurgerade vom Prager auf den Nollendorfplatz zu.

Ende 2011 konnte ich mir einen uralten Wunsch erfüllen: Aus *Pünktchen und Anton*, meinem liebsten, weil bei Weitem frechsten Kästner-Kinderbuch, wurde das aktuelle Musik-Theaterstück *Pünktchen trifft Anton*. Es läuft mit großem Erfolg im Grips Theater. Die Erlaubnis, die Geschichte um 80 Jahre zu verjüngen, erteilten mir die Kästner-Erben mit der

Begründung, ich sei »der legitime Nachfolger Erich Kästners«. Darauf bin ich natürlich stolz wie ein Pfau.

Jetzt leben Anton und seine Mutter als illegale Flüchtlinge in Berlin. Ich bin sicher, Erich Kästner würde das gefallen. Und auch er hätte Pünktchens Vater heute mit Immobilien statt mit Spazierstöcken handeln und Anton Flaschen sammeln statt Schnürsenkel verkaufen lassen. Das weiß ich einfach.

DIE FÖRDERIN UND DIE TÄNZERIN

HORTENSIA VÖLCKERS über DORE HOYER
Affectos Humanos

Was ein »Lebensthema« ist, was dem eigenen Leben Richtung und Enthusiasmus gibt, das ist vielleicht nicht das, worin man nie geschwankt hat, sondern ein Motiv, eine Melodie, eine Tätigkeit, zu der man immer wieder, durch alle Windungen, Zufälle, Irrwege hindurch zurückkehrt. Bei mir ist das sicherlich der Tanz – als Praxis, als Gegenstand der Theorie, als Teil meiner Arbeit bis heute.

Immer wieder zurückkehren, das impliziert: Es hat einen Anfang gegeben. Es gibt Anfänge, die sind wie Startschüsse, und solche, die einen starken Eindruck machen, aber deren richtunggebende Kraft sich erst im weiteren Verlauf zeigt, die lange verborgen bleiben, so verborgen, dass man nur rekonstruieren kann, wie sie gewirkt haben und ob überhaupt – mit allen Fallen, die Rekonstruktionen innewohnen.

An einen solchen Anfang erinnerte ich mich, als im Herbst 2006 auf dem vierten deutschen Tanzkongress in Berlin die Tänzer Susanne Linke und Martin Nachbar mit Waltraud Luley, der ehemaligen Assistentin und Nachlassverwalterin von Dore Hoyer, über die Rekonstruktion von deren Choreografie *Affectos Humanos* diskutierten. Dieser Tanzkongress, ein Projekt der Kulturstiftung des Bundes, war der Versuch, an die ersten drei Tänzerkongresse anzuknüpfen, die in den 1920er-Jahren in Deutschland stattgefunden hatten. Sie waren von Autonomieerklärungen, von Aufbruchspathos und dem Erneuerungswillen der Tanzpioniere getragen: Getanzte Ordnung gegen eine chaotische Welt, Rückbesinnung auf elementare Formen, Emanzipation des Leibes – so lauteten die flammenden Parolen jener Kongresse in der Weimarer Zeit, die den Tanz in die Mitte der Gesellschaft stellen wollten. Eine Brücke von den seinerzeitigen Positionen zu den vielfältigen Tanzszenen der Gegenwart zu schlagen, zum neuen, teilweise von pädagogischen Interessen inspirierten, von Gehirnwissenschaft und Physiologie geadelten wie mitunter auch in Dienst gestellten Interesse an Tanz und Bewegung und zur Frage nach dem Schicksal unserer Körper – dieses Projekt war mir, wie es so schön heißt, lange Jahre ein Herzensanliegen.

Inzwischen hat die Kulturstiftung des Bundes drei Tanzkongresse veranstaltet. Und das hat, so will es mir doch vorkommen, in einer verborgenen Weise mit einem Winterabend in meiner Heimatstadt Buenos Aires zu tun. Es muss Anfang der 1960er-Jahre gewesen sein, als eine Freundin meiner Eltern mich ins gerade neu eröffnete Teatro San Martín mitnahm. Zum ersten Mal besuchte ich ein Theater, und vielleicht war es ja auch eher der türkisfarbene amerikanische Wagen der Dame, der die Lust meiner fünf Jahre reizte, als das, was ich dann sah und was sich als Bild bis heute erhalten hat: eine sehr schlanke schwarze Gestalt mit kohlschwarzen Augen, unglaublich langen Gliedern und schwarzer Kappe, die – ja was? – Bewegungen vollführte. Eine ungewohnte, bizarre Erscheinung, von der ich kein Auge lassen konnte. So etwas wie Dore Hoyer, denn um die handelte es sich da, hatte ich noch nicht gesehen, und mit dem, was ich mir unter »Tanz« vorstellte, hatte ihre Performance nichts zu tun. Eher mit einer ungeheuren Kraft, die mich überrollte und anzog. Erschreckte sie mich, riss sie mich mit, weckte sie in mir eine neue Lust, Panik, Bewunderung? Ich weiß es nicht mehr. In der Erinnerung, so wissen wir, überdecken die Bilder die Emotionen. Und in meiner Erinnerung gibt es das Bild dieser »Bewegungen«, die etwas suchten, nach etwas griffen, auf etwas zeigten – doch was das war, das sagt das Bild nicht.

Aber wie dem auch sei: Kurz darauf bettelte ich meine Eltern um Tanzunterricht an. Der fand dann, wie der Tanzunterricht in den bürgerlichen Vorstädten damals eben organisiert war, unter der Anleitung einer energischen, typischerweise russischen Tanzmeisterin statt. Stur, streng und ständig wurden nichts als Schritte gepaukt. Das war langwierig, langweilig und hatte mit dem, was ich da gesehen hatte, wenig zu tun. Schmerzhaft war es auch noch, wenn die Lehrerin mit ihrem Stöckchen die jeweiligen Positionen korrigierte oder mit der ganzen Gewalt ihres Körpers meine Knie auseinanderdrückte. Am Rande saßen die Mütter und schauten zu. Ich tanzte oft aus der Reihe, widersetzte mich dem Rhythmus, aber das war kein heroischer Akt, sondern meine Notbremse. Denn ich wollte mich bewegen, wild bewegen, so kraftvoll

HORTENSIA VÖLCKERS

Geboren 1957 in Buenos Aires, Studium der Kunstgeschichte und Politologie in München. Kuratorin bei der Tanzbiennale in München, Referentin für Bildende Kunst im Siemens-Kulturprogramm, 1995 bis 1997 persönliche Referentin der Künstlerischen Leiterin Catherine David und Mitglied der Leitung bei der *documenta X* in Kassel. Von 1997 bis 2001 Direktorin der Wiener Festwochen. Seit März 2002 ist sie Vorstand und Künstlerische Direktorin der Kulturstiftung des Bundes in Halle an der Saale und BERLIN, wo sie seit Jahren lebt.

wie die schwarze Frau, die mich von der Bühne her so fasziniert hatte. Mein Ausweg: Ich wurde Sportlerin, Schwimmerin, verpasste die Olympischen Spiele nur knapp und ging 1975 zum Studium – die Jahre der Diktatur hatten begonnen – nach Deutschland.

An der Ludwig-Maximilians-Universität München studierte ich Politik und Kunstgeschichte, aber wichtiger wurde schon bald wieder der Tanz. Ich nahm Unterricht bei einer Schülerin von Dore Hoyer, einer argentinischen Tänzerin aus La Plata, wo Hoyer zwei Jahre gearbeitet hatte. Gewählt hatte ich sie nicht – jedenfalls nicht, dass es mir bewusst gewesen wäre. Aber ob es einfach nur Zufall war? Das bleibt, für mich, im Dunkeln.

Dore Hoyer wird 1911 in Dresden geboren. Sie muss von Anbeginn um die Kunst und um das Geld kämpfen. Als Tochter eines Maurers ist der Weg zum Tanzen keine Selbstverständlichkeit. Sie absolviert eine Ausbildung in Rhythmischer Gymnastik und nimmt dann Unterricht in Gret Paluccas Schule in Dresden, wird inspiriert durch die großen Meister, die in der damaligen Hauptstadt des modernen Tanzes wirkten, wie Mary Wigman, Gret Palucca und Harald Kreutzberg. Nach der Ausbildung arbeitet sie als Ballettmeisterin und Choreografin in Oldenburg, Plauen, Berlin. Aber sie will ihre eigenen Stücke tanzen, kehrt nach Dresden zurück und zeigt ab 1933 erste Solo-Programme im Hygiene-Museum. Unter den Nationalsozialisten wird es bald schwierig, ihre Kunst zu verwirklichen. Volkstanz ist gefragt, für den freien Tanz gibt es kein Publikum mehr. Dore Hoyer tritt der Reichstheaterkammer bei, versucht, nicht aufzufallen, lebt mit dem Existenzminimum. Dann kommt der Krieg. Sie begrüßt 1945 die Befreiung durch die Rote Armee, freut sich auf einen Neuanfang in Dresden, gründet ein eigenes Atelier, hat viele

Schülerinnen, mit denen sie zum Beispiel die *Tänze für Käthe Kollwitz* erarbeitet. Dore Hoyer gerät aber bald erneut in Konflikt mit den Autoritäten. Ihre Kunst ist wieder nicht gefragt – diesmal entspricht sie nicht den ästhetischen Vorstellungen der DDR-Kulturpäpste, die ihr Formalismus und »abstraktes Bewegungsvokabular« vorwerfen, im Klartext: bürgerliche Dekadenz. 1948 verlässt sie die DDR und nimmt ein Engagement an der Hamburgischen Staatsoper an, aber glücklich wird sie dort nicht. Ihr Tanz gilt als zu tiefsinnig, wird als problematisierend empfunden. Ballett ist angesagt! 1952 fährt Dore Hoyer durch die Vermittlung von Tatjana Gsovsky nach Argentinien. Im Teatro Colón in Buenos Aires tanzt sie vor 2.500 begeisterten Zuschauern. Sie reist durch Südamerika, wo sie überall euphorisch empfangen wird. In einem Brief schreibt sie 1958: »Die Presse überschlägt sich vor Bewunderung. Ich bin Tagesgespräch. Wäre es doch auch so in Deutschland.«

Die Rückkehr fällt schwer, der Erfolg bleibt aus. So wird sie in den nächsten zehn Jahren immer wieder nach Argentinien fahren und dort auftreten. Sie versucht, in La Plata eine *Company* aufzubauen. Die unzuverlässige Bürokratie macht ihr zu schaffen. Es gelingt ihr nicht, auf Dauer eine Gruppe zu unterhalten, aber in den wenigen Jahren, die sie hier arbeitet, prägt sie eine ganze Generation von Tänzern.

Und eine dieser Tänzerinnen war es, die meine Lehrerin in München wurde. Später machte ich mit ihr zusammen ein Tanzstudio auf, aber zu einer Tänzerinnenkarriere führten diese Jahre nicht – wenn man von Auftritten in deutschen Kabarett- und Provinztheatern absieht, in denen ich, als Mann verkleidet und von einem Bandoneon-Trio begleitet, mit einer Partnerin den Deutschen vortanzte, was Tango ist:

zu meiner Freude und wenn schon nicht zur Finanzierung meines Studiums, so doch der »Extras«.

Auch wenn ich nicht Tänzerin wurde, der Tanz ließ mich nicht los. Ich ging nach New York, studierte ein Jahr lang den Post Modern Dance. Eine neue Generation von Tänzern und Künstlern wollte mit der Tradition brechen, verließ die Theaterräume, engagierte sich politisch, arbeitete konzeptionell und spartenübergreifend. In New York fand ich auch die unterbrochenen Linien des Bauhauses wieder. Das, was in Deutschland nach 1933 keine Fortführung erlebte, wurde in Amerika weiterentwickelt. Hier konnte man Dore Hoyers Kunst besser rezipieren. Ihre Choreografien waren nicht länger »Ausdruckstanz«, sondern Bewegungsrecherchen; in ihnen wurde der Körper als Instrument der Erkenntnis eingesetzt und die Bewegung als Mittel, unseren Möglichkeitsraum zu erweitern. Studieren kann man das an ihren Solo-Sequenzen *Affectos Humanos* aus dem Jahre 1962, und denen begegnete ich zum ersten Mal wieder 1989 in München, wo ich nach der New Yorker Zeit ein Tanz-Festival gründete und eine Laufbahn einschlug, die es zu meiner Freude später möglich machte, in Deutschland wieder Tanzkongresse zu veranstalten.

Alle großen Kunstwerke bringen etwas Neues in die Welt, aber ebenso gilt: Sie spinnen die vorhandenen großen Themen weiter. Das geschieht selten linear, nicht kontinuierlich, nie bruchlos und oft genug ungleichzeitig, und damit scheinbar unzeitgemäß. So erging es auch Dore Hoyers letzten Auftritten in einem Berlin, das eine doppelt halbe Stadt war, war sie doch auch im Westteil kulturell und politisch gespalten zwischen einem possierlich bürgerlichen Publikum in einer entindustrialisierten Stadt mit einem großartigen, aber traditionellen Theater- und Opernleben und den innovativen kulturellen Suchbewegungen, die im Untergrund der Halbstadt, lange unbemerkt, begannen. West-Berlin zog junge Menschen an, die nicht nur dem Wehrdienst, sondern überdies dem glatten Neobürgertum der Adenauer-Republik entkommen wollten: Künstler, die billige Ateliers fanden, Studenten, die in den Seminaren zurückgekehrter Emigranten und in den Baulücken des Krieges nach »anderen« deutschen Traditionen suchten, nach den Ursprüngen der antibürgerlichen Aufbrüche, nach der Kultur, die von den Nazis zerstört, und den Kunstschaffenden, die von ihnen vertrieben worden waren. Eigentlich wäre es der ideale Ort für ein Comeback von Dore Hoyer gewesen – sowohl für ihre Exploration der menschlichen Physis, für ihre Arbeit an der Befreiung körperlicher Möglichkeiten wie auch für ihre tänzerischen, politisch deutlichen Interventionen gegen den Vietnam-Krieg. Es hätte zur Suche nach einer anderen Kultur, einer anderen Vergangenheit gepasst, die in diesen Jahren in Berlin begann – nicht nur dort, aber dort besonders intensiv.

Dore Hoyer lebte seit den 1960er-Jahren im Berliner Hansa-Viertel nahe der Akademie der Künste, deren Mitglied sie

---

DORE HOYER

Geboren 1911 in Dresden, wo sie an Gret Paluccas Schule zur Ausdruckstänzerin ausgebildet wurde. 1933 gab sie ihren ersten Soloabend in Dresden, danach Engagements u. a. in Plauen, Oldenburg und BERLIN. Hier wurde sie 1940 an der Deutschen Tanzbühne Solistin. 1959 arbeitete sie als Choreografin an der deutschen Erstaufführung von Schönbergs *Moses und Aron* in BERLIN mit. Tourneen führten sie immer wieder nach Südamerika. Mit ihrer eigenwilligen Tanzkunst war sie fast zeitlebens eine Außenseiterin. 1967 beging sie in ihrer BERLINer Wohnung Selbstmord.

werden sollte, wozu es jedoch nicht kam, möglicherweise weil auch hier die verletzende Debatte entbrannte, wie zeitgemäß »ihr harter, kompromissloser, ›gotischer‹ Stil« (Jochen Schmidt) noch war. An der Städtischen Oper Berlin tanzte sie 1957 »Die Auserwählte« in Mary Wigmans gefeierter Choreografie von Igor Strawinskys *Le sacre du printemps* und wirkte 1959 am selben Haus als Choreografin in der deutschen Erstaufführung von Arnold Schönbergs *Moses und Aron* mit.

In Berlin choreografierte sie ihr Solostück *Die Sanfte* nach einer Erzählung Dostojewskis. Diese erfolgreiche Arbeit weckte in ihr neue Träume von einer freien Tanzgruppe, die sie auch gründete und für die sie das Stück *Großstadt* schuf, in dem sie den Solopart selbst übernahm. Dessen Premiere im Mai 1966 kam in der Akademie der Künste allerdings weniger gut an.

Offenbar war sie wieder zwischen die Zeiten, die Stile, die Moden geraten. Denn die Distanz zwischen ihrer Art, nach Möglichkeiten menschlicher Körperlichkeit zu forschen, und der »Befreiung der Körper«, wie sie von den Hippies betrieben wurde – oder vom Heidegger-Marx-Freudschen Philosophen Herbert Marcuse, der an der Freien Universität in Dahlem zu Tausenden Studenten predigte –, war zu groß. Unüberwindlich erschien ebenso der Gegensatz zwischen ihrem aufwühlenden, ausdrucksstarken Solotanz und der Harmonie-Sehnsucht des Publikums.

1965 hatte sie auf Initiative des Goethe-Instituts eine Tournee durch Südostasien unternommen und war erschüttert von den Verhältnissen, die sie dort vorfand, vor allem von der vorherrschenden Armut. Sie ließ ihre Eindrücke in ein Tanzprogramm einfließen, das ihr letztes werden sollte, mietete sich das Theater des Westens und trug alle anfallenden Kosten für den Abend am 18. Dezember 1967 selbst. Er wurde im Feuilleton hochgelobt. Unmittelbar nach der Vorstellung sprach ihr die begeisterte Jury des Deutschen Kritikerpreises spontan ebendiesen in der Sparte Tanz zu. Doch es waren nur etwa 100 Zuschauer in das große Theater gekommen, das inzwischen normalerweise für Ausstattungsoperetten genutzt wurde. Dore Hoyer blieb auf einem riesigen Schuldenberg sitzen. Sie war mit ihren künstlerischen Ansprüchen wieder einmal gescheitert, das Publikum wollte sie nicht mehr verstehen und blieb fern. Ihr ausgezehrter Körper rebellierte, das Karriereende als Tänzerin war nahe.

In der Silvesternacht 1967 brachte Dore Hoyer sich in ihrer Wohnung in der Berliner Klopstockstraße 16 um, mit Gift, das sie aus Südamerika mitgebracht hatte, wo man ihre Art zu tanzen liebte, aber kein Geld dafür aufzubringen vermochte.

In ihr Notizbuch schrieb sie schon im Januar 1934:

> »Was ist mir Tanz – warum tanze ich – weil ich mit nichts anderem besser zu gestalten weiß, als gerade mit dem Körper, mit der Bewegung. Bewegung als Mittel, als Material betrachtet, zum Sichtbarmachen einer Idee, eines Geschehens. [...] Und nun hineinknien in die Form. Nicht nur mit dem Verstand – erleben muss man sie – um sie kämpfen! Reinheit um jeden Preis! Auch um den des Missverstandenwerdens.«

Hat sie zu früh aufgegeben? Ein paar Jahre später wurde die kulturelle Archäologie, die Revitalisierung von Traditionen, das Graben nach anderen Ursprüngen, die Erinnerung an Aufbrüche, die Ehrung ihrer »Veteranen« in Berlin zur offiziellen Kulturpolitik. In der Anthropologie des Tanzes jedenfalls hat Dore Hoyer längst ihren festen Platz gefunden.

DER UNTERNEHMER UND DER ENTWICKLER

HANS WALL über ERNST LITFASS
Das Eckige muss aufs Runde

Abgeguckt und ... besser gemacht! Ernst Litfaß entdeckte bei seinen Reisen nach Paris und London runde Plakatsäulen in den Straßen und Plätzen. Das war für ihn die Anregung zur Lösung urbaner Probleme im damaligen Berlin: Die schönen Häuserfassaden in der Innenstadt waren mit Plakaten, Bekanntmachungen und Zetteln verunstaltet. Litfaß setzte also die Idee zum Aufbau solcher Säulen in Berlin um und finanzierte alles mit Werbung. Noch heute stehen Tausende Litfaßsäulen in Berlin, mehrere 10.000 in ganz Deutschland.

Abgeguckt und besser gemacht – das war auch meine Geschäftsidee als Berliner Werbeunternehmer und quasi Nachfolger meines berühmten Vorgängers. Ich saß in Karlsruhe in einer Straßenbahnwartehalle mit Werbung, die ziemlich hausbacken aussah. »Das kannst du besser«, dachte ich als 33-jähriger Maschinenbautechniker und war Feuer und Flamme, als ich mir ausrechnete, dass die Werbeeinnahmen in zehn Jahren bei 1.000 Wartehallen 36 Millionen DM betragen würden.

Zehn Jahre später, 1985, stattete ich in Berlin 1.000 BVG-Wartehallen mit beleuchteter Plakatwerbung aus und führte in Deutschlands größter Stadt die Vermarktung eines neuen Plakattyps – des *City Light Posters (CLP)* – ein. Es ist inzwischen weltweit das umsatzstärkste Plakatformat. Natürlich fielen mir beim Umzug nach Berlin die vielen Litfaßsäulen auf. Leider wurde die Vermarktung damals nicht ausgeschrieben und von einer BVG-eigenen Werbefirma monopolistisch bewirtschaftet.

Als ich eines Tages hörte, dass in der Nazi-Diktatur das Wort »Litfaßsäule« nicht ausgesprochen werden durfte, weil Ernst Litfaß Jude gewesen war, packte mich die Wut! Wo war eigentlich das Grab dieses erfolgreichsten deutschen Außenwerbeunternehmers der damaligen Zeit? Er war ein unglaublich großherziger Unternehmer gewesen, der riesige Beträge gespendet und Zigtausende Berliner zu Großveranstaltungen eingeladen und bewirtet hatte. Sehr erstaunt war ich dann, als ich feststellte, dass sein Grab gerade einmal 500 Meter von meinem Büro am Oranienburger Tor auf dem Dorotheenstädtischen Friedhof in der Chausseestraße im Bezirk Mitte lag. Sofort machte ich mich zu Fuß auf den Weg und fand zwar den Friedhof, aber leider nicht das Grab. Als ich den Friedhofsverwalter danach fragte, entgegnete der: »Wie heißen Sie?« Ich sagte: »Hans Wall.« Da meinte er plötzlich: »Auf Sie habe ich schon lange gewartet!« Er zeigte mir das Grab, das in einem erbärmlichen Zustand war. Ich schämte mich als Berliner Unternehmer sehr. Wieso kümmern wir uns nicht um die Erhaltung der Gräber von Menschen, die so viel Gutes für die Stadt getan haben? Die Wall

HANS WALL

Geboren 1942 in Künzelsau, ausgebildet als Schlosser, gründete er 1976 in Ettlingen eine auf die Anfertigung von Stadtmöbeln und baulichen Werbeträgern spezialisierte Firma. Als Wall AG wurde sie 1984 nach BERLIN verlegt. Im Jahr 2000 erhielt er für sein ehrenamtliches Engagement in BERLIN das Bundesverdienstkreuz.

AG übernahm dann die Kosten für die Restaurierung des Grabes in Höhe von 180.000 DM. Sie sorgte auch dafür, dass es zum Ehrengrab von Berlin wurde, und finanziert bis heute die laufenden Pflegekosten.

Als Hommage an Ernst Litfaß habe ich, als wir nach einem Wettbewerb schließlich auch die Vermarktung aller Litfaßsäulen übernehmen konnten, einen »Hut« mit einer patentierten Beleuchtungstechnik entwickelt, der heute die meisten Säulen oben abschließt. Das Design stammt von dem großen Berliner Architekten Josef Paul Kleihues. Mit einer Leuchte von nur 40 Watt in der Mitte und Spiegeln an der Unterseite des Hutes wird der gesamte Außenmantel der Säule hell erleuchtet. Konkurrenzfirmen in anderen deutschen Städten benötigen dafür mehr als zehnmal so viel Strom. Jedes Mal, wenn ich nachts an einer solchen Säule vorbeigehe, denke ich an Ernst Litfaß, der bestimmt zu mir gesagt hätte: »Hast du gut gemacht, Hans!«

ERNST LITFASS

Die von ihm erfundenen und nach ihm benannten Säulen, die ab 1855 in BERLIN aufgestellt wurden, machten ihn berühmt: Ernst Theodor Amandus Litfaß, Druckereibesitzer, Verleger und »König der Reklame«, kam 1816 in BERLIN zur Welt und starb während einer Kur 1874 in Wiesbaden. Litfaßsäulen werden bis heute weltweit für Werbung im öffentlichen Raum genutzt.

DER CHRONIST
UND DER PAUKENMANN

VOLKER KÜHN über WOLFGANG NEUSS
Stänkern für die gute Sache

Vom Kabarett ließ er nie, auch dann nicht, als er in der Blüte seiner Jahre, gerade mal 45 Jahre alt, von der Bühne abtrat. Weil er einsehen musste, dass man die Welt vom Kleinkunstkeller aus nicht verändern konnte, wollte er nicht mehr. Wolfgang Neuss, der Star unter den Kabarettisten der 1950er- und 1960er-Jahre, der lauthals krakeelende »Mann mit der Pauke«, der mit seinen Polit-Pointen so manchem auf den Fuß getreten war, nahm reichlich früh seinen Abschied und zog es vor zu schweigen – ziemlich laut natürlich, wie es sich für ein professionelles Schandmaul gehört.

Wenn man ihn fragte, woran er zurzeit arbeite, antwortete er: »An mir.« Und das hieß zuweilen auch: »Ich schaffe mich ab.« Sein erklärtes Ziel war: »Wie werde ich unbekannt.« Das blieb ein hartes Stück Arbeit für jemanden, der durch spektakuläre Ein-Mann-Auftritte, durch Schallplatte, Funk, Fernsehen und mehr als 50 Spielfilme populär geworden war.

Den Fall der Mauer hat er nicht mehr erlebt. Dabei war Deutsch-Deutsches von jeher eins seiner Lieblings-Reiz-Themen. Die »WV«, wie er die Wiedervereinigung spöttisch nannte, werde kommen, davon war er überzeugt: »Eines Tages ist sie da«, so Neuss in seinem *Jüngsten Gerücht* von 1963, »eines Tages kommt sie und steht vor der Tür. Und du bist vielleicht gerade nicht zu Hause.« Als sie kam, war Neuss mal wieder abgetaucht. Diesmal für immer.

Des Volkes Stimme war nicht immer für ihn, im Gegenteil. Seit sich der öffentliche Spaßmacher zum Satiriker gemausert, seit sich zur Schnauze mit Herz der Verstand gesellt hatte, herrschte Hochbetrieb auf den deutschen Sofas, von denen Tucholsky einmal gesagt hatte, dort sitze halb Deutschland und nehme übel, sobald einer bei uns einen guten politischen Witz mache. Neuss eiferte Tucholsky nach und nahm ihn ernst, auch dessen Antwort auf die lapidare Frage, was die Satire denn alles dürfe – nämlich alles.

Weit ist der Weg vom Cabaret zum Kabarett, vom Tingeltangel zum Polit-Theater. Neuss hat ihn im Alleingang zurückgelegt. Kein Tabu, das vor ihm sicher war, kein heißes Eisen, das er nicht in die satirische Zange genommen hätte: Er verriet öffentlich Krimilösungen und verklagte Zeitungsverleger, er vergällte den Berlinern die Freude an den als Westgruß über die Mauer gedachten Adventslichtern im Fenster und brachte einen Misston in das heuchlerische Gebimmel der West-Berliner Freiheitsglöckchen. Er trommelte für die SPD und warb für den Sozialismus. Er ersann Brandt-Slogans wie »Pack den Willy in den Tank«, dachte dessen Ostpolitik voraus und flog aus der Partei, die sie später für sich entdeckte. Er verdealte seine Kinofilme ans Fernsehen, ließ in einer Talkshow Richard von Weizsäcker als Bundespräsident *in spe* alt aussehen, mutierte zum Haschisch-Guru und verteilte seine Habe unter Freunden, bis er selbst ein Fall für die Sozialhilfe war.

Neuss legte sich an und legte sich fest, klopfte auf die Finger und trat auf die Zehen, er machte Ernst mit dem Spaß. Er provozierte und stänkerte für die gute Sache, er agitierte für eine bessere Welt. Was er liebte, kritisierte er, und wen er nicht mochte, den lobte er zu Tode. Oder bedachte ihn, wie einst im Mittelalter François Villon, mit einem seiner gefürchteten Schmähgesänge.

Ein Stück Zeitgeschichte dokumentiert sich in seiner Figur, diesem gesamtdeutschen Michel mit der Schandschnauze und dem Schlächtercharme. Auf den Brettern der Unterhaltungsbranche ist er herumgetollt wie kein zweiter: als Kasino-Klamottier und Truppenbetreuer im Zweiten Weltkrieg, später als Einmann-Kabarettist und Theater-Autor, als Manegen-Komiker und *Selfmade*-Literat, als Shakespeare-Darsteller und Werbespot-Onkel, als Musical-Star und Leinwand-Liebling, als Zeitungsherausgeber und Drehbuchschreiber, als Funkplauderer und Filmprozent, als Chansonsänger und Balladen-Barde, als Wahlkampf-Trommler und Protest-Prediger – eine aktionistische Mehrzweckwaffe der Medien, ein Alleskönner und Tausendsassa, ein professioneller Dilettant. Bekannt von Film, Funk, Fernsehen, Bühne, Schallplatte, Schlagzeile, Demo und Kabarettkeller, war er einer aus der Zunft der Nörgler, wie er selbst einmal sagte.

Wie wird man all das? Ebenso wie viele Berliner reinsten Wassers war Wolfgang Neuss ein Zugereister aus Schlesien. 1923 in Breslau als Hans Wolfgang Otto Neuß geboren, wuchs der junge Hansi, wie er zu Hause gerufen wurde, in der Kneipe seiner Großeltern auf, zwischen Pferdehändlern, Bauern und Tagelöhnern. Er sollte Landwirt werden und träumte von einem besseren Leben, vom Zirkus.

Aus dem Zirkus wurde nichts. Stattdessen wurden dem Schlachtergesellen, der Clown hatte werden wollen, die Knobelbecher der reichsdeutschen Wehrmacht angepasst. Der 17-jährige MG-Schütze wird an der Ostfront mehrfach verwundet, erhält das Eiserne Kreuz und versucht sich im Genesungsheim als Frontkomiker. Zurück an der Front, schießt er sich den Zeigefinger der linken Hand ab, um wieder ins Lazarett zu kommen. Dort lernt er, Verwundete zu unterhalten, und hilft ihnen, die Trostlosigkeit des Alltags für einen Moment zu vergessen.

Das Kriegsende 1945 erlebt Neuss in britischer Gefangenschaft. Und macht danach als Entertainer weiter. Wieder hat er die Lacher auf seiner Seite. Und man liebt ihn dafür:

> »Die Engländer wollen doch jetzt die neuen Bomben ausprobieren. Also fahren sie mit ihren Schiffen voller Schweine zum Bikini-Atoll. Dort geht ein Teil der Schweine vor die Hunde, der Rest fährt wieder nach Hause.«

Für flotte Sprüche wie diesen handelt er sich wegen »Verächtlichmachung der Siegermächte« ein halbes Jahr Gefängnis ein, kommt aber schon wenig später frei und tingelt durch die Lande. Auf der Suche nach »einem warmen Löffel im Magen« ist Spaßmacher Neuss in den drei Westzonen unterwegs, treibt sich in Varietés herum, lässt sich vom Artistenzauber faszinieren, klamottet sich durch bunte Nachmittage mit »Kraft durch Freude«-Niveau und vagabundiert sich endlich bis nach München durch, wo er den Kabarett-Profis Handwerkliches abguckt, alte Witze neu aufpoliert und damit bei ersten Auftritten sein Publikum findet. Die Zeit hungert nach kabarettistischem Witz und satirischen Pointen.

Und der Stoff liegt auf der Straße: Neuanfang und alte Nazis, zerlumpte Menschen ohne feste Bleibe, Wohnungsnot, Schwarzmarkt und Hunger, Auszehrung, Kalorienmangel. Karl Valentin witzelt in diesen Tagen, auf seinen Rippen könne er neuerdings Rüben reiben – wenn er welche hätte. Und als Werner Finck in der Schweiz gefragt wird, ob es stimme, dass die Deutschen nichts zu essen hätten, gibt er lächelnd zur Antwort: »Ach, die Leute stellen sich nur an!«

Hansi Neuss, wie er sich zunächst nennt, macht sich seinen eigenen Reim auf die neue Zeit. Er hört sich um, notiert sich Einfälle, klaut Pointen, wo er sie findet. Er kopiert, plagiiert, nimmt auf, gibt weiter. Münchens amerikanischer Theateroffizier Walter Behr weist den »begabten Absurdisten« auf literarische Vorbilder hin: »Mann, Sie müssen mal Tucholsky lesen.« Und der gelernte Schlachter beherzigt den Rat.

Dann verschlägt es ihn nach Hamburg, wo er ins Kabarett *Die Bonbonniere* einsteigt. Eckart Hachfeld, ein arbeitsloser Wirtschaftsjurist, der neuerdings Kabarett-Texte verfasst, schreibt ihm das erste Solo als »Mann mit der Pauke« auf den Leib. Als sich die Hamburger Kabarettisten in der Berliner Martin-Luther-Straße niederlassen, empfängt man sie wie lang zurückerwartete Heimkehrer. Das Publikum feiert sie, die Presse lobt sie über den grünen Klee: besondere Attraktion – der pointentrommelnde Wolfgang Neuss.

Der »Mann mit der Pauke«, die genau genommen eine große Trommel ist, wird zum Liebling der Berliner. Er spricht ihre Sprache, er denkt wie sie, formuliert, was sie hätten formulieren können – wenn sie es gekonnt hätten: knapp, pointiert, knackig, widerborstig, schlagfertig, listig und helle – die Knalltype von nebenan mit dem Herzen auf dem rechten

VOLKER KÜHN

Geboren 1933 in Osnabrück, Autor, Regisseur, Filmproduzent und Spezialist für die Geschichte des deutschen Kabaretts. Er lebt seit Anfang der 1990er-Jahre in BERLIN, schrieb satirische Texte für den Rundfunk, das *Reichskabarett BERLIN* und *Die Wühlmäuse*, arbeitete unter anderem mit Wolfgang Neuss (dessen literarischer Nachlassverwalter er ist) und im ZDF mit Dieter Hildebrandt. Seine Bühnenfassung von Pam Gems' Dietrich-Hommage *Marlene* am Renaissance-Theater BERLIN brachte es auf rund 600 Aufführungen.

Fleck und der frechen Schandschnauze. Seine Trommel-Attacken aufs Zwerchfell treffen ins Schwarze.

Und sie werden gebraucht. Die Volksweisheit »Humor ist, wenn man trotzdem lacht« wird zur Durchhalte-Philosophie einer Stadt, die sich als »Insel im roten Meer« versteht. Also lacht man sich die Angst vor der ungewissen Zukunft von der Seele, ist darauf aus, sich wie Bolle zu amüsieren, und biegt sich den Eckensteher Nante zum Krawallkomiker zurecht.

Auf den Kabarett-Brettern, die die Zeit bedeuten, stößt Lachkanone Neuss auf einen komischen Kollegen, mit dem er mehr als nur den Vornamen gemeinsam hat: Wolfgang Müller. Man mag sich, man extemporiert, wirft sich die Bälle zu, witzelt aus dem Stegreif. Es entsteht eine hinreißend komödiantische Show: Müller, still, skurril, zart besaitet – Neuss, der Nörgler vom Dienst, erdhaft, robust und aggressiv.

Bald ist Neuss, der Autodidakt mit der komischen Note, der nie eine Schauspielschule von innen gesehen hat, auch auf der Theaterbühne zuhause. Er inszeniert Sternheims *Die Hose*, arbeitet mit Regisseuren wie Erwin Piscator, Leonard Steckel, Peter Stein. Er spielt Shakespeare, Molière, Lessing, aber auch Gegenwartsdramatiker wie Rolf Hochhuth, Karl Wittlinger oder Peter Weiss. So wird die urige Type, die da unbekümmert frisch-fromm-fröhlich-frei aufs Kalbsfell schlägt, auch für das seriöse Feuilleton zum Begriff – ein Wanderer zwischen zwei Welten, zwischen »E« und »U«, zwischen großer Bühne und kleinem Kabarett-Podium.

Und er ist gut für manchen Skandal. 1955 dreht ihm das Fernsehen während eines Live-Auftritts vor Bonner Bundestagsabgeordneten den Ton ab und simuliert eine »technische Störung«. Der Fall macht Schlagzeilen. Nun ist Neuss in aller Munde. Bald ist der Kabarettkeller zu klein, wenn Plakate Neuss und Müller ankündigen. 10.000 jubeln ihnen zu, als sie in der Berliner Waldbühne ihr Pointen-Feuerwerk abbrennen. Donnernder Applaus für *Die zwei Wolfgangs* auch als komödiantisches Gespann in *Kiss me, Kate*, dem Erfolgsmusical der 1950er-Jahre, das sie nach Schluss der Vorstellung im gleichen Theater mit ihrer Mitternachts-Show *Schieß mich, Tell* parodierend durch den Kakao ziehen.

Müller und Neuss können sich bald vor Angeboten und Aufträgen kaum retten. Sie sind rund um die Uhr beschäftigt, morgens Werbung, mittags Funk- und Fernsehaufnahmen, abends Theater, nachts Kabarett. Und es gibt viel zu tun: Die Wirtschaft boomt, Geld spielt, so scheint es, keine Rolle. Bald gibt es kaum eine Firma, die ihre Berliner Filiale ohne die beiden als »Knüller« eröffnet: Müller mit seinen Musik-Clownerien und Neuss mit seinen gepaukten Pointen.

Und dann lockt die Kino-Branche. Der deutsche Nachkriegsfilm, an Erfolgsbarometern wie Bambi-Preis, Sissy-Schmalz und Heide-Romantik orientiert, verdeckt mit dem Komiker-Paar Neuss/Müller mehr als genug seine Drehbuch-Schwächen. Zu den interessanteren Filmen zählen 1958 die heitere Räuberpistole *Das Wirtshaus im Spessart* und *Wir Wunderkinder*, Letzterer ein kabarettistischer Parforce-Ritt durch vier Jahrzehnte deutscher Geschichte und zugleich der Versuch, die jüngste »tausendjährige« Vergangenheit ironisch in den Griff zu bekommen. Neuss und Müller begleiten als Chronisten die dunklen Kapitel und erhellen sie kommentierend mit munteren Songs.

Das bringt Neuss zum Ende der 1950er-Jahre dazu, über eigene Filmprojekte nachzudenken. Das Thema liegt wieder einmal auf respektive an der Straße. Als auf Häuserwänden und Grabsteinen die ersten Hakenkreuzschmierereien zu besichtigen sind, ist der Paukenmann von der Vorstellung, dass die Jungen den Alten deren verdrängte Nazi-Symbole quasi an die Scheiben malen, elektrisiert: »Das war doch so 'ne Art Bekanntmachung.« Er verfasst den Stoff gleich mehrfach, als

Kurzgeschichte, als Hörspiel, schließlich als Filmdrehbuch, und schreibt sich das Kellerkind Macke Prinz selbst auf den Leib. Als *Wir Kellerkinder* 1960 abgedreht ist, trifft ihn der Boykott der Kinobesitzer, weil Neuss die Erstausstrahlung ans Fernsehen gegeben hat. Neuss wehrt sich, greift zur Pauke, reist durch die Lande und führt seinen »gesamtdeutschen Heimatfilm« nun in gemieteten Sälen und in stillgelegten Kinos selbst vor.

Der Erfolg, den er damit hat, ermuntert ihn zu einem zweiten Film: *Genosse Münchhausen* (1962). Neuss ist jetzt Drehbuchautor, Produzent, Regisseur und Hauptdarsteller in einer Person. In der Maske des Landwirts Oskar Puste beackert er auf der Leinwand den Boden der gesamtdeutschen Tatsachen mit einer unglaublichen Geschichte, die hart an der deutsch-deutschen Grenze angesiedelt ist – ein ins Bild gesetzter Traum von friedlicher Koexistenz der beiden deutschen Teilstaaten.

Bei dem Versuch, für seinen Film die Werbetrommel zu rühren, haut Neuss kräftig daneben. Mit einer Zeitungsanzeige, in der er den Fernsehmörder der populären Francis-Durbridge-Krimi-Serie *Das Halstuch*

WOLFGANG NEUSS

Geboren 1923 in Breslau, gestorben 1989 in BERLIN, wo er seit 1950 lebte und lästerte. Er wurde durch sein politisches Kabarett als »Der Mann mit der Pauke« bekannt. Die Zuschauer liebten ihn live und im Film, der Sender Freies BERLIN drehte ihm einmal während einer Übertragung den Strom ab. 1970 zog er sich ins Privatleben zurück. Comeback zehn Jahre später, 1983 Deutscher Kleinkunstpreis. Zu seinem 65. Geburtstag trat er letztmals öffentlich auf. Guter Spruch: »Heut' mach ich mir kein Abendbrot, heut' mach ich mir Gedanken.«

verrät, bringt er, so ist in der Presse zu lesen, die »Nation in Aufruhr« und gegen sich auf. Die Kabarettisten-Empfehlung an sein Publikum, sich aus dem Fernsehsessel zu erheben und doch öfter mal ins Kino zu gehen, erweist sich als Bumerang: Das Thema von *Genosse Münchhausen*, sieben Jahre später von Willy Brandt zur offiziellen Regierungspolitik erhoben, ist 1962 noch keines. Der Film wird ein grandioser Misserfolg.

Als Müller 1960 bei einem Flugzeugabsturz ums Leben kommt, hadert Neuss zum ersten Mal mit seinem Schicksal. Er nimmt Zuflucht bei Drogen und Alkohol, will gegen den Tod seines Kumpans rebellieren. In einem Kabarettsolo denkt er, wenn er das Aktualitäten-Gestrüpp der frühen 1960er durchforstet und sich dabei in rastloser Hast von Pointe zu Pointe hangelt, die Rolle des Freundes mit. Das Ergebnis nennt er 1963 *Das jüngste Gerücht*. Das Programm wird zum Ereignis, das unter dem Slogan »Niedagewesenes« Kleinkunstgeschichte schreibt.

Ein neuer Neuss ist geboren. Er hat das politische Kabarett entdeckt, hat im Stillen die satirische Feder gespitzt und trägt nun den Schmähgesang im Alleingang vor. An die Stelle der Pauke ist das aggressivere Schlagzeug getreten. Der Klamotten-Komiker von einst findet Geschmack an der gezielten Clownerie und am Widerspruch. Die deutsch-deutsche Frage wird dabei immer mehr zu seinem Thema.

Er engagiert sich für eine Ostpolitik der kleinen Schritte, streitet für die Idee einer friedlichen Koexistenz, die damals, Anfang der 1960er-Jahre, noch ein Fremdwort ist. Er begeistert sich für den Versuch, sich mit Andersdenkenden lustvoll auseinanderzusetzen.

Dabei geißelt er das heuchlerische Gegreine ums »einig deutsche Vaterland« und die verlogenen Sonntagsredner, die von der Einheit reden und in Wahrheit die Spaltung vorantreiben und zementieren. Er attackiert das Gejammer über die Mauer, an der der Westen, so Neuss, kräftig mitgebaut hat.

Der Kabarettist Neuss lebt vom Widerspruch. Die Skandale ziehen ihn an, und er liebt sie – zeitweise wenigstens. Immer wieder gerät er in die Schlagzeilen, oft genug tut er auch etwas dafür. Im Januar 1965 verscherzt er sich's mit manchem West-Berliner, als er auf Einladung von Bertolt Brechts Witwe Helene Weigel ein umjubeltes Gastspiel drüben im befeindeten »Ausland« gibt und sein *Jüngstes Gerücht* in der Theaterkantine des Berliner Ensembles ausstreut.

Die anwesenden Stasi-Mitarbeiter, die sich eifrig Notizen machen, rätseln darüber, was es wohl mit dem Beifall der Ost-Berliner Theaterkollegen auf sich haben könnte. Und kommen nicht darauf. Das kabarettistische Feuerwerk stößt bei ihnen auf ziemliches Unverständnis – zum Beispiel der Hinweis darauf, dass die KPD in beiden Deutschländern einen schweren Stand habe und reichlich unbeliebt sei, oder die Neuss-Prophezeiung, in 20 Jahren werde man im Westen sicher Walter-Ulbricht-Gedenkkonzerte abhalten, weil der SED-Chef sich doch »große Verdienste um den Antikommunismus« erworben habe.

Neuss, der Unangepasste, lässt sich nicht vereinnahmen, von nichts und niemandem. Unbeeindruckt von Flops und Schlappen, ist Dickschädel Neuss unermüdlich als Tabubrecher vom Dienst unterwegs. Aber nicht immer gehen die skurrilen Ein- und Ausfälle des kabarettistischen Einzelkämpfers so glimpflich aus wie in der Halstuch-Affäre. Im Dezember 1965 brandmarkt er die Anregung der West-Berliner Presse, man möge den Angehörigen gefallener amerikanischer Vietnam-Kämpfer doch eine Porzellan-Nachbildung der Berliner Freiheitsglocke übersenden, als Ausdruck von schlechtem Geschmack. Die Berliner Zeitungsverleger reagieren mit einem Anzeigen-Boykott gegen ihn; er zieht vor

Gericht, verliert, gründet seine eigene Zeitung: ihr Titel *Neuss Deutschland – Organ des Zentral-Komikerteams der satirischen Einheitspartei Deutschlands*, ihr Motto »Komiker aller Länder vereinigt Euch!«. Schon in der ersten Nummer des *Neuss Deutschland* etwa erfährt der Leser, dass die deutsche Frau die »geborene Kriegerwitwe« sei und dass die deutsche Wiedervereinigung vermutlich an einem 31. Februar stattfinden werde.

Auch gemaßregelte Zeitgenossen wie der in der DDR lebende Wolf Biermann kommen im *Neuss Deutschland* zu Wort. Neuss wechselt mit ihm über die Mauer hinweg offene Briefe und druckt seine Gedichte. Und am Ostermontag 1965 ist Biermann, der Ost-Berliner aus Hamburg, zu Gast bei Neuss, dem West-Berliner aus Breslau. Auf einer Ostermarsch-Veranstaltung in Frankfurt am Main demonstrieren beide gesamtdeutsche Wahlverwandtschaft. Über Nacht ist Biermann so im Westen ein Begriff. Neuss verwendet sich für ihn, wo er nur kann. Aus Solidarität mit ihm schmeißt er sogar eine Filmrolle bei der DEFA, als die DDR das Auftrittsverbot für den Sangesbruder nicht aufhebt. Über Neuss wird ein Einreiseverbot in die DDR verhängt. Der rote Wolf, jenseits der Mauer, kommentiert in einem offenen Brief ans satirische West-*ND* verbittert: »Merk Dir endlich: die Ketzer werden geschmort, nicht die Heiden.«

Ein halbes Jahr später hat Neuss wieder Premiere, diesmal mit der satirischen Zeitbombe *Neuss Testament*. In François Villons Namen verhökert er auf der Bühne des Theaters am Kurfürstendamm zu den Klängen einer Jazz-Combo das, was ihm geblieben ist. Und jeder bekommt das, was ihm zukommt. Inhaltlich ist diese Villon-Show eine Abrechnung mit dem Ewig-Gestrigen, mit satter Genügsamkeit, mit Verlogenheit und Heuchelei. Formal ist sie ein brillantes Meisterwerk satirischer Kleinkunst – und darin ohne Beispiel.

Auf der Bühne ist Neuss einer, der nicht Ruhe gibt. Denn die Zeiten sind nicht so. Als er an Vietnam-Demonstrationen teilnimmt und Sympathien für die Studenten-Rebellion erkennen lässt, setzt es Verdächtigungen, Verleumdungen, tätliche Angriffe. Für die Springer-Presse ist er einer der »Rädelsführer«, wenn es auf dem Berliner Kurfürstendamm Zoff mit der Staatsgewalt gibt. »Die rote Laus im Berliner Bärenpelz«, wie Neuss im Schöneberger Rathaus genannt wird, nimmt Urlaub in Schweden. Man spricht von Emigration.

Und dann ist er 1967 plötzlich wieder da – mit einem »Bunten Abend für Revolutionäre« im Domizil am Berliner Lützowplatz. Aus dem Paukenschlegel ist inzwischen ein Schlagstock geworden. Der Titel des Kabarettsolos lautet: *Asyl im Domizil!* und wird sein letztes Programm.

Es sind unruhige Zeiten, in denen sich der politisierte Clown in extreme Wunschträume verrennt, immer häufiger zu Rauschgiften und Tabletten Zuflucht nimmt und mit dem Kopf durch die Wand will. Drohbriefe und anonyme Anrufe nehmen zu. In München, wo er 1968 unter Peter Steins Regie im *Viet Nam Diskurs* von Peter Weiss auf der Bühne der Kammerspiele steht, kommt es zum Eklat, als Neuss nach der Vorstellung für den Vietcong sammeln will.

Die Ereignisse überstürzen sich. Neuss packt seine Koffer und geht nach Chile, wird verhaftet, als unerwünschte Person nach Deutschland abgeschoben, landet wieder in Berlin. Dann will er nicht mehr. Der Spaßmacher, die Schandschnauze macht ernst und tritt den Gang in die Stille an: *No noise at all anymore*. Der Narr wollte nicht länger Hofnarr sein und anderen Leuten zu deren Vergnügen in den Hintern treten.

Ein gescheiterter Clown? Ein Stück Zeitgeschichte dokumentiert sich in diesem Mann, um den es trotz seines selbstauferlegten öffentlichen Schweigens nie ganz still geworden ist, eine Vita – zum Fürchten geradezu.

Sich abzuschaffen ist ihm indes nur bedingt gelungen. In den frühen 1980er-Jahren – um die gleiche Zeit, als sich Entsetzen, Trauer und Entrüstung seiner einstigen Fans über die Horror-Storys vom heruntergekommenen »Stadtindianer« mit dem Haschpfeifchen im Mund allmählich legten – wurde er wieder einmal entdeckt, ganz neu und wie zum ersten Mal. Und das von einer Generation, die zu Zeiten der großen Neussiana in den 1950ern und 1960ern noch in gutbehüteten Bürgerhäusern oder Kinderläden auf das Leben vorbereitet wurde. Neusstalgie war diesen jungen Leuten, die in der Abgeschiedenheit einer leer geräumten Charlottenburger Zweizimmerwohnung einen abgewrackten Rock-Guru im Schneidersitz vorfanden, kein Thema. Eher das, was der neue alte Neuss, den Joint fest im Griff, auf der Matratze so von sich gab: blauen Dunst und kesse Sprüche.

Sprüche hat er schon immer gemacht, schnoddrige, schnelle, komische und böse, und fast immer trafen sie ins Schwarze. Aber seit er erkannt zu haben glaubte, dass der totale Wahnsinn dieser Welt Methode hat, genügte es ihm nicht mehr, nur die Realität zu kommentieren, wie sie in Morgenzeitung und Abendschau abgebildet wurde. Er war auf eine eigene Wirklichkeit aus und bastelte sich dazu seine eigene Welt zurecht, ließ sich auf Mystik und Räucherstäbchen ein und meditierte aufs Abenteuerlichste munter drauflos, dass einem Hören und Sehen verging. Dabei geriet er gehörig ins Schwärmen – über Gott und die Welt.

Geblieben waren das Handwerk, der schnelle Witz, die galoppierende Pointe, der sinnstiftende Gag, der Nonsens-Gimmick, die makabre Klamotte, der fetzige Comic-Kalauer, der schwarze Humor und der hellwache Verstand. Nach wie vor schlug da einer Funken aus der Kluft, die sich zwischen Anspruch und Wirklichkeit auftat, assoziierte Wirres zur Lage, geiferte Blitzgescheites zum Tage. Er ging aufs Ganze und kam auf den Punkt. Wie einst Peter Hille (1854–1904) mit dem Zettelsack, der auf einer Berliner Parkbank das Zeitliche segnete, notierte er sich Ein- und Aussichten, Ein- und Ausfälle auf Papierfetzen, machte sich seinen Reim auf das Ungereimte seiner Zeit, kritzelte Spruch und Widerspruch, Einspruch und Gegenspruch auf Zeitungsreste, Buchrücken und leere Zigarettenschachteln.

»Neuss/Charlottenburg/Lohmeyerstraße«, so hieß die heiße Adresse, in der sich in den 1980ern Profis, Nobodys, Drogenfreaks und Pointensüchtige die Klinke in die Hand gaben. Da blieb er auf dem Teppich und hob ab, lebte die Widersprüche, wie sie kamen, machte – aus der Szene für die Szene – Ernst mit dem Spaß des Lebens. Er benutzte, wie eh und je, den Witz als Waffe, entdeckte den Gag als Glaubensbekenntnis, die Pointe als Protest-Potenzial und den Sponti-Spaß als Überlebensmittel. Er lebte und erlebte Kopflust.

Er machte radikale Veränderungen durch, ließ sich auf Neuland ein, riss vielerlei Brücken hinter sich ab und blieb sich doch treu wie einer, der nicht aus seiner Haut kann. Er war und blieb der unangepasste Querkopf, der auch in schwierigen Zeiten für sich und andere das Recht in Anspruch nahm, sich seinen eigenen Kopf zu machen und seine eigene Geschichte zu leben. Das hat ihn oft genug in Konflikt mit der Gesellschaft gebracht, die nicht so wollte, wie er sich's wünschte: in den 1950er-Jahren, als er eine andere Politik, in den 1960ern, als er eine andere Republik, in den 1970ern, als er ein anderes Leben, in den 1980ern, als er ein anderes Bewusstsein einklagte.

Das Erstaunliche dabei ist, dass dieser Neuss immer und zu allen Zeiten ein *Neuss vom Tage*, wie sein WDR-Programm in den 1980er-Jahren hieß, blieb und mit Haut und Haaren ganz in seiner Zeit stand, von ihrem Pulsschlag lebte, mit ihr, selbst als Spiegel- und Gegenbild noch, identisch war. Das gilt für den schwejkhaften Kommissstiefel der 1940er-Jahre ebenso wie für den Filmstar und Playboy der 1950er, das trifft noch mehr für den Satire treibenden Rebellen der 1960er und die aussteigende Hasch-Eule der 1970er zu. All das macht, soweit sich das heute darstellt und beurteilen lässt, den Reiz seiner Einmischung, ihre Brisanz und zugleich die Popularität dieses Mannes aus.

Auch am Ende seiner Tage gab es genug ebenso aktuelle wie kontroverse Zeit-Themen, für die er sich schlug und um sich schlug. Und die nicht nur sein privates Ding waren, sondern das zahlreicher anderer, die sich im Neuss-Einspruch wiederfanden und von ihm betroffen fühlten. So agitierte und stritt er bis zuletzt für eine alternative Lebensweise und die Legalisierung des Drogenkonsums, ermunterte er Hausbesetzer und Friedensaktivisten, empörte er sich über die Bevormundung des Staates durch die alten Autoritäten, die kriminalisierten, was ihnen nicht ins Konzept passte, und in die Knäste steckten, was nicht nach ihrer Fasson selig werden wollte.

Er stand immer, Zeit seines Lebens, jenseits der Norm, er ging oft genug stur geradeaus um die Ecke. Er sagte den Leuten die Wahrheit, dass sich die Balken bogen. Und er war nie gelassen, immer hellwach und ganz bei sich, auch und gerade, wenn er vorgab, außer sich zu sein und das genussvoll ausspielte. Mit ihm befreundet zu sein war ein hartes Stück Arbeit, für beide Teile, er hat sich und andere nie geschont, und er klagte bei anderen ein, was ihm scheinbar mühelos gelang: eins mit sich zu sein, aufrichtig und konsequent bis zur Schmerzgrenze und weit über sie hinaus. Und all das mit tausend Widersprüchen, die er quasi-logisch – dialektische Purzelbäume schlagend – zu begründen suchte. Da ging einer gerade seinen Weg, wohl wissend, dass der kürzeste zwischen zwei Punkten im kurvenreichen Slalom zu finden ist, im Weg, der die Markierungslinie immer wieder verlässt, um sie dann umso genauer erneut anpeilen zu können.

Wolfgang Neuss war bis zuletzt immer für eine Überraschung gut. Selbst sein Tod kam wie ein Blitz aus heiterem Himmel, obwohl er sich ankündigte und zu erwarten war. Aber da dieser Mann das Person gewordene Trällern im dunklen Keller war, das die Angst bannen soll, ein Raubein, das um sich schlug, wenn sich ihm die Hand entgegenstreckte, nach der er sich insgeheim sehnte, hat er auch diese letzte Phase seines Lebens »durchgespielt«. Er sprach in seinen letzten Wochen derart häufig vom Tod und vom »Sterbebammel«, dass man nicht glauben mochte, was man doch wusste – dass er unheilbar todsterbenskrank war.

Er starb, wie er lebte – aus dem Stand. Der unruhige Geist ging seinen Weg konsequent zu Ende – der Gang in die Stille, die keine war, wurde von seinem Geschrei nach Ruhe begleitet, das eben den Krach erst in die Welt setzte, den er sich da lautstark verbat. Wenige Stunden vor seinem Tod gab er noch Fernsehinterviews, in denen er laut über Sinn und Unsinn des Lebens und Sterbens nachdachte: »Du hast gar keine Chance, nicht zu leben. Wir leben immer. Die Botschaft ist zwar nicht tröstlich, weil man ja auch ableben muss. Aber man lebt nur ab, um zu leben. Es gibt keinen Tod in dem Sinne. Es gibt gar keine Chance, nicht zu leben. Keine. Man lebt immer. Immer.« Sprach's und nahm seinen Abschied.

Das war am 5. Mai 1989. Dass dieser so undeutsche und dabei doch so durch und durch deutsche Querkopf von heute auf morgen seinen Hut nahm und den Löffel abgab, ohne den Fall der Mauer abzuwarten, ist ein Jammer. Schon, weil wir auf diese Weise um die eine oder andere Pointe gebracht worden sind – eine, die dem Treppenwitz der Geschichte noch eins draufgegeben hätte, die uns doch weismachen will, dass am Ende alles gut werde, was nur lang genug währt.

DER AUSGEBÜRGERTE UND DIE DISSIDENTEN

WOLF BIERMANN über ROBERT HAVEMANN und JÜRGEN FUCHS
Nach Nirgendwo gegangen

Ballade vom gut Kirschenessen
Für Robert Havemann

Ich hatte im Halbschlaf heute früh
Einen irren schönen Traum
Mein alter Freund, als ob er lebt
Saß oben im Kirschenbaum
Im Garten Grünheide am Möllensee
Saß Robert Havemann
Saß fröhlich auf dem Ast und rief:
Komm, Dichter!
Komm dichter an mich ran

Er warf mir paar Kirschen runter ins Gras
Und spuckte die Kerne aus
Und lachte mich an: Willkommen, Wolf
Jetzt biste wieder zu Haus
Du kommst nicht als verlorener Sohn
Nicht folgsam geworden und brav
Und kommst nicht wie'n geprügelter Hund
Und auch nicht
als schwarzes Schaf

Wolf, hol dein Wimmerholz raus! Und sing
Vom irdischen Paradies
Ja, sing mir die Hölle auf Erden, ach
Und sing mir *Le Temps des Cerises*
Da packte ich meine Gitarre aus
Das Lied der *Commune de Paris*
Ich sang ihm deutsch und auch français
So süßsauerseelig
ich trällerte froh wie nie

Ich sang ihm paar alte, paar neue auch
Und sang ihm die schönsten Lieder
Da wurde der Himmel plötzlich schwarz
Von tausendfachem Gefieder
Ein Schwarm flog in die kalte Nacht
Und krächzte im Nieselregen
(Vornweg das ganze Politbüro):
»Dem A – bend – rot
– ent – gegen«

WOLF BIERMANN

Geboren 1936 in Hamburg, wo er seit 1976 lebt. Sein Vater, Jude und Kommunist, wurde 1943 in Auschwitz ermordet. 1953 zog Biermann in die DDR, assistierte am BERLINer Ensemble, schrieb Lieder und Gedichte. Ab 1965 wegen System- und Parteikritik totales Auftritts- und Publikationsverbot. Seine Ausbürgerung nach einem Konzert in Köln 1976 löste eine große Protestbewegung in Ost und West aus. 1991 erhielt er den Georg-Büchner-Preis. 2007 wurde er Ehrenbürger der Stadt BERLIN.t im November 1989 rehabilitierte ihn die SED.

Gen Westen gegen den Wind anschrien
Im Flug die verzauberten Raben
Jetzt weiß ich: Sie haben uns alles verziehn
Was sie uns angetan haben
Ich hatte im Halbschlaf heute früh
Den irrsten und schönsten Traum
Und Robert lachte, als ob er lebt
Da oben, da oben
im Kirschenbaum

Jürgen Fuchs
Für Jürgen Fuchs

Im wunderschönen Monat Mai
Als alle Knospen sprangen ...
Da ist mein Freund den letzten Weg
Nach Nirgendwo gegangen
Dort wartet er nun ohne Hast
Auf mich. Mir kann er trauen:
Ich komme nach! Dann warten wir
Auf unsre lieben Frauen

Im wunderschönen Monat Mai
Der Raps stand voll in Blüte
Das große Gelb versprach mir, dass
Es meinen Freund behüte
In dieser ewigkalten Nacht
Braucht er 'ne kleine Sonne
Damit die Zeit ihm schnell vergeht
Bis ich dann endlich komme

ROBERT HAVEMANN

Geboren 1910 in München, gestorben in Grünheide bei BERLIN 1982. Er war Physiochemiker, politischer Querkopf, von 1946 bis 1964 Professor an der Humboldt-Universität BERLIN, 1949 bis 1963 Abgeordneter der DDR-Volkskammer. Vom Stalinisten entwickelte er sich zum bürgerrechtsbewegten Oppositionellen, der für einen »demokratischen Sozialismus« eintrat. Der prominenteste Dissident der DDR erhielt 1965 Berufsverbot und verlor alle seine Partei-, Staats- und Lehrämter. Ab 1976 stand er jahrelang unter Hausarrest. Erst im November 1989 rehabilitierte ihn die SED.

JÜRGEN FUCHS

Der Schriftsteller wurde 1950 im Vogtland geboren und starb am 9. Mai 1999 in BERLIN. Mit der DDR konnte er sich nicht abfinden, weshalb er von der Universität Jena als Student der Psychologie zwangsexmatrikuliert wurde. Er protestierte gegen die Ausbürgerung seines Freundes Wolf Biermann, wurde daraufhin inhaftiert und 1977 nach West-BERLIN abgeschoben. Die Zerstörung des Individuums, die staatliche Unterdrückung und Repression sowie der Opportunismus des Einzelnen waren die zentralen Themen seines literarischen Schaffens.

DIE ELEVIN UND DIE MEISTERIN

KATHARINA THALBACH über HELENE WEIGEL
Die Stimme des Berliner Ensembles

Als ich ein Kind war, wollte ich Ägyptologie studieren. Hatschepsut! Echnaton! Die Pyramiden! Das war mein Traum. Oder Reisejournalistin werden und durch die Welt ziehen! Ich wurde zwar in Ost-Berlin geboren, und ein paar Jahre später ließ die frisch gebaute Mauer solche Sehnsüchte schrumpfen, aber man konnte sich das ja zumindest ausmalen. Mein dritter Berufswunsch war, Harfenistin zu werden, weil ich dieses Instrument so toll fand. Ein Leben als »Harfen-Jule«, wie meine Mutter das etwas despektierlich nannte, konnte ich mir in meiner kindlichen Fantasie gut vorstellen. Schauspielerin wollte ich damals nicht werden, davor hatte ich zu viel Respekt und vielleicht auch ein bisschen Angst, denn meine Mutter, Sabine Thalbach, war Schauspielerin. Ihr erstes Engagement führte sie 1949 gleich an das Berliner Ensemble, weil sie erfahren hatte, dass Angelika Hurwicz vor der Premiere von *Mutter Courage und ihre Kinder*, inszeniert von Bertolt Brecht höchstpersönlich, erkrankt war. Meine Mutter wurde angenommen und spielte dann, nachdem die renommierte Kollegin wieder gesund war, mit ihr alternierend die Rolle der stummen Kattrin. Die Premiere fand noch in den Kammerspielen des Deutschen Theaters statt, weil das künftige Haus des Berliner Ensembles am Schiffbauerdamm schwer kriegsbeschädigt war.

Meine Mutter blieb einige Jahre lang fest am Berliner Ensemble, und ich wurde, ob ich wollte oder nicht, ein richtiges Theaterkind. Sie nahm mich immer zu den Proben mit, und ich habe zwischen den Sitzreihen im Zuschauerraum gespielt. Natürlich habe ich genau beobachtet, was sich auf der Bühne so zutrug. Selbst wenn die Szenen x-mal wiederholt wurden, fand ich das nie langweilig, nie! Zwischendurch bin ich ab und zu rausgegangen, habe im Hof oder in der Requisitenabteilung gespielt. Ich kannte mich ja aus. Und wenn meine Mutter abends Vorstellungen hatte, saß ich meist in ihrer Garderobe oder im Saal und habe zugeschaut. Das Berliner Ensemble und die Menschen, die da arbeiteten, waren meine Welt. Ich habe sie geliebt.

Die Chefin des Ganzen war Helene Weigel, wie meine Mutter Schauspielerin und außerdem die Intendantin des Theaters und Ehefrau von Bertolt Brecht. Ich hatte sie oft gesehen, es war unvermeidlich, ihr über den Weg zu laufen. Aber kennengelernt habe ich sie erst, als ich wieder einmal im Saal auf dem Boden herumkrabbelte und inzwischen alle in die Kantine oder zum Umziehen gegangen waren. Da kam eine knarzige Männerstimme aus den Lautsprechern über der Bühne und sprach sehr eindrücklich das Gedicht *An die Nachgeborenen*:

> »Wirklich, ich lebe in finsteren Zeiten!
> Das arglose Wort ist töricht. Eine glatte Stirn
> Deutet auf Unempfindlichkeit hin. Der Lachende
> Hat die furchtbare Nachricht
> Nur noch nicht empfangen.«

Nicht, dass ich alles verstand, doch ich fühlte mich angesprochen und versank betroffen in meinen Klappstuhl. Plötzlich hörte ich in den Reihen hinter mir ein wirklich herzzerreißendes Weinen, wie von einem Kind. Ich drehte mich um, weil ich sehen wollte, wer dieses andere Kind war, und blickte in die Augen einer Frau, die mir aus meiner Perspektive sehr alt erschien. Sie schaute mich eigenartig an, so vertraut, dass meine Furcht, allein zwischen all den goldenen Putten und Engeln des Theatersaales, weg war. Die Frau, die plötzlich aussah wie ein junges Mädchen, wischte sich die Tränen mit einem sehr schönen Seidenschal ab, fing an zu lächeln, ich grinste zurück, und so lauschten wir gemeinsam der Stimme aus den Lautsprechern bis zum Ende zu. Es war natürlich die von Brecht, der da schon ein paar Jahre tot war.

Die Tränen waren echt, die ihm seine Witwe nachweinte, denn sie wusste ja nicht, dass ihr dabei jemand – also ich – zusah beziehungsweise zuhörte. Wie ich später mitkriegte, konnte sie aber auch tatsächlich auf Befehl heulen. Ihre Erpressungen durch Tränen waren großartig. Sie hatte ihr Büro oben neben dem ersten Rang des Zuschauerraumes, in dem jetzt die Gipsmasken vieler Künstler hängen. Aus ihrem Dienstraum konnte sie genau verfolgen, wann die Leute in die Kantine gingen, für die sie einmal den Namen »Einkehr zur Verfremdung« vorgeschlagen hatte, und sie hat mörderisch aufgepasst wegen der Sauferei. Wehe, da war einer so blöd und ließ sich mit Alkohol auf dem Weg zum Bühnenhaus erwischen! Freilich haben das alle mit der Zeit mitgekriegt und den Schnaps in der Pause getrunken oder unauffällig in ihren Tee gemischt. Sie ist trotzdem oft hinuntergegangen und hat kleine »Kontrollschnupperchens« gemacht. Irgendwann verlautbarte sie per Aushang, dass wegen der enormen Arbeitsbelastung der Alkoholausschank in der Kantine drastisch reduziert würde, »mit der Bitte um Einsicht in die Weisheit dieser Maßnahme«. Einmal, daran erinnere ich mich gut, saß ein Schauspieler völlig betrunken an einem Kantinentisch und zerrschmiss beim Aufstehen eine ganze Menge Gläser. Die Weigel war zufällig in der

Nähe, schaute ihn vorwurfsvoll an, und als er sich verlegen entschuldigen wollte, sagte sie nur mit demonstrativer Traurigkeit: »Ach, lass es!« Dann ging sie weg, kam mit Handfeger und Müllschippe zurück, sank auf beide Intendantinnenknie hinab, kehrte die Scherben vor diesem betrunkenen Typen zusammen – und ließ dabei gar nicht heimlich die Tränen über ihre Wangen fließen ... Dieser Mann hat danach nie wieder in der Kantine gesoffen! Am Theater wurde damals eben sehr viel Alkohol konsumiert, vor allem von den Männern. Der Krieg war noch nicht lange vorbei, man wusste nicht, was die Leute alles erlebt hatten, sie mussten wahrscheinlich etliche Sachen aus ihren Erinnerungen wegspülen. Für sie waren der Krieg und der Faschismus noch sehr nahe. Das Leben war nicht leicht, und sie waren jung und wollten feiern. Dass die Weigel getrunken hätte, habe ich nie erlebt, ich kenne auch keine Geschichten darüber. Rauchen – ja, aber trinken wohl nicht. Sie hat immer extrem viel geraucht, filterlose Zigaretten, verwegen in den Mundwinkel gesteckt, das sah wirklich cool aus. Nachdem sie ernsthafte gesundheitliche Probleme bekommen hatte, musste sie es sich auf ärztlichen Rat hin von heute auf morgen abgewöhnen.

Als meine Mutter 1966 plötzlich verstarb, war das für mich ein Schock. Ich glaube, dass ich infolgedessen mit zwölf Jahren zu wachsen aufgehört habe und über meine 155 Zentimeter nicht hinausgekommen bin. Meine Beziehung zum Theater wurde danach fast noch enger. Ich habe als Statistin am Deutschen Theater angefangen. Als es am Berliner Ensemble eine Wiederaufnahme der alten Erich-Engel-Inszenierung von Brechts *Dreigroschenoper* gab, die etliche Jahre geruht hatte, wurde für die Szene im Puff eine ganz junge Schauspielerin in der Rolle einer Hure gesucht. Dafür habe ich mich beworben. Ich habe einen Brief an Helli geschrieben, wie alle Helene Weigel nannten, und bei ihrer Tochter Barbara Brecht, die sehr eng mit meiner Mutter befreundet war und meine Patentante ist, nachgefragt, ob das in Ordnung wäre. »Klar«, hat sie geantwortet, »aber du musst natürlich vorsprechen wie alle anderen.« Das habe ich getan und mir dafür die Rolle des Gretchens aus Goethes *Faust* ausgesucht. Am Deutschen Theater war ich nämlich in Adolf Dresens *Faust*-Inszenierung einer der Engel im Prolog und später eine Hexe in der Walpurgisnacht – da hatte ich sogar zwei Sätze zu sagen! Ich habe die Aufführungen intensiv verfolgt, alles konzentriert aufgesogen und kannte deshalb das Gretchen in- und auswendig. Also habe ich den Text samt dem großen Kerkermonolog mit meinen 13 Jahren vorgesprochen. Und da hat die Weigel gemeint: »Pupperl, ich glaub', du bist sehr begabt.«

Sie hat dann etwas sehr Ungewöhnliches gemacht, etwas, das es in der DDR kaum gab – ich kriegte einen sogenannten Elevinnenvertrag am Berliner Ensemble. Sie hat mich damit unter ihre Fittiche genommen, aber nicht an Kindes statt, das kann man nicht sagen. Nach dem Tod meiner Mutter hätte ich selbstredend zu meinem Vater, Benno Besson, ziehen können, aber da wollte ich nicht hin, denn er hatte eine neue Frau, und sie

HELENE WEIGEL

Geboren 1900 in Wien, war sie mehr als Bertolt Brechts bessere Hälfte. 1922 kam sie nach BERLIN, fiel als außergewöhnliches Talent an der Volksbühne und am Deutschen Theater auf: »Große Kunst« (Alfred Kerr). 1923 lernte sie Brecht kennen, 1929 wurde geheiratet. Er lobte sie als »kleine Gestalt – große Kämpferin«. Sie brachte seine Ideen vom epischen Theater unwiderstehlich auf die Bühne, hielt ihm in BERLIN wie 1933 bis 1948 im Exil den Rücken frei und leitete sein BERLINer Ensemble bis zu ihrem Tod 1971.

war gerade mit meinem Halbbruder Pierre hochschwanger. Die Eltern einer Schulfreundin nahmen mich sozusagen in Pflege und um den Rest kümmerte sich Helli. Ihre beiden Kinder Barbara und Stefan waren erwachsen und hatten eigene Kinder. Muttergefühle habe ich bei ihr bestimmt nicht hervorgerufen, ein Kuschelverhältnis hatten wir auch nicht. Sie war für mich die »Meisterin«, das trifft es am besten. Ich bin ihr mit unbeschreiblich viel Respekt und Hochachtung begegnet, sie war – ich finde kein anderes Wort dafür – wirklich meine Meisterin. Allerdings habe ich sie auch mit ihrer Enkelin Johanna nie so erlebt, wie ich heutzutage mit meiner Enkeltochter umgehe. Aber vielleicht fanden familiäre Zärtlichkeiten bei ihr einfach eher im Privatbereich statt. Man war damals in der Öffentlichkeit allgemein zurückhaltender. Mit meiner Mutter hingegen war das überhaupt nicht so, wir hatten ein sehr emotionales, sehr liebevolles, körperliches Verhältnis.

Als Elevin hatte ich neben der Schule noch Unterricht am Berliner Ensemble. Dazu gehörte regelmäßige Sprecherziehung und dreimal die Woche Bewegungsunterricht, wie für alle anderen Schauspieler auch: eine Stunde Ballett, eine halbe Stunde Sprünge, eine dreiviertel Stunde Gymnastik und Bewegungsabläufe aller Art, die man so braucht auf der Bühne. Die Schauspielerei wurde eben als Beruf behandelt. Das gibt es heute meines Wissens wohl an keinem Theater mehr. Jeder, der sein Handwerkszeug pflegen will, muss das selbst organisieren und bezahlen. Außerdem hatte ich noch Szenenstudium bei Helli, wobei sie durch ihr Intendantenamt oft nicht da war, und bei Doris Thalmer, einer älteren jüdischen Schauspielerin. Abends spielte ich weiterhin meine kleine Huren-Rolle in der *Dreigroschenoper* und habe viel als Statistin gearbeitet.

Das Szenenstudium fand auf der Probebühne statt, wo wir

sonst unser Bewegungstraining hatten. Helene Weigel saß da und hat mir zugeguckt. Sie war ungeheuer streng und hat mich fast immer »fertiggemacht«. Zum Beispiel hat sie vehement genörgelt, dass meine Stimme zu schwach wäre. Deshalb musste ich sehr trainieren, um nicht zu leise zu sein. Heute bin ich ihr dafür freilich unendlich dankbar! Aber ich musste damals eine erhebliche Scheu überwinden – und dabei hat sie mir ungemein geholfen, indem sie mich unerbittlich getriezt hat.

Alles, was die Theorie des Schauspielerberufs betraf, habe ich mir parallel zur Praxis allein erarbeitet, etwa Theatergeschichte, und dazu logischerweise Marxismus-Leninismus und Gesellschaftswissenschaft ... Ab und zu ging's zum Rapport zu Helli, ich wurde abgefragt, dann bekam ich eine neue Literaturliste. Ich habe mir auch viele Bücher selbst herausgesucht, die mich in dem Zusammenhang interessiert haben. Mit 18 Jahren – da war die Weigel allerdings bereits gestorben – habe ich mein Abitur und meine Bühnenreifeprüfung abgelegt. Ich habe also eine richtige Ausbildung absolviert, jedoch nicht an einer Schauspielschule, sondern direkt am Theater, geradezu ein Luxus, wunderbar!

Was ich am Berliner Ensemble gelernt habe, inspiriert mich bis heute. Dieser Umgang mit Sprache! Die Sprache hatte einen großen Stellenwert, sowohl was den Inhalt, die Dichtung, betrifft, wie auch schlicht die Sorgfalt im Umgang mit Vokalen und Konsonanten. Daraus ergab sich eine Mischung aus Natürlichkeit und Menschlichkeit, die auf der Bühne außerordentlich wirkungsvoll funktioniert hat. Hierin war die Weigel großartig – obwohl sie ihren wienerischen Akzent nie abgelegt hat. Von ihr habe ich gelernt, dass der theatralischen Eingebung eine umfassende Analyse zugrunde liegen muss. Leider verkommt der respektvolle Umgang mit Sprache zusehends. Was ackere ich mit den jungen

Schauspielern bei jeder Inszenierung, wenn es um Verse geht! »Eine Zeile hört doch nicht ohne Grund hier auf«, sage ich zu ihnen, »und geht dort weiter. Ihr könnt das nicht bloß wie simple Prosa behandeln!« Kriegen die das nicht in ihren Schulen beigebracht?

Für mich war das Berliner Ensemble mit seiner Arbeitsweise, seiner Ästhetik, seinem künstlerischen Ethos eine Religion. Für mich, die ich da groß wurde mit diesen Texten, die ich immer wieder vernehmen durfte, und umgeben war von Leuten wie meiner Mutter und meinem Vater, die sich damit die ganze Zeit beschäftigt und die Brecht geliebt und verehrt haben, war es das Normalste von der Welt, dass ich ihn und seine Stücke und Schriften ebenfalls toll finde. Das ist auch so geblieben, als ich irgendwann auf eigenen Beinen stand. Über alle Maßen fassungslos war ich jedoch, als ich mit meinem damaligen Lebensgefährten, dem Schriftsteller, Übersetzer und Filmemacher Thomas Brasch, 1976 in den Westen gegangen war und bemerken musste, wie arrogant sich viele Theaterleute gegenüber Brechts Stücken verhielten. Sie galten als oberlehrerhaft, pädagogisch, dogmatisch. Meines Erachtens wurden sie einfach nicht gelesen – und wenn, meist falsch verstanden ... Da konnte ich wirklich nur sagen: »Meine Güte, sind diese ›Experten‹ dumm! Die kapieren nicht einmal den Unterhaltungswert seiner Dramen – geschweige denn, mit welch hoher Intelligenz er gepaart ist.« Als ich im Westen zu inszenieren begann, war Brecht für mich überaus wichtig, und meine Inszenierungen waren fast so etwas wie eine Verteidigung seiner spezifischen Positionen.

Fraglos war er ein politischer Künstler, womit er sich überall Probleme einhandelte, und auch Helene Weigel kam gar nicht umhin, bei ihrem Schicksal politisch zu werden und zu bleiben – allein durch den Umstand, dass sie Jüdin war und überdies mit einem Mann verheiratet, dessen Bücher die Nazis verbrannt hatten. Dann kam die Emigration, dann die DDR, in der man sich nicht raushalten konnte und einen politischen Blick auf die Dinge einnehmen musste, ob man wollte oder nicht. Die politischen Auseinandersetzungen damals habe ich zwar nicht verstanden, dafür war ich zu klein, aber ich habe schon mitgekriegt, wenn es Spannungen gab. Es lag natürlich immer eine gewisse Angst in der Luft, und es war allen bewusst, dass man bestimmte Dinge niemals laut sagen durfte.

Im Allgemeinen jedoch habe ich wunderschöne Erinnerungen an meine frühen Jahre und die Zeit mit Helli. Sie nahm mich sogar mit nach Buckow, sozusagen ihr Sommersitz, wohin sie mit Brecht früher gern auch übers Wochenende gefahren war. Einmal hat sie mich dort geradezu gerettet. Sie hatte eine eigene Sauna, von der aus man direkt ins Wasser gehen konnte. Ich habe das getan, nackt, wie ich eben aus dieser Sauna kam. Ich war so jung und habe nicht damit gerechnet, dass draußen noch andere Leute sein könnten. Prompt kam ein Ruderboot voller Jungs vorbei. Als die mich sahen, düsten sie im Eiltempo auf mich zu. Voller Angst und Scham

KATHARINA THALBACH

Sie ist unverwechselbar BERLIN, wo sie 1954 geboren wurde und noch heute lebt. Die Tochter des Regisseurs Benno Besson und der Schauspielerin Sabine Thalbach kam früh zum Theater, wuchs am BERLINer Ensemble auf und ging 1976 mit Thomas Brasch nach West-BERLIN. Sie inszeniert längst selbst, spielt weiterhin und konnte 2011 in Jan Peters Doku-Drama über Friedrich II. sogar in der Titelrolle überzeugen – mit ihrer Tochter Anna als jungem König.

versuchte ich das rettende Ufer von Hellis Grundstück zu erreichen, und die Jungs johlend hinter mir her. Plötzlich hörte ich laut Hellis Stimme: »Haut's ab, ihr Schweine, ihr Lausebande, weg da!« Sie war eine hervorragende Schwimmerin, vertrieb diese blöden Kerle, und wir schwammen gemeinsam ans Ufer zurück. Ich war ihr sehr dankbar.

Helli war außerdem eine großartige Köchin, das habe ich in Buckow oft genossen. Dort durfte ich mit ihr Pilze sammeln gehen, auf die verstand sie sich bestens, und dann kochte sie jeden Abend, meist österreichisch – sehr gut und superlecker! Ich koche auch gern, aber längst nicht so gut wie sie.

Ja, sie hat mir viel mitgegeben. Das Erste, was mir einfällt, ist Disziplin – und eine bestimmte Härte anderen wie sich selbst gegenüber. Sie war, wenn es darauf ankam, nicht nur zu anderen hart, sondern ebenso zu sich. Sensibelchen konnte sie nicht vertragen. Sie war eine alte, kranke Frau, als sie meine Meisterin wurde, aber es lief trotzdem fast alles über sie – die vielen Tourneen, die offiziellen Auftritte, die Organisation, alle künstlerischen Entscheidungen, einfach die gesamte Leitung des Theaters. Als Brechts Witwe verband man mit ihr mehr als mit einer »normalen« Schauspielerin und erwartete zusätzliche, repräsentative Dinge von ihr. Darum hat sie sehr viel auf sich genommen. Schwer krank ist sie 1971 noch als Pelagea Wlassowa in Brechts und Gorkis *Die Mutter* in Paris aufgetreten. Dieses zweiwöchige Gastspiel des Berliner Ensembles zum 100. Geburtstag der Pariser *Commune* war wohl ein Riesenerfolg. Stefan Lisewski hob Helli deshalb einmal vor Freude hoch und brach ihr dabei gleich fünf Rippen – ihr, die ohnedies bereits schlimme Probleme mit der Lunge hatte ... Aber sie hat weitergespielt, bis sie gar nicht mehr konnte, und sie hat immer ihren Job als Intendantin und ihre sonstigen Verpflichtungen erfüllt. Sie hat es wirklich ihr Leben lang nicht leicht gehabt, weder privat noch künstlerisch. Mit ganz wenig Geld musste sie die Emigration überstehen, in der sie als Schauspielerin nichts zu tun hatte, und dabei die Ungewissheit ertragen, wie die Sache schließlich enden würde. Dass sie mit einem kleinen Happy End in Berlin ausklingen würde, konnte niemand ahnen. Und dann ging der Göttergatte dauernd fremd ... Ich hätte nicht mit ihr tauschen mögen. Es war eine ungeheure Leistung, wie sie nach der Rückkehr das Berliner Ensemble geschmissen, eine Ordnung hineingebracht, die Leute zusammengehalten hat – das hätte Brecht allein nie und nimmer gewuppt.

DER ERBE UND DER ERFINDER

KLAUS STAECK über JOHN HEARTFIELD
Zwei fotorealistische Westemigranten

Um es gleich zu sagen: Im realen Leben habe ich John Heartfield nie getroffen. Dabei hätte eine Begegnung durchaus im Bereich des Möglichen gelegen. Als er 1950 aus dem Exil zunächst nach Leipzig zurückkehrte, um mit seinem Bruder Wieland Herzfelde für Verlage und Theater zu arbeiten, war ich Schüler im nahe gelegenen Bitterfeld. Während der Jahre bis zum Abitur tauchte der Name des Westemigranten Heartfield allerdings nie auf. Als jemand, der des Öfteren die in den Westen geflohenen Kunstlehrer im Unterricht vertreten musste, wäre ich brennend an seinen Arbeiten interessiert gewesen. Wie ich erst später erfuhr, wurde er ein Opfer der in der DDR geführten Formalismusdebatte und war deshalb nur Insidern ein Begriff.

Als er 1957 schließlich doch seine erste große Nachkriegsretrospektive samt Nationalpreis für Kunst und Literatur bekam, war ich aus politischen Gründen bereits ein Jahr zuvor in den Westen geflüchtet. Von der Existenz seines umfangreichen Werkes habe ich erst durch das 1962 erschienene Buch seines Bruders Wieland Herzfelde *John Heartfield. Leben und Werk* erfahren. Mehrmals getroffen habe ich nach seinem Tod 1968 allerdings seine Frau Gertrud in der Berliner Friedrichstraße 129d und besuchte regelmäßig Wieland Herzfelde mit Elisabeth Trepte in der Woelckpromenade. In langen Gesprächen konnte der leidenschaftlich über die Errungenschaften des und die Leiden am real existierenden Sozialismus reden, auch über die für ihn gar nicht so goldenen 1920er-Jahre, hatte man doch Hitlers braunen Horden kaum etwas entgegenzusetzen. Einmal lud Wieland Herzfelde mich und meinen noch in der DDR lebenden Bruder in den Johannishof, das Gästehaus des Ministerrats nahe dem Bahnhof Friedrichstraße, zum Essen ein, ein wenig stolz und auch als ein Beweis seines privilegierten Status.

Seit 1993 sind die Ost- und die West-Akademie inzwischen vereinigt, und ich bin seit 2006 ihr Präsident. Durch den Einsatz von Stefan Heym war John Heartfield 1956 Mitglied der Ost-Berliner Deutschen Akademie der Künste geworden. An ihn hätte ich viele Fragen gehabt. Mich hätte interessiert, ob er von der Arrestzelle für gefasste Grenzverletzer in dem direkt an der Mauer am Pariser Platz gelegenen Akademiegebäude wusste. Gerne hätte ich auch gehört, mit welchen Erfahrungen er nach seiner langen Reise mit dem Bildhauer Werner Stötzer durch China zurückgekommen war. Schließlich lag Maos langer Schatten schon seit geraumer Zeit über dem Land. Natürlich hätte ich gern nach seiner Meinung über den neuen Glaspalast der Akade-

JOHN HEARTFIELD

Als Helmut Herzfeld 1891 in BERLIN geboren, nannte sich der Maler, Grafiker und Bühnenbildner bald John Heartfield. Er gilt als Erfinder der politischen Fotomontage. Mit seinem Bruder Wieland Herzfelde gründete er 1916 in BERLIN den auf Avantgardekunst und revolutionäre Literatur spezialisierten Malik-Verlag. Er trat 1918 der KDP bei. Nach der Rückkehr aus dem Exil ab 1950 in Leipzig, ab 1956 wieder in BERLIN, wo er 1968 starb.

mie auf den alten Grundmauern am Pariser Platz gefragt. Über die restriktive Kulturpolitik der DDR-Funktionäre in den 1950er-Jahren, die wohl mit dazu führte, dass in dieser Zeit nur relativ wenige Arbeiten von ihm entstanden, lediglich einige Buchumschläge und Plakatentwürfe, hätten wir gesprochen. Wie bewahrt man sich den Glauben an ein kommunistisches Weltbild in Zeiten des Stalinismus mit all seinen wahrscheinlich auch ihm bekannten Grausamkeiten? Noch dazu, nachdem ihm aufgrund seines Exils in England zeitweilig die Aufnahme in die SED verwehrt worden war.

Zu guter Letzt hätte ich ihn gerne gefragt, was er gedacht hat, als er erfuhr, dass sein Freund George Grosz wegen all der für ihn unauflöslichen Widersprüche bereits 1923 die KPD verlassen habe. Beide gelten als die Väter der Fotomontagetechnik, jener Kunstform, die gerade für das 20. Jahrhundert mit seinen Katastrophen prägend und auch für meine Arbeit zu einer wichtigen Methode wurde. Die Beantwortung dieser Fragen wären für mich auch deshalb so wichtig, weil Wieland Herzfelde in seinem Vorwort zu meinem Buch *Die Gedanken sind frei* 1980 geschrieben hat: »Mein Bruder John Heartfield hätte, wenn er Ihre unermüdliche künstlerische Aktivität erlebt hätte, in Ihnen einen erfreulichen Nachfolger erkannt und begrüßt.«

KLAUS STAECK

Der Grafiker, Verleger und Rechtsanwalt wurde 1938 im sächsischen Pulsnitz geboren und ging 1956 nach Heidelberg. Dort spezialisierte er sich mit seinem Verlag auf politsatirische Plakatkunst unter Verwendung von Fotomontagen. Seine erste von vier *documenta*-Teilnahmen war 1972 in der Abteilung *Parallele Bildwelten: politische Propaganda*. Seit 2006 ist er Präsident der Akademie der Künste BERLIN.

DER STADTPLANER UND DER STAATSPLANER

DIETER HOFFMANN-AXTHELM über HEINRICH FRIEDRICH KARL REICHSFREIHERR VOM UND ZUM STEIN
Zwischen den Zeiten stehend

Wollte ich ihm einfach nur begegnen? Das wäre zu wenig. Er ist eine Machtperson. Bloße Besichtigung, Unter den Linden den Hut ziehen, darauf seinerseits vielleicht eine Begrüßung, maximal eine freundlich knappe Replik: Das ist, wie ich mich selbst kenne und wenn man selber verändern und am Reformprozess von Staat und Stadt zu gegebener Zeit teilhaben will, zu wenig. Auch mit der Distanz von 200 Jahren wird es nicht sinnvoller, auf eine günstigere Gelegenheit zu lauern. Man muss Glück haben und Zufall und Kairos entgegengehen, vor allem aber eine Strategie der Distanzüberwindung entwickeln. Es reicht nicht, brauchbar zu sein, die Machtperson muss wissen, dass sie einen brauchen kann.

Was Machtpersonen angeht, kenne ich mich ein wenig aus: 40 Jahre am Rande der Macht, nie drin. Mit dem einen Bein freier Intellektueller, dem kein Maulkorb anzulegen ist, mit dem anderen als Auftragnehmer im Mahlwerk der Verwaltung und damit im Schlagschatten der Politik, jemand, dem immer gewärtig ist, dass das Ausgearbeitete annulliert, dass verheißungsvolle Handlungskulissen unvermittelt wieder eingezogen werden können. Oder dass der mächtige Auftraggeber verschwindet, aus dem Amt geworfen wird – da fällt das Projekt natürlich gleich mit.

Dieser da ist allerdings mehr als Machtträger auf Zeit. Er ist, mit oder ohne Amt, ein Herr. Das will beachtet sein: reichsunmittelbare Ritterschaft, nur den Kaiser über sich, gleichzeitig modern genug, um nicht irgendwo zu dienen, sondern im preußischen Staat. Wo sonst, würde er sagen, fragte ich ihn nach den Gründen. Wo sonst geht es um den Staat, nicht um den Fürsten, wo sonst wäre der Ansatzpunkt, für die ganze Nation zu arbeiten. Dass er ein Herr ist, von altem Adel ist, sage ich mir, ein strategischer Vorteil für mich. Er hat einen Blick für andere selbstständige Individualitäten, weiß eigenes Denken von Verwaltungsroutine zu unterscheiden und ist sich seiner selbst sicher genug – welche Ausnahme, sagt man sich im Blick auf heutige Politiker in dieser Stadt –, um Widerspruch zu schätzen. Entscheiden kann er dann immer noch anders.

Immerhin muss ich angesichts dessen doch noch etwas mogeln, um ihm wirklich näherzukommen. Ich hätte also, wie er, wenn auch nicht mehr beim alten Johann Pütter, in Göttingen Jura studiert, nicht Theologie, und brächte, statt meines Geschichtsstudiums, selbst Geschichte mit, Familie, freundschaftliche und verwandtschaftliche Beziehungen auf der Erzeugerebene abzüglich des Praktikums beim Reichskammergericht, das zu meiner Zeit nicht mehr Mode ist, dafür einigen preußischen Staatsgeruch. Damit ist nicht besonders viel gemogelt, nur eine zweckdienliche Veränderung der Höhenlage, gerade so weit, damit es tatsächlich zum Kontakt kommen kann. Den Rest besorgt hoffentlich die Stadt, Berlin, als Gegenstand wie als intellektuelles Milieu.

Zunächst via Milieu. Es wäre natürlich einfacher gegangen, wenn wir gleich alt wären und uns schon Anfang der 1780er-Jahre kennengelernt hätten, nachdem er, eben in Berlin eingetroffen, selbst unten anfing, als Referendar beim Bergwerks- und Hüttendepartement. 20 Jahre später und, nehmen wir an, um so viel jünger als er, denke ich noch gar nicht daran, dass ich einmal mit der Macht zu tun haben würde. Ich gehöre schon der nächsten Generation an – zu denen, die in den 1770er-Jahren geboren sind. Für uns, die als Jugendliche Zeitgenossen der großen Revolution sind, ist das Alte Reich, sind Reichskammergericht und Reichsunmittelbarkeit keine lebendigen Größen mehr. Es ist auch nicht mehr selbstverständlich, nach dem Studium gleich in den Staatsdienst einzutreten. In eine Zeit allseitigen Umbruchs hineingeraten, braucht man Zeit, die eigene Rolle in den beweglich gewordenen Verhältnissen zu finden. Überdies sind für uns auch die Gewissheiten der Berliner Aufklärung erschüttert, der Glaube an die Macht der Vernunft ist ebenso gebrochen wie der an ein kontinuierliches Fortschreiten des Menschengeschlechts zum Besseren. Die Nachtseiten der Welt, der französische Terror draußen und die Angst- und Lustfantasien innen, sind für uns unabweisbar und beschädigen die eingefahrenen Gradlinigkeiten des Einstiegs in ständische und berufliche Sicherheit. Die Wirklichkeit

HEINRICH FRIEDRICH KARL REICHSFREIHERR VOM UND ZUM STEIN

Geboren in Nassau 1757, gestorben in Cappenberg (Westfalen) 1831. Von 1804 bis 1807 war er Finanz- und Wirtschaftsminister in BERLIN und sorgte u. a. für die Aufhebung der Binnenzölle. Von September 1807 bis November 1808 setzte er als Minister grundlegende Neuerungen – die »preußischen Reformen« – durch (Bauernbefreiung, Selbstverwaltung der Städte). Ab 1812 am Hof Alexander I. und als Berater der russischen Delegation beim Wiener Kongress. 1816 zog er sich auf seine Domäne in Cappenberg zurück.

muss für uns noch einmal erfunden werden, als eine Sache, der nicht zu trauen ist.

Was bleibt an gemeinsamem Milieu, über den Generationssprung hinweg, dann noch übrig? Da ist einmal der Blick nach England. Man weiß, dort entsteht mit der Dampfmaschine etwas Neues, und man liest Adam Smith – niemand, der in Preußen an verantwortlicher Stelle mitreden will, kommt um dessen Werke herum. Das zweite Gemeinsame ist die Kant-Lektüre. Ohne sie, ob Beamter, Militär, Richter oder freier Schriftsteller, ob aus ärmsten Verhältnissen oder gutsituiert, ist keine intellektuelle Selbständigkeit denkbar, wie immer die Folgerungen aussehen mögen, die man für sich daraus zieht. Das sieht er, der Jahrzehnte in den praktischen Problemen der Staatsverwaltung steckt, nicht anders. Ein großer Leser war er nicht, jedoch, von Göttingen bis Königsberg, von überzeugten Kantianern umgeben. Ob er Kants Aufsatz in der *Berlinischen Monatsschrift* wirklich selbst gelesen hat, fragt man sich schon, aber die Botschaft vom Ausgang des Bürgers aus der Unmündigkeit des Untertanen hat er im Kopf, bis hin zur Beseitigung der Leibeigenschaft.

Das andere Thema, die Stadt, liegt ihm ferner. Von Hause aus weiß er, was ein Morgen Acker bringt, und als Staatsbeamter hat er die längste Zeit mit dem zu tun, was der Bergbau hergibt. Für die junge Generation ist das zwar keine bloß technische Materie, sondern voller Symbolik, wissen wir doch alle, dass unser verehrter, viel zu früh gestorbener Novalis im Beruf der Bergwerksbeamte Friedrich von Hardenberg war. Aber unser eigenes Terrain ist die Stadt, die möglichst große Stadt mit ihren Widersprüchen, Abgründen, tausend Möglichkeiten der Anteilnahme an Kunst, Philosophie, Politik und Leben. Hier gibt es nicht die festen Wände der Provinz, alle Übergänge sind möglich, vom Beamtendasein zum freiberuflichen und zurück, von der intellektuellen

Einsamkeit zum Salon, vom Denken zum Leben, von bitterer Armut zu geachteter Stellung und vom Bürger zum Aufrührer mit Publikationsverbot. Unter uns gesagt: Da liegt, auf dem Weg zu Wilhelm Heinrich Riehl und weiter zu Georg Simmel, der Ursprungsort der Stadtsoziologie.

Keine Frage, ich halte mich noch mitten in diesem Übergangsfeld auf, unter studierten Hungerleidern, und studiere mit ihnen dieses vielköpfige Ungeheuer Stadt. Ich bin froh, dass ich nicht Hauslehrer in der Provinz sein muss, sondern wahlweise Fichte oder Edmund Burke lesen darf, und schreibe. Denn jetzt, nach dem Ende der bleiernen Zeit der Ära des Staatsministers Woellner, sind die Zeitschriften wieder da, und der Krieg ist es noch nicht. Das beflügelt die allgemeine Tätigkeit von meinesgleichen: Man schreibt, redet, hält Vorträge, macht Projekte – man macht sich bemerkbar. Ich bin inzwischen allerdings wach genug, um auch auf die institutionellen Rahmenbedingungen zu achten statt nur auf die eigenen Existenzbedingungen. Und dann, in den eigenen 30-ern angekommen, ist es auch mit den bloßen Ideen nicht genug. Ich beginne zu verstehen, dass die Stadt mehr ist als ein Kommunikationsmodell und die Staatsverwaltung mehr als eine Maschine der Mächtigen. Wer etwas für das Gemeinwohl tun will, muss zumindest so nahe an den Staat herangehen, dass er Kontakt zu dem großen Projekt bekommt, das im Staate gärt, der Verwaltungsreform. Und dazu muss er liefern.

Das habe ich begriffen, und ich liefere. Wie muss das Scharnier beschaffen sein, das die individuelle Freiheit der Einzelnen mit der notwendigen Autorität des Staates verbindet, sodass weder Willkür von oben noch Willkür von unten herrscht, sondern beide sich wechselseitig zum Wohle des Ganzen binden? Das ist mein Thema. Noch weiß ich nicht recht, auf welche Lösung das Ganze – auf eine Art Kommunalverfassung? – hinauslaufen wird, aber das Problem ist erkannt.

Noch immer kein Kontakt mit ihm. Jetzt fragen Sie mich vielleicht, warum gerade er, der nur halb Moderne, zwischen den Zeiten Stehende? Warum nicht der Kabinettsrat Beyme, der Mann des Königs, der als unser, der Jungen, Unzufriedenen, mit der Revolution Liebäugelnden, Protektor gilt? Eine Antwort kommt aus der Sache. Der Staat erscheint nur von außen als abweisendes Massiv. Einmal mit diesem Gebilde in Tuchfühlung, entdeckt man, dass da jeder jedem im Wege steht. Es gibt unendlich viele Verantwortliche, also niemanden, der wirklich für etwas verantwortlich wäre – »organisierte Unverantwortlichkeit« hat man das neuerdings genannt. Am verheerendsten ist das Gegeneinander von Ministerien, der eigentliche Staat, und dem Kabinett, Beymes Reich. Dass die bürgerlichen Kabinettsräte sich gegenüber den adligen Ministern als die Leute der Reform fühlen und mit Napoleon sympathisieren, was zählt das, wenn da drei, vier Leute unterm königlichen Mantel machen können, was sie wollen? Dieser Staat braucht eigentlich keine Feinde, er legt sich schon selbst lahm.

DIETER HOFFMANN-AXTHELM

Geboren 1940 in BERLIN, als Theologe, Architekturkritiker und Stadtplaner – in Kassel, Wien und BERLIN – tätig. Lehraufträge führten ihn an die Pädagogische Hochschule BERLIN, Assistenzen an die Technische Universität BERLIN. Er beschäftigt sich seit 1998 zunehmend mit Problemen der lokalen und kommunalen Selbstverwaltung. Von 1992 bis 1999 hat er im Auftrag des Senats verantwortlich an der Planung der BERLINer Innenstadt mitgearbeitet.

Die zweite Antwort ist die, die das Leben gab. Der Minister sitzt nicht einfach gesprächsbereit Unter den Linden Ecke Neustädtische Kirchstraße im Café Einstein. Gehe ich also eines Tages ins Palais am Festungsgraben, dem vormaligen Palais Donner, und melde mich im Büro des Ministers an, darauf vertrauend, dass er eine entfernte Idee hat, wer ich bin? Dann geschieht etwas anderes: Der Zufall will, dass er mich kommen lässt. Ich warte natürlich nicht darauf, was er von mir wollen könnte, sondern nehme mein bereitliegendes Gutachten zu Veränderungen in der städtischen Verwaltung mit und lege es ihm auf den Tisch. Stadt als Thema, das passt, weil das nicht gleich der Staat ist, somit darin genau der Standesunterschied vom Freiherrn zum Bürger gespiegelt ist, dessen Einhaltung ihn, den Reichsfreiherrn, und mich, den Bildungsbürger, überhaupt erst kompatibel macht. Daraufhin kann man sich verständigen.

Er ist jetzt fast 50. Eine kräftige Gestalt, wie er da im Stuhl hinter dem Rokokotischlein sitzt, das Sichtbarste, der Kopf, groß, ebenso alles daran, Mund, Nase, Augen, Stirn. Den bewegt so leicht nichts vom Fleck. Über alle Abstände hinweg kommen wir ins Gespräch. Gemeinsame Interessen ergeben sich wie nebenbei, so das Interesse am Mittelalterlichen, an Quellenstudium und Archiv, diesen Bergwerken der Geschichte. Im Mittelpunkt allerdings Verwaltungsfragen. Es ist ja die spannendste Zeit überhaupt. Das Reformlager hat sich formiert, der Staatsumbau beginnt – als Verwaltungsreform –, Form anzunehmen. Er hat jetzt, über die Kompetenzen und Aufgaben als Finanz- und Wirtschaftschef im Generaldirektorium hinaus, seine Richtung gefunden, zwischen England und Frankreich, ständischem Selbstbewusstsein und Staatsdisziplin, zwischen Burke und Kant. Das ahne ich nur, er hält darüber keine Vorträge. Es reicht, dass ich ihm von meiner Bewunderung für den alten Möser spreche.

Westfalen erweist sich als Brücke. Im Westfälischen hat er, beauftragt, die westfälischen Landesteile in den preußischen Staat zu integrieren, in den Jahren zuvor sich und seine Mitte gefunden. Nicht umsonst wird er in Cappenberg sein Leben beenden: nicht am Rhein, nicht in den polnischen Provinzen.

Auch in mir hat die »Erfahrung Westfalen« eine Tür geöffnet, einige kantianische Rigiditäten aufgelöst und den Blick auf Land und Leute gelenkt. Ich vermeide nicht, auf Münster zu sprechen zu kommen, wo er, an seinem Amtssitz, gerade die Universität gegründet hat, komme ich doch selber von einem kurzen Auftritt dort, promotionshalber. Ja, sagt er, Mösers Aktie, das ist es, der Schlüssel zum Verhältnis von persönlicher Freiheit und staatlicher Macht. Denn sonst bleiben trotz allem Fortschritt »die Menschen wie die dummen Kinder, die immer schreien: ›Vater! Mutter!‹, wenn sie einen Augenblick allein sind«, statt wie der westfälische Bauer »gleichsam ein Fürst bei sich zu Hause und mit seinesgleichen. Dann wäre auch erst der König ein großer Potentat, denn er wäre der König über vielmalhunderttausend Fürsten«.

Beamter bin ich nicht geworden. So abhängig wollte ich nicht sein, und die großen Posten, dank derer ich hätte autonom handeln können, waren außer Reichweite – kein Weg dorthin denkbar, da war mir mein eigenes Leben am Rande des Existenzminimums wichtiger. Aber der Kontakt verstetigte sich. Für die Karrierebeamten war ich keine Konkurrenz, und so, als Selbstständiger, bildeten die Unterschiede in Einkommen und Status kein unüberwindliches Hindernis. Ich lieferte zu, lernte das, was mir wichtig war, im Voraus so weitgehend zu formulieren, dass nach der kritischen Durchsicht des Chefs noch genug übrig blieb. Von Gelegenheit zu Gelegenheit gelangte so das eine oder andere in das große Reformwerk. Natürlich machte ich die gleiche Erfahrung wie alle seine Mitarbeiter, dass er über bestimmte Linien hinaus nicht zu bewegen war. Aber nur so, wie er die Dinge abmilderte, vielleicht vereinfachte, jedenfalls praktisch und griffig machte, hatte der Entwurf die Chance, Beschluss zu werden. Er musste es beim König durchsetzen. Selbst wenn gut ein Drittel des Gewollten auf der Strecke blieb – ohne ihn wäre gar nichts gewesen.

Die größeren Verhinderungen kamen ohnehin von außen, aus der plötzlichen Beschleunigung der Geschichte. Preußen trat in den Krieg gegen Napoleon ein, zwei Jahre zu spät und daher jetzt allein. Mein Auftraggeber, der sich zu schade war, mit Napoleon einen schmählichen Frieden auszuhandeln, wurde mit Tadel entlassen. Das neue Reformzentrum wurde, nach seiner Wiederberufung, Königsberg.

Ich blieb im quasi besetzten Berlin. In Königsberg wurde nicht nur das Edikt zur Bauernbefreiung geschaffen, sondern auch das andere, auf das sich meine ganze Lust und Energie gerichtet hätte, die Städteordnung: das Modell bürgerlicher kommunaler Selbstverwaltung. Er, Stein, war unerreichbar geworden. Ich fantasiere mir indes, per Kurier, über Briefe und gutachterliche Einsendungen, noch einen kleinen Anteil im großen Projekt hinzu, unterhalb der Funktion des gleichaltrigen Theodor von Schön und versteckt neben dem erfahrenen, ein Jahrzehnt älteren Kommunalfachmann Johann Gottfried Frey – uns verbindet, dass er, wie ich, in Paris gewesen ist und die französische Munizipalordnung von 1789 kannte: einen Anteil, der im Schlepptau der Freyschen Gutachten in die redaktionelle Arbeit der Wilkens, Friese, Morgenbesser im dortigen Provinzialkollegium unter den wachsamen Augen Steins doch noch eingeflossen sei. Man möge dieser Behauptung zugutehalten, dass ich über Jahrzehnte meine Anhänglichkeit an die Städteordnung, die ursprüngliche von 1808, bewiesen habe.

DIE POSTMIGRANTIN
UND DER GESCHICHTSRAUM

SHERMIN LANGHOFF über DIE SING-AKADEMIE
Gleich einem Blumengarten

Um über die Sing-Akademie zu Berlin, die im Jahr 1791 entstand und die heute die älteste gemischte Chorvereinigung der Welt ist, zu sprechen, kann ich nur ihren zweiten Leiter Carl Friedrich Zelter (1758–1832) zitieren. Er sagte über sie: »Jeder Fremde und jedes hinzutretende Mitglied findet darin etwas, wo die Tugend gern verweilt: Aufmerksamkeit ohne sichtbare Anstrengung, Schönheit ohne Vorzug, Mannigfaltigkeit aller Stände, Alter und Gewerbe, ohne affektierte Wahl; Ergötzung an einer schönen Kunst, ohne Ermüdung; jede Vermischung von Geschlechtern, gleich einem Blumengarten.«

Zelter war zugleich Maurer und Komponist und ließ am noch heute grünenden Kastanienwäldchen Unter den Linden von Carl Theodor Ottmer nach Entwürfen Karl Friedrich Schinkels ein eigenes Haus für den Chor errichten. Anfang 1827 war dieser erste Konzertsaal Berlins fertig und wurde wegen seiner hervorragenden Akustik gerühmt. Hier fand am 11. März 1829 die legendäre Wiederaufführung der *Matthäus-Passion* von Johann Sebastian Bach unter dem 20-jährigen Felix Mendelssohn Bartholdy, Schüler des Bach-Verehrers Zelter, statt, die den Leipziger Thomaskantor wieder ins Bewusstsein der musikalischen Öffentlichkeit brachte.

Dass Jens Hillje und ich zusammen seit Herbst 2013 das

Foto: Lutz Knospe

Maxim Gorki Theater leiten dürfen, das seit 1952 in diesen historischen Räumen untergebracht ist, freut uns außerordentlich

Zur Tradition dieses besonderen Ortes zählt schließlich auch, dass in dem Gebäude eine demokratische Verfassung für Preußen erarbeitet wurde – von der ersten frei gewählten Preußischen Nationalversammlung, die jedoch am 9. November 1848 aus der Stadt vertrieben wurde. Und 1988 antizipierte das Theater mit Volker Brauns Komödie *Die Übergangsgesellschaft* in der Regie von Thomas Langhoff prophetisch die friedliche Revolution vom Herbst 1989. Diese Ereignisse können als symbolische Marksteine des Kampfes um eine freie, gerechte und offene Gesellschaft betrachtet werden, die in der Wiedervereinigung von Stadt und Land mündeten. Vergessen wollen wir dabei natürlich auf keinen Fall die ebenfalls von Berlin ausgehende nationalsozialistische Diktatur mit der auf dem gegenüberliegenden Opernplatz und in vielen anderen Städten stattfindenden Bücherverbrennung 1933, den Novemberpogromen 1938 sowie der Verfolgung und Ermordung der europäischen Juden.

SHERMIN LANGHOFF

Geboren 1969 in der Türkei, kommt sie mit neun Jahren nach Nürnberg. Sie wird Verlagskauffrau, organisiert deutsch-türkische Veranstaltungen, arbeitet als Aufnahmeleiterin und Producerin für Fernsehen und Film. Am BERLINer Hebbel-Theater wird sie 2004 Kuratorin mit dem Schwerpunkt Migration. 2008 etabliert sie in BERLIN-Kreuzberg das Ballhaus Naunynstraße als postmigrantisches Theater. Seit Herbst 2013 hat sie mit Jens Hillje die künstlerische Leitung des Maxim Gorki Theaters inne.

Charismatisch und mythenumwölkt, unübersehbar und agil, bietet das ehemalige Domizil der Sing-Akademie noch heute Platz für Debatten, Diskurse, neue Aufbruchsbewegungen und für die gegenwärtigen Auseinandersetzungen um die Zukunft Berlins als einer vielfältigen europäischen Metropole, wie wir sie auch mit unserem Theater anregen wollen.

DIE SING-AKADEMIE

Die 1791 in BERLIN gegründete Sing-Akademie gilt als die älteste gemischte Chorvereinigung der Welt. Ihr Gebäude entstand nach Entwürfen von Karl Friedrich Schinkel. Hier begann mit der Wiederaufführung der *Matthäus-Passion* durch Felix Mendelssohn Bartholdy 1829 die große Wiederentdeckung Johann Sebastian Bachs, hier tagte 1848 die Preußische Nationalversammlung, hier ist seit 1952 das Maxim-Gorki-Theater daheim. Der Bundesgerichtshof entschied 2012, dass Grundstück und Gebäude im Besitz der zu DDR-Zeiten enteigneten Sing-Akademie bleiben.

DER DIREKTOR
UND DIE SURREALISTIN

GEREON SIEVERNICH über MERET OPPENHEIM
Woher die Einfälle einfallen

»Das Meer liegt erfroren am Strand
Die Statuen fallen ohnmächtig zur Erde
Tausend Blitze suchen verzweifelt den Ausgang«
MERET OPPENHEIM

Heute zählt das Gesamtwerk von Meret Oppenheim zur Klassik der Moderne. Ihre berühmte Pelztasse ist mittlerweile eine unausleihbare Reliquie, der man im Museum of Modern Art (MoMA) in New York – einfach nur »*object*« nennen die Kunsthistoriker dort das Werk – ein *tempietto*, ein Tempelchen, errichtet hat. Als habe sich die Kunst jener Zeit auf dieses Werk hin entwickeln müssen. Eine ganze Monografie widmete das MoMA allein der Pelztasse. Die Schöpferin jedoch empfand das Jahrhundertwerk als große Last.

Zu ihren Lebzeiten musste sie um Anerkennung kämpfen: als Frau und als Künstlerin. Man kannte die Pelztasse, doch der Name der Künstlerin war oft unbekannt, wie Daniel Spoerri, mit dem sie befreundet war und den sie förderte, berichtete. Manche sprachen – vor der Internetzeit – in ihren Texten ob des ungewöhnlichen Vornamens von Herrn Oppenheim. Man kannte die Fotografien von Man Ray aus dem Jahre 1933 – in jeder Kunstgeschichte ist ein Foto aus der Serie *Erotique voilée* abgebildet –, aber man erwähnte oft nicht einmal den Namen der Porträtierten. Heute muss Meret Oppenheim so etwas nicht mehr befürchten. Sie ist weltberühmt.

Geboren wurde Meret Oppenheim 1913 in Charlottenburg, seit 1920 ein Bezirk von Berlin. Ihr Vater war Arzt und diente im Ersten Weltkrieg als Mediziner in der deutschen Armee. Ihre Mutter Eva Wenger war Schweizerin. Deren Mutter Lisa Wenger, die großen Einfluss auf die Erziehung von Meret nahm, war Malerin und eine berühmte Schriftstellerin. Als eine der ersten Frauen hatte sie an der Düsseldorfer Akademie Kunst studiert. Noch heute liest jedes des Schweizerdeutschen mächtige Kind das von ihr illustrierte Kinderbuch *Joggeli söll ga Birli schüttle*. Eine ihrer Töchter war einige Jahre mit Hermann Hesse verheiratet. Es war eine kunstaffine Familie, in der Meret aufwuchs. Ihren seltenen Namen entlehnten die Eltern, so heißt es, jener fiktiven Dokumentation, die Gottfried Keller auf wenigen Buchseiten in seinen großen Bildungsroman *Der Grüne Heinrich* (1854) aufnahm. Meretlein ist dort ein lebenslustiges Mädchen, das zwar wilde Tiere zu zähmen versteht, doch auf Bitten der Eltern von einem Pfarrer »korrigiert« werden soll, weil es sich nicht unterwerfen, keine Kirchenlieder singen will. Der sadistische Pfarrer schlägt es, man erklärt es zum Hexenkind, doch es stirbt unbelehrbar. Die Freiheit hatte es sich nicht nehmen lassen wollen.

Im Ersten Weltkrieg zog die Mutter mit den Kindern zu den Großeltern in die sichere Schweiz. Nach dem Krieg ließ die Familie sich in der Nähe der schweizerischen Grenze, im badischen Steinen, nieder.

Meret reiste bereits 1932 nach Paris. Als sie ihren Vater bat, von der Schule abgehen und Kunst studieren zu dürfen, soll er nur gefragt haben: »Paris oder München?« Meret entschied sich für Paris. Doch dem liberalen Vater war es nicht geheuer, seine Tochter dort alleine zu wissen. Er vermittelte ihr 1935 eine Sitzung bei dem Schweizer Psychiater C. G. Jung, der aber nur lakonisch an den lieben Kollegen schrieb: »Ich habe gar nicht den Eindruck, als ob irgendeine neurotische Komplikation dabei vorläge. Das künstlerische Temperament einerseits und die jugendliche Desorientiertheit eines Zeitalters, das die Vernünftigkeit des 19. Jahrhunderts wettmachen muss, sind wohl genügende Erklärung für die Unkonventionalität des Standpunktes.«

1937 drohten dem Arzt jüdischer Herkunft ein Berufsverbot und die Verhaftung. Er wurde jedoch rechtzeitig gewarnt, und die Familie blieb nach einem Familienausflug in der Schweiz, wo der Vater aber auch nicht praktizieren durfte. Man lebte nun in ständiger Geldnot. Daher musste Meret im selben Jahr in die Schweiz zurückkehren. Ihr Vater konnte sie nicht mehr unterstützen. Vergeblich blieb ihr Versuch, von Entwürfen für Schmuck und Mode in Paris leben zu wollen. Meret, die in Paris Skandale ausgelöst und Triumphe gefeiert hatte, geriet in der Schweiz in eine lang anhaltende Schaffenskrise, die bis Mitte der 1950er-Jahre dauern sollte. Das verrätselte Gemälde *Die Stein-*

GEREON SIEVERNICH

Der Kulturhistoriker, Ethnologe, Kulturmanager und Ausstellungsmacher wurde 1948 in Frankfurt am Main geboren und begann 1970 sein Studium an der Freien Universität BERLIN. Seit 1978 ist er leitender Mitarbeiter der BERLINer Festspiele, seit 2001 Direktor des BERLINer Martin-Gropius-Baus. Er lehrt an der Goethe-Universität Frankfurt am Main als Honorarprofessor und ist Dozent an der FU BERLIN. Seit 2001 gehört er zur Jury für den Kyoto Preis.

frau (1938) spiegelt ihre Empfindungen zu jener Zeit am deutlichsten.

Sie versuchte sich in dieser Krisenphase an einem Theaterstück über Kaspar Hauser. Einige Bilder entstanden, darunter *Krieg und Frieden* (1943), welches damals das Kunstmuseum Basel ankaufte. Es ist ein eindrucksvoll düsteres Bild, es reflektiert ihre Lage und jene der Schweiz, die – umzingelt von Nazi-Deutschland – jeden Moment einen Einmarsch befürchten musste. Meret soll in dieser Zeit mit einem Rucksack unter dem Bett geschlafen haben, um jederzeit fliehen und sich dem Untergrund anschließen zu können, zu dem sie durch ihre Mitgliedschaft in der schweizerischen Künstlergemeinschaft *Gruppe 33* (!) gute Beziehungen hatte.

Nach dem Krieg dauerte es noch viele Jahre, bis sich endlich Anerkennung einstellte und sie wieder künstlerisch arbeiten konnte. Sie griff in den 1960er-Jahren häufig auf Ideen und Entwürfe der 1930er-Jahre zurück, wiewohl sie vieles zerstört hatte. Halt fand sie 1945 in ihrer Beziehung zu Wolfgang La Roche, den sie 1949 heiratete und zu dem sie nach Bern zog. Die jungen Künstler Daniel Spoerri, Dieter Roth und Jean Tinguely wurden in den 1950er-Jahren zu Freunden, die sie förderte. Ihr Vater meinte 1959: »So wenig ich ja Deine Kunst ›verstanden‹ habe, ich habe ›immer‹ an sie ›geglaubt‹, und nun fängst Du an, von größeren Kreisen anerkannt zu werden. Das heißt also, dass Du wahrhaftig vom Geist der Zeit erfasst und durchdrungen bist.« Vielleicht war ihr diese Anerkennung der Eltern, die sie in ihren Briefen zärtlich »Pipsli« und »Mipsli« nannte, noch wichtiger als jene der Öffentlichkeit.

1967 starb ihr Mann. Im gleichen Jahr zeigte das Moderna Museet in Stockholm unter dessen Direktor Pontus Hultén eine erste große Retrospektive. Weitere Ausstellungen folgten in anderen europäischen Städten. Meret Oppenheim wurde erneut entdeckt. 1975 erhielt sie den Kunstpreis der Stadt Basel. 1982 wurde sie von Rudi Fuchs zur *documenta 7* eingeladen und erhielt im gleichen Jahr den Großen Preis der Stadt Berlin. Kurz vor ihrem Tod wurde sie zum Mitglied der Berliner Akademie der Künste berufen. Sie starb 1985. Ein Jahr später wurde ihr Werk erstmals auf der Biennale von Venedig gezeigt.

Der bedeutendste Schweizer Kunstpreis heißt heute Prix Meret Oppenheim. Eine Straße unter der Passerelle am Hauptbahnhof von Basel wurde 2003 nach ihr benannt. Sie wird in der Presse als »Jahrhundertfrau« bezeichnet. Meret Oppenheim ist inzwischen ein Superstar.

Was für die Geschichte Revolutionen sind, das sind für die Kunstgeschichte Skandale. Sie deuten auf Wendepunkte und Richtungswechsel. Und Meret Oppenheim stand im Mittelpunkt gleich einiger Skandale.

ERSTER SKANDAL:
MAN RAYS FOTOSERIE *EROTIQUE VOILÉE* 1933

»Der Tau auf der Rose / Wer berührte sie vorher
Vor der Nacht? / Sie behielt ihr bleiches Fleisch
Ihr Wachs / Weiß und schwarz
Sieht man sie wieder in den Wolken / Marzipan essend«
MERET OPPENHEIM

Mit ihrer einige Jahre älteren Malerfreundin Irène Zurkinden – von ihr ist ein schönes Porträt der jungen Meret überliefert – fuhr Meret Oppenheim 1932 mit dem Zug nach Paris. Dort lernte sie bald Alberto Giacometti kennen. Ein Leben lang wird sie mit ihm befreundet bleiben. Giacometti machte Meret mit Hans Arp und Sophie Taeuber-Arp bekannt. »2–3 Leute kenne ich jetzt, mit denen man reden kann. Sonst sind die Maler hier eine große Saubande«, schrieb sie im Juni 1932 in ihr Tagebuch. Hans und Sophie Arp ermutigten sie und empfahlen ihr, im *Salon des Surindépendants* 1933 auszustellen. So schrieb sie im Oktober des Jahres: »Die beste Kritik für mich ist, dass ich mit den 9 besten Malern ausstellen kann.«

Im gleichen Jahr lernte sie Max Ernst kennen. Etwa ein Jahr dauerte die Liaison, dann trennte sich Meret von Max, weil er ihr zu übermächtig und ihre künstlerische Entwicklung zu sehr zu hemmen schien. Doch zu ihrer ersten Ausstellung 1936 in der Schweiz in der Galerie Schulthess schrieb Ernst dann emotional, wenn auch paternalistisch:

> »Mit fünfzehn verlässt sie Vater und Mutter, um den halbwüchsigen Eisenbahnen und den wichtigsten Seezungen nachzujagen. Mit zwanzig verschließt sie sich vornehm in eine Luftspalte und verschluckt den Schlüssel. Nach vierzigtägigem Fasten bricht sie plötzlich aus und spricht seitdem gern – warum wohl? – mit den Griffelfortsätzen der Küstenländer und Vorgebirge. Die Schiffbrüchigen und die Gichtbrüchigen ... Mit einem Wort, sie ist ein lebendes Exempel für den uralten Lehrsatz ›Das Weib ist ein mit weißem Marmor belegtes Brödchen (!)‹. Wer überzieht die Suppenlöffel mit kostbarem Pelzwerk? Das Meretlein. Wer ist uns über den Kopf gewachsen? Das Meretlein.«

Nach ihrer Affäre mit Max Ernst begann sie, wie lange gesperrte und deshalb erst vor einiger Zeit zugängliche Briefe belegen, eine Beziehung mit Marcel Duchamp.

Im Kreise jener Surrealisten, die sich 1924 unter der Ägide des strengen André Breton von den Dadaisten um Tristan Tzara abgespalten hatten – ein Streit, der 1936 in New York noch Alfred Barr bei den Vorbereitungen für seine große Schau *Fantastic Art, Dada, Surrealism* in Verlegenheit bringen sollte –, wurde die schöne Meret Oppenheim begeistert aufgenommen. War sie eine neue »Nadja«, jene halb biografische Figur aus André Bretons Roman von 1928 – jung, androgyn, unschuldig, rein?

Sie verkehrte ganz selbstverständlich in dieser chauvinistischen Gruppe von Künstlern, die sich eher nicht für das erst 1944 in Frankreich eingeführte Frauenwahlrecht engagierte, wiewohl deren Gedanken politisch hoch aufgeladen waren. Breton schrieb einst, die Kunst und Literatur des Surrealismus müssten entstehen »ohne jede Kontrolle durch die Vernunft, jenseits jeder ästhetischen oder ethischen Überlegung [...] Ich glaube an die künftige Auflösung dieser beiden Reiche Traum und Wirklichkeit, die scheinbar so widersprüchlich sind, in eine Art absoluter Realität, einer Surrealität«.

Trotzdem waren André Breton, treibende Kraft und Dirigent der Gruppe, und andere 1927 Mitglieder der kommunistischen Partei geworden. Breton versuchte, aus der Gruppe von Individualisten eine schlagkräftige Einheit zu gestalten – mit klaren Regeln, denen man sich zu unterwerfen hatte, um die Zukunft des surrealistischen Denkens zu sichern. Ihre Zeitschrift benannte man in *Le Surréalisme au service de la révolution* um, aber sie erschien nur von 1930 bis 1933. Abgelöst wurde sie von dem luxuriös aufgemachten Magazin *Minotaure*, dessen Verleger Albert Skira zur Bedingung gemacht hatte, die Politik außen vor zu lassen. Das Versprechen konnte Breton nur bis in die Zeit des Spanischen Bürgerkriegs von 1936 bis 1939 halten, weshalb auch diese berühmte Zeitschrift eingestellt wurde.

In dieser bewegten Zeit fragte der damals schon berühmte Fotograf Man Ray – er hatte 1922 Marcel Proust auf dem Totenbett fotografiert – Meret Oppenheim, ob er sie fotografieren dürfe, nackt. In einem Film der 1970er-Jahre wollte die

Interviewerin von Meret wissen, warum sie dem zugestimmt habe – ihr revolutionäres und antibourgeoises Temperament habe sie dazu bewegt, war die lakonische Antwort. So entstand 1933 jene berühmte, *Erotique voilée* genannte Serie von Fotografien.

Heutige Autoren unterstellten, Man Ray habe Meret »colonized as a surrealist object« (Nancy Spector, 1996). Andere meinten, die leidenschaftliche Glorifizierung der Frau sei eine besonders perfide Form des Sexismus. Wie auch immer: Dieses berühmte Bild aus jener Serie, auf dem sie in der Werkstatt des Künstlers Louis Marcoussis nackt vor dem gewaltigen Schwungrad einer Druckerpresse zu sehen ist, den Körper mit Druckerschwärze beschmiert, wurde von Breton im *Minotaure* (1934, Nr. 5) veröffentlicht. Und es verursachte einen Skandal, obwohl das Bild nur den oberen Teil von Meret Oppenheims nacktem Körper zeigt. Heute kennen wir es ganz und unbeschnitten.

ZWEITER SKANDAL:
MERET OPPENHEIMS *FRÜHSTÜCK IM PELZ* 1936

> »Jeder Einfall wird geboren mit seiner Form. Ich realisiere die Ideen, wie sie mir in den Kopf kommen. Man weiß nicht, woher die Einfälle einfallen; sie bringen ihre Form mit sich, so wie Athene behelmt und gepanzert dem Haupt des Zeus entsprungen ist, kommen die Ideen mit ihrem Kleid.«
> MERET OPPENHEIM

Es fing harmlos an. Meret Oppenheim trug in Paris einen selbst gefertigten Armreif, aus Messingrohr geschnitten und mit Pelz überzogen. Im Café de Flore alberte sie mit Pablo Picasso und Dora Maar – auch sie hatte die schöne Meret fotografiert – herum, so berichtete die Künstlerin, dass vieles, alles mit Pelz überzogen werden könne. Für die Ausstellung *Exposition Surréealiste d'Objets* 1936 in der Galerie Charles Ratton, zu der sie Breton eingeladen hatte, kaufte Meret dann eine Tasse, eine Untertasse, einen Löffel und überzog alles mit dem Fell einer chinesischen Gazelle. Das Objekt, dem sie keinen Titel gab, stand dann in einer harmlosen Vitrine, gleich unter dem heute ebenso berühmten Flaschentrockner von Marcel Duchamp. Im gleichen Raum waren auch Skulpturen aus Ozeanien ausgestellt, welche die Surrealisten bewunderten.

Alfred Barr, zu jener Zeit mit seiner Frau Margaret Scolari-Barr auf einer seiner Europareisen unterwegs – er wird auch Berlin besuchen, um mit Mies van der Rohe über einen Neubau des Museum of Modern Art zu verhandeln –, kaufte das Objekt für 50 Dollar. Barr hatte bereits als junger Student vom Surrealismus erfahren und schrieb an einen Freund: »Sie rebellieren gegen das Analytische, um die Imagination zu rehabilitieren. Sie erkunden das prälogische Funktionieren von Bildern ...« Dass der junge, agile Gründungsdirektor des Museum of Modern Art, gerade 34 Jahre alt, dieses Werk der unbekannten Künstlerin kaufte, war eine Sensation in den Künstlerkreisen von Paris. Der Skandal jedoch kam erst noch. André Breton, erfahren in Marketing, erfand den Titel *Frühstück im Pelz* als Anspielung auf das Gemälde *Frühstück im Grünen* (1863) von Edouard Manet und die Novelle *Venus im Pelz* (1870) von Leopold Sacher-Masoch.

Das nun berühmte Werk wurde sodann in London in der Ausstellung *International Surrealist Exhibition* gezeigt. Die Kritiken waren einhellig negativ, und doch kamen 25.000 Besucher. T. S. Eliot soll die Pelztasse ausgiebig betrachtet haben. Gerade diese verrätselte Tasse führte zum Missvergnügen der Presse. Noch 1936 wanderte alles nach New York, wo Alfred Barr seine große Ausstellung *Fantastic Art, Dada, Surrealism* mit fast 700 Objekten vorbereitete. Tristan Tzara drohte Alfred Barr, seine Leihgaben zurückzuziehen, wenn das Wort »Dada« nicht im Titel der Ausstellung vorkäme. Tzaras Gegenspieler des Jahres 1924, André Breton, drohte das Gleiche an, wenn das Wort »Surrealism« nicht vorkäme. Barr gab nach. Aber es wurden in der Ausstellung auch Produkte von Walt Disney gezeigt, ebenso Kinderzeichnungen und Werke von psychisch Kranken. Letzteres veranlasste die damals bereits hoch geehrte Kunstsammlerin und Künstlerin Katherine Dreier, die schon in den 1920er-Jahren in New York Ausstellungen zur modernen Kunst mit Arbeiten aus dem Bauhaus gezeigt hatte, ihre Leihgaben von Alfred Barr zurückzufordern.

Auch die Pelztasse verursachte Ärger. Die Trustees des MoMA verweigerten den Ankauf. Erst 1946 konnte dieser von Barr schließlich heimlich vollzogen werden. Insbesondere der Trustee Conger Goodyear, seit Gründungstagen des MoMA dabei, forderte, mehrere Objekte aus der Ausstellung zu entfernen, darunter die Pelztasse. Er intervenierte bei der Mäzenin und Gründerin Abby Rockefeller, eine Reihe von Objekten seien es nicht wert, ausgestellt zu werden, man könne sie nicht als Kunst betrachten. Doch die Werke blieben in der Ausstellung, Barr setzte sich durch. Und die Ausstellung wanderte noch in sechs weitere Städte der USA. Der Surrealismus war in Amerika angekommen.

1938 zeigten die Surrealisten noch einmal ihre ganze Kraft. An einer großen Ausstellung in der Pariser Galerie des Beaux Arts, der *Exposition Internationale du Surréalisme*, nahmen Künstler aus 14 Ländern teil, darunter aus Frankreich, Deutschland, Chile, England, Martinique, Mexiko, Rumänien, der Tschechoslowakei und den USA. Auch Meret Oppenheim war dabei. Die von André Breton und Paul Éluard organisierte Ausstellung wurde von Marcel Duchamp kuratiert.

Salvador Dalí und Max Ernst waren Berater, Man Ray war für die Beleuchtung zuständig. Es handelte sich dabei auch um eine Gegenausstellung zu jener von Hitler und Goebbels initiierten infamen Schau, die seit 1937 unter dem Titel *Entartete Kunst* durch Deutschland tourte. Viele der Teilnehmer der Pariser Ausstellung mussten 1940 vor den deutschen Heeren in die USA, nach Mexiko, in alle Welt fliehen, um ihr Leben zu retten. Meret Oppenheim war bereits in der Schweiz in Sicherheit.

DRITTER SKANDAL:
MERET OPPENHEIMS BERNER BRUNNEN 1983

»Alle Gedanken, die je gedacht wurden, rollen um die Erde in der großen Geistkugel. Die Erde zerspringt, die Geistkugel platzt, die Gedanken zerstreuen sich im Universum, wo sie auf andern Sternen weiterleben.«
MERET OPPENHEIM

Rechtzeitig vor ihrem 100. Geburtstag wurde man in ihrer Heimatstadt Bern tätig: 400 kg Kalktuff entfernte man von dem 1983 von ihr entworfenen Brunnen am Waisenhausplatz, an dem auch das Polizeihauptquartier liegt.

Wohl kaum eines ihrer Werke war so umstritten wie dieser Brunnen, der heute Meret-Oppenheim-Brunnen heißt. Ein Abluftkanal für einen darunter liegenden Parkplatz harrte der guten Ideen. Meret Oppenheim erhielt den Auftrag, einen Brunnen daraus zu gestalten. Sie wählte eine klassisch aussehende, in Beton ausgeführte Säule mit einem *tempietto* an der Spitze, einer Art »Nachtwächterlaterne«. An den Außenmauern der Säule ließ sie Wasserläufe anbringen, in die man Pflanzen einsetzte. Die Veränderung der Skulptur durch Wasser und Bewuchs war intendiert. »Schandmal«, »Pissoir«,

»Fabrikschlot«, »Minarett« – das waren in den 1980er-Jahren noch die harmloseren Vorwürfe in der Öffentlichkeit.

MERET OPPENHEIM

Geboren 1913 in (BERLIN-) Charlottenburg. Sie will Malerin werden, geht 1932 nach Paris und kommt dort in Kontakt zu den Surrealisten um André Breton. 1936 entsteht mit der Pelztasse *Déjeuner en fourrure (Frühstück im Pelz)*. Ab 1937 lebt sie in der Schweiz. Durch ihre kritische Auseinandersetzung mit gesellschaftlichen Rollenmustern inspiriert sie Generationen von Künstlerinnen. Sie wird 1982 mit dem großen Preis der Stadt BERLIN geehrt, nimmt an der *documenta 7* in Kassel teil und wird kurz vor ihrem Tod noch Mitglied der Akademie der Künste BERLIN. 1985 stirbt sie in Basel.

Zwar war man in Bern mehrheitlich gegen den Brunnen eingestellt, doch die Künstlerin setzte sich auch dank ihrer schon damals kunsthistorisch untermauerten Berühmtheit durch. Aber noch 1988 erschien eine Streitschrift: *Der Brunnen der Meret Oppenheim in Bern: ironisches Spiel mit kunsthistorischen Traditionen oder surrealistische Provokation: spaltet ein »Phallus« die Bevölkerung Berns?* Im Jahr 2013 diskutierte man nur noch darüber, wie man den Brunnen restaurieren könne.

Über viele Jahre hatte man Kommissionen gebildet und beraten, wie das Werk zu retten sei. Statiker und Botaniker, Denkmalpfleger und Kulturfunktionäre, Architekten, Politiker und Bürger sprachen lange Zeit darüber. Die von Meret Oppenheim gewollten, durch die Zeit bedingten Veränderungen – (obszönes) Moos, Pflanzen, Kalkablagerungen – wurden von der einen Fraktion heftig verteidigt, von der anderen abgelehnt. Zeitweise drohten Familienmitglieder Oppenheims, den Brunnen nach Basel zu versetzen, wo man ihm und seiner Konzeption aufgeschlossener gegenüberstand.

Botaniker hatten festgestellt, dass von den ursprünglich angepflanzten 25 Arten nur noch sieben weiterhin wuchsen, jedoch viele neue Arten heimisch geworden waren: Japanisches Geißblatt, Edelkastanie, Schwarzer Holunder und andere exotische Pflanzen. Aktuell entdeckten die Experten in ihren langwierigen Untersuchungen allein 22 Moosarten.

Meret Oppenheim hätte der teilweise surreale Streit und die tiefe Sorge um ihren Brunnen gewiss gefallen. Letztendlich hat die Stadt Bern eine sanfte Restaurierung beschlossen und auch jenes Licht wieder in Funktion gesetzt, welches Oppenheim vorsah. Als »einen Nachtwächter, der mit seiner Laterne die Runde macht und dabei ab und zu zum Fensterladen hinausschaut«, beschrieb sie einst die Spitze ihrer Säule im Entwurf.

1985 hatte sie für die Pariser *Jardins de l'ancienne école Polytechnique* eine weitere Brunnenskulptur, *Die Spirale (Der Gang der Natur)*, und später für den Garten von Daniel Spoerri im italienischen Seggiano den *Hermesbrunnen* geschaffen.

Bislang hat Meret Oppenheim es noch nicht geschafft, auf einem der schweizerischen Geldscheine abgebildet zu werden – im Gegensatz zu ihrer Freundin Sophie Taeuber-Arp, die ihr einst bei ihren ersten Gehversuchen im Paris der 1930er-Jahre half und die heute den 50-Franken-Schein ziert.

Und auch erst ihr 100. Geburtstag am 6. Oktober 2013 war Anlass, der großen Künstlerin eine umfassende Retrospektive in ihrer Geburtsstadt Berlin zu widmen – im Martin-Gropius-Bau.

DER VORSITZENDE UND
DER VEREINIGER

WOLFGANG THIERSE über WILLY BRANDT
Etwas für die Menschen tun

Im Herbst 1964 bin ich – der in Breslau Geborene, in Südthüringen Aufgewachsene – nach Berlin gekommen, um an der Ost-Berliner Humboldt-Universität Kulturwissenschaft und Germanistik zu studieren. Das war drei Jahre nach dem Mauerbau im August 1961. Die brutale steinerne Spaltung der Stadt war damals noch frisch und schmerzte heftig, die allgemeine Gewöhnung an die Abnormität noch nicht eingetreten.

Der Berliner Senat unter Führung des Regierenden Bürgermeisters Willy Brandt hatte zum zweiten Mal ein Passierschein-Abkommen mit der DDR-Seite vereinbart und erreicht, dass West-Berliner ihre Ost-Berliner Verwandten besuchen konnten. An einem der Dezembertage ging ich nach einer Vorlesung zum S-Bahnhof Friedrichstraße, um mir das anzusehen: wie sich die Folgen eines mühsam erreichten Verhandlungsergebnisses in der Wirklichkeit darstellten. Neben dem Bahnhofsgebäude waren kleine Buden aufgestellt – als Kontrollstellen für die mit der S-Bahn eintreffenden West-Berliner. Sie standen geduldig und vermutlich auch ein wenig aufgeregt Schlange. Vor den Absperrgittern verharrten die Ost-Berliner Verwandten und warteten ungeduldig und wohl ebenso aufgeregt. Ich schaute gelassen zu, denn ich hatte niemanden zu erwarten. Aber als sich immer wieder all die Menschen umarmten, lachten und weinten – da hätte ich beinahe ein wenig mitgeheult.

In diesem Moment, beim Betrachten des Glücks der Begegnung im Unglück der Trennung – da habe ich begriffen, was Politik sein kann und was sozialdemokratische Politik sein muss: etwas für die Menschen tun, für die Menschen erreichen, die für sich selbst nichts tun, nichts erreichen können! Wie hier für die eingesperrten West-Berliner, für die eingesperrten Ost-Berliner und die DDR-Leute, die für sich selbst keine Politik machen konnten, die ohnmächtig waren. Nicht große Worte, nicht Ideologien – sondern konkrete, gelegentlich auch nur kleine Schritte, Taten für Menschen, für die Ermöglichung von menschlichen Beziehungen, von Zusammenhalt.

Das war die Politik der kleinen Schritte, der Entspannung – deren Ziel eben nicht die Erhaltung des *Status quo* war, nicht die Zementierung der Spaltung. Im Gegenteil: Es ging um die Anerkennung von bitteren, aber durch ideologische Konfrontation, durch Wort-Getöse oder Waffen-Geklirr nicht veränderbare Realitäten, um sie erträglicher zu machen und nach und nach zu verbessern.

WOLFGANG THIERSE

Geboren 1943 in Breslau, ab 1964 Studium an der Humboldt-Universität BERLIN. Er arbeitete von 1977 bis 1990 an der Akademie der Wissenschaften der DDR in BERLIN. Parteilos bis zum Eintritt ins Neue Forum 1989, seit 1990 Mitglied der in der DDR neu gegründeten SPD, deren Vorsitzender er bis September 1990 war, dann fünfzehn Jahre stellvertretender Parteivorsitzender der gesamtdeutschen SPD. Von 1998 bis 2005 Präsident des Deutschen Bundestages, anschließend bis 2013 dessen Vizepräsident.

Dafür stand Willy Brandt, das war seine Politik, ihretwegen wurde er angefeindet und geliebt. Sie war die Konsequenz des 13. August 1961 mit dem grausamen Mauerbau. Dieser war eine doppelte Niederlage: für das SED-Regime, das seine Bürger einsperren musste, weil sie vor Mangel und Bedrängnis einfach wegliefen, und für den Westen, der tatenlos zusehen musste, weil er keinen Krieg riskieren wollte. Es war eine Niederlage der Politik, aus der heraus Willy Brandt mit Egon Bahr einen politischen Neuanfang wagte, eben die Politik der kleinen Schritte, der Konfliktverringerung durch Annäherung, also Verhandlungen. Das war wirklich eine politische Innovation, eine politische Wendung, die allerdings kritisch beobachtet, mitunter sogar verteufelt wurde – und die letztlich doch erfolgreich war.

Damals, vermute ich, bin ich innerlich Sozialdemokrat geworden – lange, bevor ich es Anfang 1990 auch öffentlich werden konnte. Wegen Willy Brandt!

In ebendiesem Jahr 1990 habe ich ihn persönlich kennenlernen können. Auf dem gemeinsamen Parteitag im September 1990, der die große (westdeutsche) SPD und die kleine

WILLY BRANDT

Geboren als Herbert Ernst Karl Frahm 1913 in Lübeck, gestorben 1992 in Unkel, trat er 1930 der SPD bei und emigrierte unter dem Pseudonym Willy Brandt 1933 nach Skandinavien. Von 1957 bis 1966 Regierender Bürgermeister von BERLIN, von 1966 bis 1969 Außenminister, dann bis 1974 Bundeskanzler. Nach dem Abschluss des Viermächteabkommens über BERLIN wurde er 1970 Ehrenbürger der Stadt. 1971 erhielt er für seine Entspannungspolitik den Friedensnobelpreis. 1964 bis 1987 Vorsitzender der SPD. Begraben ist er auf dem Waldfriedhof in BERLIN-Zehlendorf.

(ostdeutsche) SPD, deren Vorsitzender ich im Juni geworden war, zusammenführte, besiegelte Willy Brandt die Vereinigung dadurch, dass er, der doch eigentlich so berührungsscheu war, mich stellvertretend für die ostdeutschen Sozialdemokraten in die Arme nahm. Und dabei schossen ihm Tränen in die Augen. Wie sollte ich dieses Erlebnis je vergessen!

DER REGISSEUR UND DER PHÖBUS

HANS NEUENFELS über HEINRICH VON KLEIST
Der Dichter als perfekter Mörder

Als er, Heinrich von Kleist, seine Zimmertür schloss und hörte, wie die von Henriette Vogel ebenfalls zufiel, atmete er erleichtert auf. Nicht, dass die Frau, die sich entschlossen hatte, gemeinsam mit ihm zu sterben, seine Stimmung getrübt hätte, doch nach der Kutschenfahrt zum Gasthof Stimming, der auf dem Weg nach Potsdam in der Nähe des Kleinen Wannsees lag, einem ausführlichen Spaziergang, dem gemeinsamen Abendbrot und nach den zwar heiteren, aber die Aufmerksamkeit voll beanspruchenden Gesprächen tat ein Alleinsein gut, besonders wenn man es, wie er, gewöhnt war.

Als sie gegen Mittag angekommen waren, hatten sie gebeten, die Zimmer zu heizen, denn es war kalt an diesem 20. November 1811, und am Abend ließen sie sich Lichter und Schreibzeug bringen. Es gab noch einiges zu klären, und sie wollten nichts Unerledigtes zurücklassen, weil ihrem Entschluss kein Körnchen Hast anhaftete, im Gegenteil, nie hatten sie sich ruhiger und entspannter gefühlt als jetzt. Ihm, Kleist, war es vor allem wichtig gewesen, sich Zeit zu nehmen – ja, so weit ging er –, die Zeit vor dem Mord an der Frau und dann an sich genießen zu wollen als einen Ausnahmezustand, der ihm nie, auch nicht während des Schreibens seiner Dichtungen, in solch ausgewogener Fülle geschehen war, wohl weil das Außergewöhnliche, das er immer suchte, von sich erwartete und herausforderte, Folgen höchster Verzweiflung und Erschöpfung mit sich brachte, zumindest eine gefährliche Identifizierung, die seine Nerven bis zum Reißen strapazierte. So stürzte er einst unter Tränen ins Zimmer seines Freundes Ernst von Pfuel und schrie: »Sie ist tot!« »Wer?«, fragte von Pfuel erschrocken. »Meine Penthesilea, die Amazonenkönigin!«, schluchzte Kleist. Über die, die er gerade in seinem Schauspiel hatte sterben lassen, trauerte er, als ob es ihm und seiner Penthesilea von fremder Hand unverhofft und willkürlich geschehen wäre, dermaßen heftig diktierten sich ihm seine Fantasien. Knapp 26 Jahre alt, als er sein Drama *Robert Guiskard* immer wieder und immer aussichtsloser umgeschrieben hatte, warf er das Manuskript in Paris dem Feuer hin und forderte seinen Freund Ernst von Pfuel auf, mit ihm zu sterben.

Daran musste er in diesem Augenblick denken, während er das Fenster öffnete und die frische Nachtluft einatmete. Er zählte jetzt 34 Jahre. Es hatte also acht Jahre gedauert, bis sich jemand gefunden hatte, der bereit war, mit ihm den erlösenden Schritt zu tun. Und doch waren es keine verlorenen Jahre gewesen, wobei er nicht so sehr sein Werk meinte, seine Dramen, seine Prosa, nicht seine Essays und die Herausgabe der *Berliner Abendblätter*, nein, mehr seine Versuche, sich in Deutschlands Gesellschaft, in Preußen als ein Mensch aus Notwendigkeit und mit Würde definieren zu können. Aber – und dabei schloss er rasch das Fenster – was sollte das noch?! Es war längst und zermalmend bis zu Zusammenbrüchen erörtert und befragt worden, und er würde in der Nacht noch in einer kurzen Mitteilung an seine Schwester Ulrike, die ihrer beider Versöhnung gelten sollte, den aus seiner Sicht für sein Schicksal einzigen gültigen Satz schreiben: »Die Wahrheit ist, dass mir auf Erden nicht zu helfen war.«

Plötzlich lächelte er. Es geschah ihm. Seine Lippen öffneten sich leicht, und seine Augen weiteten sich. Er ließ es freudig zu. Kein Wehren mehr! Wie hatte er Ernst von Pfuel geliebt, so sehr, dass er ihm anderthalb Jahre nach ihrem gemeinsamen Aufenthalt auf der Aare-Insel bei Thun gestand:

> »Du stelltest das Zeitalter der Griechen in meinem Herzen wieder her, ich hätte bei dir schlafen können, du lieber Junge; so umarmte dich meine ganze Seele! Ich habe deinen schönen Leib oft, wenn du in Thun vor meinen Augen in den See stiegst, mit wahrhaft mädchenhaften Gefühlen betrachtet. Er könnte wirklich einem Künstler zur Studie dienen ...«

Pfuel wollte nicht mit ihm sterben, unternahm im Gegenteil alles, um dem Freund das irdische Dasein schmackhaft zu machen, was ihm selbst auch gelang: Er heiratete, zeugte Kinder, bekleidete wichtige Positionen in Schlachten und in den Salons, war Ministerpräsident, General der Infanterie und starb mit 87 Jahren, hoch geehrt.

Kleist lehnte sich sacht an das Fenster. Er konnte sich von der Erinnerung noch nicht trennen, schloss die Augen und lag abermals auf dem warmen Holzbohlen, sah, wie Ernst sich abkühlte, ehe er mit einem Kopfsprung im See verschwand, und er darauf wartete, dass der Freund wieder auftauchte, um ihm zuzuwinken. Wie hätten sie sich getötet? Mit Pistolen selbstverständlich. Doch wie genau? Jeder hätte sich mit seiner Pistole getötet! Gleichzeitig! Wie wäre das vonstattengegangen? Hätten sie gezählt? Wie bei einem Sportkampf? Wäre es in einer Umarmung geschehen, jeder die Pistole an des anderen Schläfe? Oder hätte er, Heinrich, sich von ihm, Ernst, zuerst töten lassen? Auf den Knien mit ausgebreiteten Armen, ihm die Brust hingestreckt?! Das hätte Ernst nie vermocht, wie er es bei Ernst nie vermocht hätte.

Kleist musste Wasser trinken. Es schwindelte ihm. Schluss. Aus. Er versuchte, ruhig zu atmen. »Auch das Sterben will geübt sein«, hörte er sich sagen, was ihn zuerst erschreckte, um leiser fortzufahren, »und das selbst gewählte Sterben kann nur ein Kunstwerk sein!« Das bereute er sogleich. »Ich bereue«, zischte er, »dass ich es Kunstwerk genannt habe. Von derlei will ich nichts mehr wissen. Ich werde kein Wort mehr schreiben. Nur noch Musik spielen. Nur noch Musik!« Er war ein Virtuose auf der Klarinette. Dennoch bohrte etwas in ihm, und es war ihm diesmal zuwider, es – wie sonst – nicht zuzulassen, nein, er musste sich zwingen, damit umzugehen, um wieder locker, gelenkig zu werden. »Warum nenne ich es nicht Selbstmord und Mord?«, fragte er laut in den stillen Raum. »Weil ich weder mir noch der Frau, die sich mir anvertraut hat, das kleinste Glied des Lebens raube, nicht aus Schuld, Rache, Geltung, aus Strafe, Sühne, Opfer oder Verzicht handele, sondern weil wir gänzlich unbeeinflusst von allem in ein namenloses Glück aufbrechen, dorthin, wo es sich erst zu leben lohnt.« Kleist nickte. Beinahe hätte er in die Hände geklatscht. Der letzte Satz gefiel ihm am besten. Dafür war keine Mühsal umsonst. Am liebsten wäre er ins Nebenzimmer gelaufen, hätte für Henriette den Satz wiederholt, aber gleichzeitig wurde ihm erneut bewusst, dass ihrer beider Art, zu dem ersehnten Ort zu reisen, von verschiedener Beschaffenheit war. Ja, mit Marie von Kleist, seiner angeheirateten Cousine, 16 Jahre älter als er und gerade in Scheidung begriffen, hätte er diesen Austausch vollzogen. Ihr schrieb er ausführlich über den Plan seines Todes, hatte ihr sogar ein gemeinsames Sterben nahegelegt, doch sie wollte dem Unmöglichen zum Trotz mit ihm auf dieser Welt leben – ein bei aller Verehrung unvorstellbarer

Gedanke für ihn, in diesem Grab weiterhin zu hausen und zu zweit mit vier Beinen den Tausendfüßler Verzweiflung stündlich, tagtäglich überrunden zu müssen.

Spüren denn all diese Menschen nicht, dass der in das irdische Dasein unweigerlich eintretende Augenblick des Grauens in seiner Unabdingbarkeit endlos währt, wenn es nicht zur Entscheidung kommt, die dem Anlass gemäß nur absolut und radikal sein kann?! Kleist seufzte tief auf vor Bekümmernis. Oh, es war quälend schwer gewesen, eine Begleitung für die Befreiungstat zu finden, und ein Partner schien ihm unerlässlich, und eine Partnerschaft war es letztlich mit Henriette geworden, eine Beziehung, die sich mehr über das gemeinsame Ziel entzündet hatte als über das Verhältnis zueinander, das könnte man meinen! Doch selbst das Wissen, dass sie an unheilbarem Gebärmutterkrebs litt, beeinträchtigte in Kleists Augen ihre ebenbürtige Entschlossenheit nicht. Wurde er denn nicht selbst an Leib und Seele zerfressen? Nur gab es für das Übel keinen eindeutigen Namen. In einem zweiten Brief an seine Cousine Marie pries er Henriette überschwänglich, dass sie Vater, Mann und Kind für ihn verlassen wollte, »und es seine jauchzende Sorge nur sein könnte, einen Abgrund tief genug zu finden, um mit ihr hinabzustürzen«, denn es

HANS NEUENFELS

Der 1941 in Krefeld geborene Regisseur, Schriftsteller und Filmemacher ist der Paradiesvogel unter den deutschen Regisseuren der Nachkriegszeit. Früh galt er als *Enfant terrible*, weil er die Stücke und Opern, die er inszenierte, neuartig zu lesen und mit oft surreal übersteigerten Bildern zu zeigen verstand. Von 1986 bis 1990 war er Intendant der Freien Volksbühne in BERLIN, wo er seit 1981 lebt.

sollte ein Fest werden, heiter und schön, leicht und lebendig bis zum letzten Atemzug.

Allein hätte er sich oft genug umbringen können, aber nie wäre die Freude derartig beispielhaft in die Welt gesprungen, um allen Mut zu machen, in ähnlichen Situationen gleich zu handeln. Der einzelne Selbstmörder, wie und wo man ihn findet, wird sogleich bedauert oder negiert. Seine Einsamkeit raubt ihm jedes Programm, drückt ihn in dunkle Ecken, macht ihn stier und starr, armselig, ein Bündel aus Fleisch und Knochen, ist das bedauernswerte Ende eines versickernden Monologes, ein Lallen, ein winselndes Verstummen. Nein, er wollte die hellste Klarheit, Auen vor den Augen, Gesang im Gehör, Wind ums Haar, leise, liebkosende Worte, behutsame Berührungen und dann ein Verstummen in grenzenlosem Erstaunen vor solch unendlicher Weite.

Kleist stützte sein Kinn in die Hand. Das tat er oft. Es sah nachdenklich aus, aber währenddessen dachte er gar nichts. Es war seine Ruhestellung. Diesmal, weil er seine Haut angenehm weich verspürte, fiel ihm ein, er hatte den Barbier noch nicht bezahlt. Es musste erledigt werden und ein paar andere Sachen mehr. Er machte sich sofort an die Arbeit, was ihm umso vergnüglicher wurde, weil es das letzte Mal war. Der Ballast der Wiederholung rutschte über seine Schultern, sackte von seiner Brust, wich aus seinem Kopf, befreite seinen Magen, und als er laut furzte, kicherte er wie eine Jungfrau, »die ich ja bin«, flüsterte er und musste lauthals lachen, öffnete jedoch nicht das Fenster, sondern sog den leichten Fäulnisgeruch mit einer bewusst gezogenen Grimasse und dem herausgestoßenen Wort »Vorfreude« offenen Mundes ein. Dann streckte er sich auf dem Boden aus, dass die Glieder knackten. Ja, er war schon ein schräges Bürschchen, ein kauziges Kerlchen, das sei zugegeben und gern und unumwunden und ohne jedwede Entschuldigung und Scham.

Nur jetzt war es genug! War dies etwa der Einklang mit sich selbst? Er richtete sich auf. Seltsam! Erstaunlich! Allerhand! Bemerkenswert! So, geradeso, hätte er die Welt erobern können. So mit dem Gefühl »Mir nix – Dir nix«! So ungeteilt, nicht zwei-, drei-, vierfach gebrochen. So unverstellt, nicht aufgespießt, nicht lahmgelegt, nicht ausgespien, nicht angekotzt.

Aber ist das nicht der schreckliche Umweg, schrecklich, weil er uns zu oft unnütz und überflüssig erscheint, den wir dennoch jahrelang gehen müssen, das, was er, Kleist, in seinem Essay *Über das Marionettentheater* prophetisch beschrieben hat, »dass nämlich die Missgriffe« (die in unserem diesseitigen Leben zuhauf geschehen) »unvermeidlich sind, seitdem wir vom Baum der Erkenntnis gegessen haben. Doch das Paradies ist verriegelt und der Cherub hinter uns; wir müssen die Reise um die Welt machen, und sehen, ob es vielleicht von hinten irgendwo wieder offen ist ... Und dann müssten wir wieder von dem Baum der Erkenntnis essen, um in den Stand der Unschuld zurückzufallen«.

Kleist konnte nicht aufstehen. Sein Körper glühte. Er lag da wie von Lava überzogen. Der Schmerz war sein Begreifen und kühlte ihn. Wunderbar! Er hatte den Aufsatz vor knapp einem Jahr geschrieben. War er sein Testament? Nein, nein, nein! Es war sein Aufruf in einen frischen Morgen. Seine Erweckung. Seine Sprachspritze. Seine Gedankendroge. Er taumelte hoch. Es dämmerte schon. Wie kostbar war die Welt in ihrem ersten und letzten Schimmer. »Ausschließlich«, stöhnte er beseligt. Ihn überwältigte die Ausschließlichkeit, das Unbedingte, das Einzigartige, das Unmittelbar-Einmalige. Es hatte ihn immer überwältigt. Dafür und davon hatte er gelebt und wollte er leben und war daran erkrankt: an dem ständigen Abbruch, der Nie-Dauer, der Unbeständigkeit.

Nur die Ewigkeit schien ihm eine permanente Ekstase, eine sekündliche Erfüllung zu gewähren. Unter den vielen Vorstellungen, die er von ihr hatte, beschäftigte ihn eine besonders: Eine endlose Fläche hatte er vor sich. Sie war farblos und aus keinem Material. Sie wurde von nichts umrandet. Sie ging so weit wie sein Blick, durch alle Richtungen hindurch, da es die nicht mehr gab. Er konnte die Leere füllen, wie er wollte, wann auch immer, jetzt oder nie. Alles wurde durch ihn benennbar und brauchte nichts zu versprechen, zu bedeuten, weil alles ohnehin ihm entsprach. Alles war mit ihm identisch, auch das Nichts, wobei die Begriffe ebenso fehlten wie alle Worte angeborener oder gar gesellschaftlicher Art. Vortrefflich, vortrefflich!

Bis hierhin reichte seine Vorstellung gemeinhin. Dann begann sie ihn anzustrengen, zu verwirren, bis sie allmählich verschwamm, was jedoch ebenfalls angenehm war: Diese dösige Dasigkeit, warum sollte sie nicht dazugehören? »Ich tue sie einfach dazu«, amüsierte er sich. »Schluss mit ›Nun, o Unsterblichkeit, bist du ganz mein‹.« Schluss mit dem Kampf um den Anspruch an das dichterische Werk, um das eigene Urteil und das der Welt! »Goethe, ich verzeihe dir! Viel verändern werde ich nicht müssen«, fuhr er pfiffig fort, »denn ›nun o Unsterblichkeit bist du ganz ich‹ wird es heißen.« Kleist freute sich. »Dass mir das noch eingefallen ist«, dachte er befriedigt, »zeigt, dass ich auf dem richtigen Wege bin: stählern strahlenwärts. Nicht nur Preußen bin ich entronnen, sondern jedem Zwiespalt.«

Plötzlich wurde er müde. Das geschah ihm oft. Etwas Schlaf täte gut. Als er erwachte, war es kurz nach sieben in der Frühe, und er hörte, wie seine Nachbarin Henriette Vogel ihr Zimmer verließ. Fröhlich wusch er sich und traf sie unten in der Wirtschaft an. Sie genoss eine Tasse Bouillon und sah in ihrem weißen Batist-Kleid mit dem blauen Überrock aus feinem Tuch, das sie gegen die Reisekleidung getauscht hatte, so wohl und elegant aus, dass er ihr mehrmals die Hand küsste, was sie überaus belustigt quittierte. Kleist bestellte Kaffee, und sie begannen einander zu erzählen, wie sie die Nacht verbracht hatten, dass sie Briefe an ihnen nahe und werte Menschen geschrieben hätten, und jeder beteuerte ausführlich und eindringlich dem anderen, wie selten erfüllt die Stunden dahingegangen seien, und nur die Sehnsucht und Gewissheit nach dem endgültigen Glück habe sie manchmal ungeduldig werden lassen. Während ihrer Berichte glühten ihre Wangen, fielen sie sich mehrmals in die Arme und mussten sich gegenseitig ermahnen, wegen der Wirtsleute nicht allzu laut zu werden, was zum übermütigen Spiel geriet. »Nicht so heftig, mein Heinrich!« oder »Bitte leiser, liebe Henriette« und dazu die vielen warnenden Zischlaute und die Finger auf den Mündern. Das gefiel ihnen außerordentlich, und sie schmückten es aus. Schließlich beglichen sie die Rechnung, und auf die Frage hin, was sie zu Abend speisen wollten, meinte Kleist, dass sei nicht von Belang. Es kämen zwar zwei Freunde, doch die, fügte Henriette

HEINRICH VON KLEIST

Geboren 1777 in Frankfurt (Oder), gestorben am Kleinen Wannsee bei BERLIN 1811. Keines seiner Stücke, die heute landauf, landab die Theater füllen, hat er je auf einer Bühne gesehen. 1808 gab er *Phöbus. Ein Journal für die Kunst* heraus. Von Oktober 1810 bis März 1811 ließ er die BERLINer Abendblätter erscheinen, die erste Tageszeitung in BERLIN. Seiner »inoffiziellen Verlobten« Wilhelmine von Zenge schrieb er 1800: »Was ist wünschenswerther, auf eine kurze Zeit, oder nie glücklich gewesen zu sein?«

hinzu, würden durchaus mit einem Eierkuchen vorlieb nehmen. Die Gäste waren Henriettes Mann Louis Vogel und Ernst Friedrich Peguilhen, die sie benachrichtigt hatten, ihre Leichen am Ort der Tötung nebeneinander zu bestatten. Deswegen fragte Kleist dringlich nach einem Boten, der all ihre Briefe nach Berlin bringen könnte, was der Gastwirt Stimming umgehend besorgte; er meinte, man könne gewiss mit der Ankunft des Beauftragten in der Stadt zwischen drei und vier Uhr rechnen. Kleist war sehr erfreut darüber, Frau Vogel ebenfalls. Ihre gute Laune ließ die beiden mal hüpfend, mal schlendernd um das Haus spazieren, und Kleist sprang höchst gekonnt und wagemutig über die Bretter, die in der Kegelbahn ausgelegt waren. Zuvor hatte er seinen Überrock aus braunem Tuch über einen Stuhl geworfen und wirkte in seiner weißen Musselin-Weste, seinen engen Hosen und den Schlappstiefeln wie ein abenteuerlustiger Draufgänger, der der Dame seines Herzens imponieren wollte.

Schließlich blieb er schweißüberströmt stehen, strich sich die schwarzen Haare aus dem Gesicht, seine blauen Augen blitzten, und er rief Henriette zu: »Wo bleibt der Applaus, liebste Freundin?! Wenigstens einmal möchte ich ihn hören!« Henriette klatschte, schrie »Bravo« und trat mit einem Fuß auf ein Brett, das quer über einem anderen lag. Dann war auch sie erschöpft. »Berliner Abendblätter!«, gellte Kleist, »Extra-Ausgabe, Ovationen für Heinrich von Kleist. Das Publikum raste. Der Dichter widmete das Werk seiner Muse, der göttlichen Henriette Vogel!« Henriette verneigte sich und erwiderte ernst, fast feierlich: »Heinrich, ich nehme die Widmung dankend an!«

Irgendwann, denn wie soll man sonst die Zeit beschreiben, wenn sie aus an- und abbrechenden Gesprächen, stillem Umherschauen, dem Aufsammeln von Vogelfedern, denen eines Eichelhähers, einer Krähe, einer Amsel, eines Habichts, besteht, einer unwillkürlichen Umarmung, eines Zurechtrückens des Kleides, des Rockes, einer heißen Bouillon, die Henriette wiederholt und mit leichtem Schlürfen löffelte, über das sich Kleist mit »Ich bitte Sie, gnädige Frau, sich nicht allzu sehr gehen zu lassen« mokierte, irgendwann standen sie an einem Platz, der Aussicht auf einen kleinen Teil des Wannsees und der Chaussee nach Potsdam gewährte, in einer kleinen Grube, ungefähr einen Fuß tief und drei Fuß im Durchmesser. »Wie schön«, sagte Heinrich zu Henriette, »wollen wir hier nicht unseren Kaffee trinken?« Sie zögerte keinen Augenblick, sondern entgegnete mit strahlendem Lächeln: »Einen besseren Ort kann man sich nicht denken. Wir sollten alle Vorkehrungen dafür treffen.«

Sie gingen eng umschlungen zum Wirtshaus zurück und stracks in die Küche, in der sie der Frau vom Gastwirt Stimming ihren Wunsch vortrugen, und auf deren Erstaunen, es sei doch etwas weit und schon recht kühl, meinte Kleist, selbstverständlich wolle er die Mühe bezahlen und außerdem erbäte er noch etwas Rum. Freundlich, wie die Leute waren, trugen der Tagelöhner Johann Friedrich Riebisch und seine Frau einen Tisch und zwei Stühle zu der besagten Stelle, brachten den Kaffee und den Rum, dieweil Kleist und Henriette Vogel, um sich aufzuwärmen und mit sichtbarer Lust an der Bewegung, Fangen spielten.

Dann waren sie allein. Auch hier setzte die übliche Zeit aus, denn Kleist befand sich plötzlich in Châlons 1807, und es wurde ihm heiß, weil es Juli war, und er suchte Kühlung in einer kleinen Kirche. Ein Gemälde erregte sogleich seine Aufmerksamkeit. Es handelte sich um die *Sterbende Heilige Magdalena* von Simon Vouet. (Der Kleist-Forscher Peter Michalzik hat auf die Parallele zu Kleists Tod hingewiesen, ihr aber die Eindeutigkeit eines religiösen Ziels gegeben, nicht die eines weiteren zusammengeklaubten Empfindungsmaterials.) Kleist schrieb an seine Cousine Marie von Kleist:

> »In einer der hiesigen Kirchen ist ein Gemälde, schlecht gezeichnet zwar, doch von der schönsten Erfindung, die man sich denken kann, und Erfindung ist es überall, was ein Werk der Kunst ausmacht. Denn nicht das, was den Sinnen dargestellt ist, sondern das, was das Gemüt, durch diese Wahrnehmung erregt, sich denkt, ist das Kunstwerk. Es sind ein Paar geflügelte Engel, die aus den Wohnungen himmlischer Freude niederschweben, um eine Seele zu empfangen. Sie liegt, mit Blässe des Todes übergossen, auf den Knien [...]. Und einen Blick aus sterbenden Augen wirft sie auf sie, als ob sie in Gefilde unendlicher Seligkeit hinaussähe: Ich habe nie etwas Rührenderes und Erhebenderes gesehen.«

Dies verschüttete Erlebnis lag nun gegenwärtig und blank da und ergriff ihn erneut so unmittelbar, dass er es nur noch ausführen musste. In seinen letzten Briefen, in denen viel von Engeln und ihren weißen Flügeln zu lesen war, wie auch in seinem Drama *Das Käthchen von Heilbronn*, waren diese Wesen immer Signale für das Unerwartet-Wunderbare. Warum sollte er sie nicht auch hier benutzen wie alles, was als Hilfe für die eiskalt zu berechnende Ausführung des Mordes dienen konnte, vor allem aus Rücksicht auf Henriette, deren Vorstellung vom Jenseits mit derartigen Fantasien bis zum Platzen angefüllt war? Es ging nicht um Kunst und keineswegs um den real empfundenen Glauben eines Christen, nein, es ging darum, möglichst genau und sanft, nahezu übergangslos, alles zu horten, um das tödliche Handwerk zu meistern, das den Eintritt in die endgültige Vision des immerwährenden Glücks ermöglichen würde.

Kleist geleitete Henriette mit behutsamen Schritten in die

Kuhle. Sie sank von selbst in die Knie, stützte sich mit den Ellenbogen auf dem Erdrand ab und bot ihm ihre Brust dar. Dann schloss sie die Augen. Warum sang ausgerechnet jetzt eine Amsel?! Die Pistole – die Kleist zusammen mit zwei Terzerolen, also bedeutend kleineren Pistolen, geschickt in einem Körbchen mit einer Serviette verdeckt, Henriette auf dem Weg zum Platz um den Arm gehängt hatte – war mit dem Kolben etwa eineinviertel Fuß lang, sodass Kleist, der sich ebenfalls niederkniete, seine ganze Kraft und Konzentration aufbringen musste, um ohne eine winzige abweichende Bewegung mit einem einzigen Schuss durch die linke Brust Henriette töten zu können. Zudem hatte er eine etwas größere Kugel zur Sicherheit eingelegt und wollte dennoch – wie ebenfalls bei sich – den Körper nur auf das Geringste verletzen.

»Heinrich«, flüsterte Henriette mit kaum zitternder Stimme, »bald bist du mein Todesgott, aber jetzt sei mein Todesmann.« Kein Satz hätte ihm mehr Ruhe geben können als dieses bedingungslose Vertrauen, diese Hingabe einer Kreatur an seine Potenz! Er hob die Pistole, richtete sie nah auf Henriettes Brust, berührte aber noch nicht ihren Leib und erst, als er ihr zuraunte: »Ich werde der Mann dir sein, Liebste«, setzte er die Pistole kurz auf und drückte ab. Es gelang. Sie war sofort tot. Er berührte gewissenhaft ihre Halsschlagader.

Die Ärzte würden später bei der Obduktion feststellen, dass der Einschuss talergroß war, dass die Kugel bei ihrem Durchgang durch den Interkostalmuskel keine Rippe verletzt und unter der linken Skapula wieder ohne jede Rippenverletzung ihren Ausgang genommen hatte. Allerdings war die ganze linke Seite der Toten mit Blut besprizt.

Kleist unterbrach den ruhigen Fluss seiner Tätigkeit durch nichts. Er griff nach dem einen der zwei Terzerolen, das er mit einem silbernen Bändchen gekennzeichnet und sorgfältigst vorbereitet hatte, und zwar mit einer Ladung von drei Viertel Lot Blei, eigentlich etwas schwach, doch wollte er nicht seinen Hinterkopf zerfetzen und glaubte, schnell durch das Schießpulver zu ersticken, was der Fall war, wie die Obduktion bewies, und auch, dass das Blei im Hinterkopf stecken geblieben war.

Man fand die zwei Leichen auf den ersten Blick wohlerhalten sich gegenüberkniend.

In seinen *Berliner Abendblättern* hätte Kleist vielleicht geschrieben: »Es gelang dem Selbstmörder, sich und seine Gefährtin in erhabener Weise zu expedieren.«

Ob er hinzugefügt hätte, dass man seinem Leichnam mit einer Säge, die schließlich zerbrach, den Schädel aufgesägt hatte, weiß ich nicht zu sagen.

DER NEULING UND DER STAR

ULRICH MATTHES über MARTIN HELD
Was steht denn da genau?

»Na, dann komm mal rrrrein!«
Martin Held stand an der Tür seiner Zehlendorfer Villa, und der 20-jährige Student für Germanistik und Anglistik, der ich damals im Jahr 1980 war, hörte das berühmte, sonore Organ mitsamt ausgeprägtem Zäpfchen-R nicht von der Bühne des Schiller-Theaters herab, sondern privat.

Zu dem Zeitpunkt war ich schon seit zehn Jahren im Besitz eines Autogramms von ihm: Bekannte meiner Eltern hatten ein Weihnachtsgedicht von mir (»Die Kassen quell'n über, von der Spree bis zum Rhein«) in Künstlerrunde vorgelesen, und Held wollte mir, als Gegenleistung, eine Freude machen. Machte er – wiewohl der zehnjährige Poet ihn natürlich nur aus einigen wenigen Filmen kannte. Dennoch hatten mir diese Eindrücke gereicht, um im Fragebogen nach vier Jahren Grundschule »Martin Held« neben »Heinz Rühmann« als Lieblingsschauspieler zu nominieren, mit dem Zusatz »Berufswunsch Schauspieler«.

Zurück zum Frühlingsnachmittag 1980: Ich liebte Martin Held, und so war es selbstverständlich, dass ich mir über eine befreundete Souffleuse des Schiller-Theaters die Telefonnummer von keinem anderen als ihm besorgte, um … ja, was genau? Ich war mit meinem Studium an der Freien Universität Berlin unzufrieden. Die Zwischenprüfung hatte ich mit dem Berufsziel Lehramt absolviert, spürte aber, dass eine intuitive, spielerische, vielleicht sogar »kindlich« zu nennende Seite von mir auf diesem akademischen Weg zu kurz käme. Und so suchte ich für mein noch ziemlich vages Gefühl eine Art von offiziellem Urteil.

Held bestellte mich (»Ich weiß nicht, ob ich genug Talent habe.«) also in seine Villa.

»Willst du einen Tee mittrinken?«

Im Hintergrund sang Elisabeth Schwarzkopf das vierte der *Vier letzten Lieder* von Richard Strauss, *Im Abendrot*.

Ich war so ungeheuer nervös, dass der Würfelzucker neben meiner Tasse landete ... Held war ein – wenn nicht *der* – Star der West-Berliner Staatlichen Schauspielbühnen, seitdem ihn der neue Intendant Boleslav Barlog 1951 aus Frankfurt in seine (wie meine) Geburtsstadt zurückgeholt hatte. Held hatte mit Fritz Kortner (den ich leidenschaftlich gern erlebt hätte), mit Hans Lietzau (den ich begeistert erleben durfte), mit Samuel Beckett gearbeitet. Seine enorme Begabung zum Humor hatte mich früh ganz besonders für ihn eingenommen – unvergesslich seine Abendbrot-Rezitation von *Der Mond ist aufgegangen* als Oberstaatsanwalt Wilhelm Schramm in Wolfgang

MARTIN HELD

Geboren 1908 in BERLIN, wo er 1992 starb und ihm, seit er ab 1951 am Schiller-Theater engagiert war, auch *tout* BERLIN zu Füßen lag. Er spielte unter großen Regisseuren wie Fritz Kortner und mit großen Kollegen wie Marianne Hoppe, Käthe Dorsch oder Bernhard Minetti. Von seinen Filmen sind zu erwähnen: *Rosen für den Staatsanwalt* und *Die Herren mit der weißen Weste* (beide Male Regie: Wolfgang Staudte, 1959 respektive 1969) sowie *Der Hauptmann von Köpenick* (Regie: Helmut Käutner, 1956).

Staudtes *Rosen für den Staatsanwalt*!! Ich hatte also wirklich Grund, das Zuckerstückchen danebenzuwerfen …

Er duzte mich, aha, und war überhaupt von so zugewandter Freundlichkeit, dass sich meine Nervosität allmählich legte. Wir redeten eine Weile durchaus ernsthaft, und er entließ mich mit dem Auftrag, Hamlets Monolog »Sein oder Nichtsein«, einen Monolog des Edmund aus Eugene O'Neills *Eines langen Tages Reise in die Nacht* und Osvalds Schluss-Szene aus Henrik Ibsens *Gespenster* vorzubereiten – und irgendwann wiederzukommen. Das tat ich nach ein paar Wochen, und da erhielt ich eine – bis heute – prägende Lektion: in Arbeit am Text.

Jeder Satz des Osvald wurde auseinandergenommen und wieder zusammengesetzt, jeder Gedankenstrich befragt, die Adjektive wurden einander gegenübergestellt – und das alles dann in Spiel überführt. Ich war nach kurzer Zeit klitschnass geschwitzt.

In diesen eineinhalb Stunden habe ich fürs ganze Leben gelernt, dass eine genaue Untersuchung eines Textes einem freien, irgendwann tatsächlich intuitiven Spiel nicht nur nicht im Wege steht, sondern es sogar ermöglicht! Diese handwerkliche Basisarbeit – heute manchmal unterschätzt oder schlicht vernachlässigt – befreit einen Schauspieler

---

ULRICH MATTHES

Er wurde 1959 in BERLIN geboren und zählt zu den bekanntesten Schauspielern seiner Generation. Seit 2004 ist er am Deutschen Theater BERLIN engagiert. Zur festen Filmgröße wurde er mit Filmen wie *Winterschläfer* (1997), *Der Untergang* (2004) oder *Der neunte Tag* (2004). 2005 erhielt er den Gertrud-Eysoldt-Ring für seine Interpretation der Rolle des Geschichtsprofessors George in *Wer hat Angst vor Virginia Woolf* (Regie: Jürgen Gosch).

eher, als dass sie ihn einengt. »Was steht denn da genau?« Oder: »Glaub' ich dir nicht!« Diese beiden scheinbar so einfachen Sätze, die ich an jenem Berliner Nachmittag immer wieder hörte, rufe ich mir bis heute im Geiste auf jeder Probe mehrmals ins Gewissen!

Martin Held entließ mich dann mit einer durchaus optimistischen Prognose, nicht ohne hinzuzufügen, dass seine Meinung ja nur eine einzige sei, ganz und gar subjektiv, und dass ich doch mein Studium an der FU beenden möge, man wisse ja nie ... Zehn Minuten später verkündete ich außer Atem meinen nicht sehr überraschten Eltern: »Ich brech' mein Studium ab!«

In den Jahren bis zu seinem Tod Anfang 1992 hat er mit der gleichen menschenfreundlichen Art Anteil an meinen ersten Schritten und dann auch Erfolgen im Beruf genommen. 1990 erhielt ich einen der Förderpreise des Kunstpreises der Berliner Akademie der Künste. Und trotz bereits großer Gebrechlichkeit erschien Martin Held dort mit seiner Frau und umarmte mich mit feuchten Augen: »Wollt' ich mir doch nicht nehmen lassen!«

Besonders lieb ist mir ein Suhrkamp-Buch mit Fotos und Arbeitsmaterial zu Becketts eigener Inszenierung seines Stücks *Das letzte Band*, in das Held mir hineingeschrieben hatte: »Lieber Uli! Das waren die glücklichsten 45 Theaterminuten meines Lebens. Behalte sie in freundlicher Erinnerung. Dein Martin Held.« Ich kenne diese Aufführung nur als Videoaufzeichnung, an sich fast immer ein trauriger Ersatz für die Magie der Live-Veranstaltung, und dennoch spürt man auch hier die außergewöhnliche Kraft *und* Zartheit, den Humor *und* die grimmige Versenkung in die Situation, zu der Held wohl bei jeder Arbeit in der Lage war. Er konnte sie alle: die Könige, die (Pantoffel-)Helden, die Witzbolde, die Kleinbürger, die Bösen. Und war doch immer: Martin Held.

DER KRISENMANAGER UND DER GRÜNDER

HEINZ DÜRR über EMIL RATHENAU
Entscheidend ist immer der Chef

Ich sitze in meinem Büro am Frankfurter Mainufer, ein trüber Herbsttag geht zu Ende, meine Sekretärin ist schon nach Hause gegangen, und die Straßenlaternen sind eingeschaltet. Ich döse und lasse meine Gedanken schweifen. Über die Zukunft des Unternehmens, für das ich Verantwortung trage – die AEG.

In solchen Stunden träumt man ja gerne von Vergangenem und der Zukunft. Da öffnet sich die Tür zu meinem Büro, und ein älterer Herr mittlerer Größe, mit Spitzbart und Kneifer, steht vor mir.

»Störe ich Sie, Herr Dürr?«

»Nein, Herr Rathenau, ganz im Gegenteil, ich bin sehr erfreut, Sie kennenzulernen.«

Es ist in der Tat Emil Rathenau, einer der aktivsten und erfolgreichsten Unternehmer seiner Zeit, also Ende des 19., Anfang des 20. Jahrhunderts.

Naturgemäß weiß ich viel über ihn, den Gründer der AEG. Der Konzern gab 1988 zu seinem 150. Geburtstag ein Buch heraus, für das Historiker sehr gut recherchiert hatten, das viele Dokumente aus seiner Zeit enthielt und für das ich selbst auch einen Beitrag geliefert hatte. So wusste ich, dass er am 11. Dezember 1838 geboren und am 20. Juni 1915 gestorben war. Aber was will er von mir? Ich blicke ihn fragend an.

»Wie geht es meiner AEG?«, fragt er mit fast drohender Stimme und setzt sich an den Besprechungstisch. Der korrekte schwarze Anzug, Stehkragen mit schwarzem Binder, irritiert mich ziemlich, aber ich antworte.

»Nicht besonders gut. Wir sind in einem Vergleichsverfahren, versuchen unsere Schulden loszuwerden und wieder eine richtige Firma zu sein. Alles ziemlich anstrengend.«

1982 hatte die AEG aufgrund fehlender Liquidität Vergleich angemeldet. Dieser wurde eröffnet und im Jahre 1985 erfolgreich abgeschlossen.

»Solche Situationen habe ich auch erlebt. Eine Firma, an der ich beteiligt war, wurde sogar liquidiert.«

Das war die Berliner Union Actien-Gesellschaft für Eisengießerei und Maschinen-Fabrikation, die im Gründerkrach 1873 unterging. Emil Rathenau war an ihr beteiligt und hatte als Diplom-Ingenieur dort gearbeitet.

»Aber ich habe aus diesem Desaster gelernt, habe viele Erfahrungen gesammelt, die für mein weiteres Leben von Bedeutung waren. Ich bin immer neugierig geblieben.«

Im letzten Drittel des 19. Jahrhunderts wurden viele Erfindungen gemacht. Rathenau interessierte sich für den technischen Stand der industriellen Produktion in der Welt. Als Ingenieur konnte er da mitreden. 1876 reiste er zusammen mit seinem damaligen Kompagnon Julius Valentin in die USA und besuchte Fabriken und Unternehmen in verschiedenen Städten. Ganz wichtig war für ihn die Weltausstellung in Philadelphia, wo er den von Alexander Graham Bell entwickelten Fernsprechapparat kennenlernte.

»Eigentlich wollte ich ins Telefongeschäft einsteigen. Ich hatte das Bellsche Telefon in den USA gesehen. Aber der damalige Polizeipräsident von Berlin, ein gewisser Herr von Madai, war dagegen. Dann habe ich mich mit der elektrischen Beleuchtung beschäftigt. Da waren wohl schon verschiedene Firmen dran, unter anderem auch Siemens, aber auf der Pariser Elektrizitätsausstellung 1881 sah ich Edisons Kohlenfadenlampe und wusste, das ist die bessere Lösung. Ich nahm Kontakt mit Edison auf, und – ich mache es kurz – wir haben in Berlin die Deutsche Edison-Gesellschaft (DEG) gegründet, zusammen mit den französischen Edison-Gesellschaften und dem Bankhaus Gebrüder Sulzbach. Zunächst als Studiengesellschaft.«

> **EMIL RATHENAU**
>
> Der Maschinenbauingenieur und Unternehmer wurde 1838 in BERLIN geboren, wo er 1915 auch starb. 1881 lernte er in Paris die von Thomas Edison verbesserte Glühbirne kennen, erwarb die Patentrechte und gründete in BERLIN die Allgemeine Elektricitäts-Gesellschaft (AEG). Als Generaldirektor baute er sie zu einem international operierenden Konzern aus. Die Produktpalette umfasste Kraftwerke, Eisenbahnen, elektrische Maschinen und Geräte. 1915 übernahm sein Sohn Walther, der spätere Reichsaußenminister, das Unternehmen.

Emil Rathenau ist für mich der erste große deutsche Unternehmer, der vom Kunden her dachte. Vielleicht kann man sogar sagen, dass er der erste Unternehmer war, der sich mit Marketing beschäftigte. Seine Grundidee lautete: Die Leute müssen elektrisches Licht wollen. Dazu muss ich sie bringen, und wenn sie so weit sind, liefere ich die Anlagen und den Strom. So gesehen war Emil Rathenau ein Unternehmensmanager, der die Menschen beobachtete und überlegte, welche neuen Dinge ihr tägliches Leben positiv verändern könnten. Seine Strategie war, Innovationen zu schaffen, um den Wirtschaftsablauf zu modernisieren. Wenn Rathenau solche Produkte gefunden hatte, produzierte er sie auch, machte dafür Werbung. Ihn interessierte die große Stückzahl. Und in einer Zeit, in der es so viele Änderungen auf dem Markt gab, war für ihn eines klar: Der Unternehmer muss sich selbst einen adäquaten Markt bereiten, um dort einkaufen und verkaufen und also seine Geschäfte realisieren zu können.

Auch ich weiß, dass die Kunden meiner Firma, der Stuttgarter Dürr AG, in der ich bis April 2013 Aufsichtsratsvorsitzender war, eigentlich keine Lackieranlage kaufen wollen, obwohl sie Autos herstellen. Sie wollen nur ihre Autos lackieren. Also muss ich ihnen sagen, wie das geht. Und wenn sie das verstanden haben, kaufen sie auch eine Lackieranlage.

Wir zünden uns eine Zigarre an. Mich beeindruckt, wie präzise Rathenau das Streichholz hält. Er kommt dann nochmals auf die Edison-Gesellschaft zu sprechen.

»Am Anfang waren wir da verschiedene Partner. Auch die Firma Siemens war dabei. Die war damals viel bedeutender als wir und lange vor uns im Geschäft. Doch das ging nicht gut, zu groß waren die Unterschiede bei den unternehmerischen Zielen und vielleicht auch bei der Unternehmenskultur. Werner von Siemens war durch und durch Ingenieur. Ich war eigentlich mehr Kaufmann, der vom Ingenieurmäßigen her dachte. So haben wir uns getrennt, und ich machte aus der DEG die AEG.«

»Und wie haben Sie das Ganze finanziert?«

»Das war natürlich ein kritisches Thema, denn wir hatten nicht viele Vermögensgegenstände. Aber die Idee war gut, und nach einiger Zeit machten die Banken mit. Georg von Siemens, der Bruder des Ingenieurs Werner von Siemens, hat dabei als Chef der Deutschen Bank eine große Rolle gespielt, später dann Karl Fürstenberg mit seiner Berliner Handelsgesellschaft. Der war schon eine sehr originelle Persönlichkeit. Der wusste, wie man unternehmerisch handelt.«

Ich hatte mir im AEG-Archiv die Eröffnungsbilanz vom 1. Juli 1877 angeschaut. Auf der rechten Seite stand eigentlich nur Eigenkapital von fünf Millionen, auf der linken Seite war alles aktiviert, was irgendwie möglich war – also so wie heute bei den Start-up-Unternehmen.

»Inzwischen scheinen die Banken eine etwas andere Rolle zu spielen als damals«, meint Rathenau. »Zu meiner Zeit waren sie sehr auf reale Geschäfte fixiert, heute scheint man mehr an Spekulation zu denken.«

»Nicht alle, aber es ist schon so, dass wir heute zum einen von Finanzwirtschaft und zum anderen von Realwirtschaft sprechen.«

»Realwirtschaft? Was ist das?«

»Da stehen die Produkte und die Mitarbeiter im Vordergrund und nicht nur der kurzfristige Gewinn.«

»Ach so. Nun gut, ich war immer skeptisch mit Banken«, meint Rathenau, »denn nur wenige verstanden etwas von meinem Geschäft.«

Ich dachte an meine derzeitigen Verhandlungen mit den Banken im Vergleichsverfahren der AEG, bei denen immer der Satz »Erkenne dich selbst, belaste den anderen« im Vordergrund stand.

»Lieber Herr Rathenau, wie ist eigentlich der gewaltige Aufstieg der AEG, die ja zeitweise größer als Siemens war, zustande gekommen? Wie war das überhaupt möglich?«

Rathenau zieht an seiner Zigarre: »Ich hatte gute Ideen, und ich hatte gute Mitarbeiter. Und die hatten auch wieder gute Ideen. Ich habe mir die Leute teilweise von der Universität geholt und auch immer bei den Universitäten vorgesprochen. Das Wichtigste im Geschäftsleben sind immer die Mitarbeiter. Die guten Mitarbeiter. Allein kriegst du nicht viel hin in der Wirtschaft.«

Wohl wahr, dachte ich. Und an der Spitze brauchst du einen an deiner Seite, auf den du dich voll und ganz verlassen kannst und der dir auch widerspricht.

Als hätte Rathenau meine Gedanken gelesen, sagt er: »Felix Deutsch, der 1843 zu mir als Prokurist kam, war für mich ganz wichtig, er war so eine Art *Alter Ego*.«

»Die AEG war immer Ihre Firma. Aber Sie hatten ja keine großen Anteile am Aktienkapital. Wenn ich recht informiert bin, waren es bei der Gründung der Vorläufergesellschaft, also der DEG, 6,6 Prozent.«

»Junger Mann«, meint Rathenau daraufhin lächelnd, »entscheidend ist immer der Chef in einem Unternehmen. Der muss nicht unbedingt die Aktienmehrheit haben, doch er muss die Aktionäre überzeugen. Die müssen hinter ihm stehen und seine Geschäftspolitik mittragen. Ich habe immer sehr eng mit der Direktion des Aufsichtsrats, also was ihr heute Präsidium nennt, zusammengearbeitet.«

In der Tat gab es bei ihm sehr unterschiedliche Aktionäre. Da war einmal die Nationalbank für Deutschland in Berlin, die Handelsgesellschaft Jacob Landau zu Berlin, die Handelsgesellschaft Gebrüder Sulzbach in Frankfurt. Und dann gab es noch einige Kommerzienräte und vor allen Dingen Bankiers, zum Beispiel Ludwig von Kaufmann. Insgesamt waren es 15 Aktionäre. Deren Nummer zehn war Emil Rathenau mit 330.000 Mark.

»Herr Rathenau, Sie sind Ingenieur. In der Zeit des Aufbruchs während der industriellen Revolution waren viele Chefs Ingenieure. Heute ist das häufig anders, da bestimmen oft die Finanzleute und Controller über die Geschicke eines Unternehmens.«

»Das stimmt doch nicht. Denken Sie an Volkswagen und Herrn Winterkorn, an BMW und Herrn Reithofer, an Daimler-Benz und Herrn Zetsche, alles Ingenieure.«

Da hatte er natürlich recht. Dann erklärte er mir, wie sich

die AEG zum Großunternehmen entwickelt hatte. Die Fabrikanlagen waren völlig überlastet, und so wurde 1895 das Gelände in der Brunnenstraße erworben. Für die Kabelfertigung, die sehr viel Raum erforderte, wurde dann ein großes Gelände außerhalb der Berliner Innenstadt in Oberschöneweide gekauft. 1897 begannen die Bauarbeiten, und noch im selben Jahr konnte die Produktion mit etwa 1400 Arbeitern aufgenommen werden.

»Das dauert bei uns heute etwas länger.«

»Ihr habt zu viele Vorschriften und Regeln. Und hinter denen kann man sich immer verstecken, wenn man etwas nicht bewegen will. Das war bei uns völlig anders. Ich hatte ja ständig neue Ideen, woraus sich neue Produktionsbereiche ergaben: elektrische Zähler, Vollbahnlokomotiven und die Funkentelegraphie. 1898 erwarb ich die Patente für diese Technologie von Adolf Slaby und Georg Graf von Arco. Im Jahre 1900 bauten wir Apparate für die Funkentelegraphie im Kabelwerk Oberspree. Natürlich war die Glühbirne ein ganz wichtiges Produkt für die AEG.«

Und dann fügt er hinzu: »Es gab auch technologische Neuerungen, denen ich folgen musste. Die hohen Schornsteine zum Beispiel sollten allmählich verschwinden, nicht allein wegen der belästigenden und gesundheitsschädlichen Wirkung der Rauchplage, sondern mehr noch, weil die Dampferzeugung in zahllosen kleinen Betrieben eine Vergeudung des Volksvermögens darstellte.«

Und das in einer Zeit, in der Umweltschutz noch kein Begriff war! Rathenau und seine AEG entwickelten nicht nur ständig neue Produkte, sondern er kümmerte sich auch um die rationale Fertigung. So stand im Geschäftsbericht 1899: »Mit Befriedigung können wir darauf hinweisen, dass beide Fabriken durch Verbesserung der Arbeitsmethoden und Einführung zeitsparender Werkzeuge ohne entsprechende Erhöhung der Arbeitszahl eine beträchtlich größere Arbeitsmenge als in früheren Jahren leisteten.«

»Das musste doch alles finanziert werden«, hake ich nach.

»Richtig, da habe ich dann eine eigene Bank gegründet, die Bank für elektrische Unternehmungen in Zürich, kurz Elektrobank. Die Aktienmehrheit lag auf deutscher Seite, und zwar bei uns, der AEG, und einem Konsortium für elektrische Geschäfte. Das waren dann verschiedene Banken.«

»Die AEG ist doch auch international tätig geworden?«

»Zunächst haben wir eine Exportabteilung eingerichtet, später eigene Gesellschaften mit Vertretungsfirmen in Österreich-Ungarn, Brüssel und London. 1897 gründeten wir die AEG in St. Petersburg. Wir hatten damals übrigens den Auftrag für die Elektrifizierung der Moskauer Straßenbahnen erhalten.«

»Das muss ja ein Riesenauftrag gewesen sein.«

»Insgesamt haben wir von der AEG zunächst die Kosten von einer Million Mark für den Bau getragen. Die sollten in 21 Jahren amortisiert werden.«

Dann berichtet er von seinen Aktivitäten in Spanien, in Italien, in der Türkei. Der alte Herr kommt richtig in Schwung.

»Aber wie haben Sie das alles geschafft, großer Meister?«,

HEINZ DÜRR

Der Unternehmer, Manager und Großaktionär der Dürr AG wurde 1933 in Stuttgart geboren. Bis 1980 leitete er die Firma Dürr. Von 1980 bis 1990 war er Vorstandsvorsitzender des AEG-Konzerns, von 1991 bis 1997 der Deutschen Bahn. Mit der Heinz und Heide Dürr Stiftung fördert er soziale, wissenschaftliche und kulturelle Projekte, wie das Konzept Early Excellence für frühkindliche Bildung. Er lebt seit Jahren in BERLIN.

frage ich, nachdem unser Gespräch etwas lockerer geworden ist und obwohl mir der alte Herr ziemlichen Respekt einflößt.

»Ich hasse Langeweile. Ich hasse es, wenn nichts passiert. Ich bin immer neugierig. Und für mich gilt: Merken ist wichtiger als ableiten.«

Woher, fragte ich mich, kannte Emil Rathenau diesen Satz des Philosophen Odo Marquard, der auch mein Lebensmotto ist? Ich wusste, dass für Rathenaus Zufriedenheit nur wichtig war, etwas voranzutreiben, etwas auf den Weg zu bringen. Es befriedigte ihn, wenn er sein Werk von Tag zu Tag wachsen sah, ebenso die ständige Bewegung der Dinge hin zu einer gewaltigen Organisationsstruktur. Er war offensichtlich ein hochbegabter Organisator, der Großes und Zusammenhängendes generieren konnte. Aber für ihn besaßen das Leben und die Welt neben dem allen gemeinsamen Materiellen doch ein zweites, weitaus höheres, ein formelles Interesse, und das war die AEG. Ihr galt seine totale Hinwendung, sein Engagement, sein Schaffen und Denken.

Und Emil Rathenau bewegte nicht nur sich selbst, er bewegte die ganze Branche, die Elektroindustrie. Dabei war er kein Mann der Eigenwerbung. Er posierte nicht als sein eigener Prophet, wie Karl Popper sagte, sondern tat das, was er für sich und für die ihm anvertrauten Menschen als richtig erachtete. Mit einfachen Worten bestätigt Rathenau meine Einschätzung.

So wage ich zu fragen: »Sind Sie ein reicher Mann, lieber Herr Rathenau?«

»Ich habe nicht nach dem gestrebt, was für die Berliner Gesellschaft so wichtig war und ist. Für mich zählte die Firma.«

In der Tat bestätigen Zeitzeugen, dass Rathenau im alltäglichen Leben eher bescheiden und überhaupt nicht verschwenderisch war.

»Stimmt es, dass der Bankier Carl Fürstenberg, der Direktor der Berliner Handelsgesellschaft, einmal gesagt hat, mit dem Emil Rathenau lässt sich über Geld nur bis zu einem Betrag von drei Mark und dann wieder über drei Millionen Mark reden?«

Rathenau lacht verkniffen. Er habe ihm geantwortet: »Ich bin Berliner, Sie sind Schwabe. Da müssten wir uns doch eigentlich verstehen.«

Ich will etwas von seiner Familie wissen.

»Mein Vater war ein strenger und gewissenhafter Mann und als Getreidehändler auch in gewissem Maße wohlhabend.«

»Und Ihre Frau, kam die auch aus einer jüdischen Familie?«

»Oh ja, aus einer sehr berühmten sogar. Ihr Großvater hieß Joseph Liebermann und besaß in Niederschlesien ein Eisenwerk mit Hochofen, Walzwerk und Maschinenbauanstalt. Das sagt Ihnen vielleicht weniger, aber den Maler Max Liebermann und den Chemiker Karl Liebermann, die kennen Sie doch? Das waren ihre Vettern.«

Plötzlich fragt Emil Rathenau mich: »Sie sind Vorsitzender der Walther-Rathenau-Gesellschaft? Was macht ihr denn da?«

»Wir pflegen das Andenken und das Vermächtnis Ihres Sohnes Walther.«

»Und was pflegt ihr von mir?«

Ich muss weit ausholen: »Sie haben einen großen Konzern geschaffen, Sie waren ein großer Unternehmer. Ihr Sohn dagegen war Philosoph, Politiker, sogar Reichsaußenminister, und auch Unternehmer. Er hat viel geredet und viel geschrieben. So eine Person ist irgendwie interessanter für die Öffentlichkeit und vor allem für die Medien. Ein Unternehmer, der sich in erster Linie um sein Unternehmen kümmert, das gibt viel weniger her – dem wird außerdem ja unterstellt, dass er ein Reicher sei, und das ist in der heutigen Wahrnehmung irgendwie nicht gut.«

Emil Rathenau zieht die Augenbrauen hoch. »Das wird bei euch diskutiert? Ich war als Unternehmer akzeptiert. Auch Kaiser Wilhelm hat sich mit mir unterhalten. Einmal habe ich sogar mit ihm zu Mittag gegessen, bei meinem 70. Geburtstag.«

»Sie haben recht. Vor Kurzem hat bei uns ein Philosoph gesagt: Dass manche Menschen extrem vermögend sind, ist erst dann ein Grund zur Aufregung, wenn damit anderen Menschen geschadet wird.«

»Geschadet habe ich niemandem. Aber noch mal: Was macht ihr in dieser Walther-Rathenau-Gesellschaft außer Andenken pflegen?«

»Wir arbeiten an einer historisch-kritischen Edition der Werke und Briefe Ihres Sohnes Walther, untersuchen sie wissenschaftlich, vor allem die von ihm vertretenen Theorien. Es gibt also eine Gesamtedition. Wie gesagt, Ihr Sohn hat viel geschrieben.«

»Das ist richtig, aber das ist nicht meine Sache. Ich habe Walther auch nicht als meinen Nachfolger gesehen, sondern seinen jüngeren Bruder Erich. Erst als dieser gestorben ist, sind wir uns als Vater und Sohn nähergekommen. Das war gar nicht einfach, denn Walther war ein eher künstlerischer Mensch. Ich bin das nicht.«

»Aber Sie haben doch den großen Künstler Peter Behrens engagiert, der viel für die AEG getan hat?«

»Das ist richtig. Behrens war ein großartiger Architekt. Am Anfang war ich eher skeptisch, als ihn einer meiner Mitarbeiter zu uns ins Haus brachte und er viel über Ästhetik, das Bauhaus und so weiter gesprochen hat. Aber dann habe ich festgestellt, dass seine Bauten sehr zweckmäßig waren und seine Designarbeiten von unseren Kunden begeistert angenommen wurden. Sie haben sicher die große Turbinenhalle in der Brunnenstraße gesehen. Solche Fabriken baut heute keiner mehr, da ist der Controller davor.«

Peter Behrens, in dessen Atelier unter anderem die Architekten Walter Gropius, Le Corbusier und Mies van der Rohe arbeiteten, hatte einen Grundsatz: Eine technische Aufgabenstellung ist erst dann vollständig gelöst, wenn sie auch dem ästhetischen Empfinden der Menschen gerecht wird. Er sah es als grundlegend an, nicht allein die künstlerischen und technischen Elemente möglichst organisch zu verbinden, sondern aus dem Material und den Eigenheiten der Technik heraus neue Kunstformen und eine dem technischen Zeitalter angemessene Formensprache zu entwickeln.

Ich will noch mehr von der Familie wissen: »Sie hatten doch auch eine Tochter, Herr Rathenau?«

»Ja, die Edith. Sie hat einen Bankier geheiratet mit Namen Fritz Andreae. Edith war eine Salonnière, das heißt, sie führte einen großen literarischen Salon. Sie galt damals als die intellektuellste Frau in Berlin. Alle wichtigen Leute waren Gäste ihres Salons. Kurz vor Kriegsanfang zog sie in die Schweiz. Es gibt heute noch Nachkömmlinge dieser Familie.«

»Ein Enkel von ihr ist bei uns in der Walther-Rathenau-Gesellschaft. Aber hier noch eine Frage: Haben Sie eigentlich etwas von Ihrem Sohn Walther gelesen?«

»Nicht alles, doch einiges. Ein Text hat mir besonders gut gefallen, in dem er über die Physiologie der Geschäfte geschrieben hat. Ich glaube, da hat er sehr viel von mir übernommen. Wenn er etwa sagt, Bedürfnisse erkennen und Bedürfnisse schaffen ist das Geheimnis allen wirtschaftlichen Handelns, so hat er verstanden, was ich immer wollte. Auch in Bezug auf das Organisatorische, das mir immer wichtig war, hat er offensichtlich von mir gelernt, wenn er darüber schreibt, was eine Zeitung, eine Bank, eine Fabrik, ein Theater, eine Reederei sei? Ist sie das Papier oder das Geschäftshaus, sind es die Maschinen oder die Kulissen oder die Schiffe? Ist es der Name? Sind es die Personen? All diese Einzeldinge sind auswechselbar und ersetzlich. Der Zusammenhang, der Aufbau, die Anordnung sind das Wesentliche. Arbeit, Erfahrung, Zeitaufwand und Geist schaffen eine Organisation, und sie sind die Werte, die sich darin kristallisieren. Das klingt doch gut?«

»Ich kenne diese Physiologie der Geschäfte. Und ein Satz gefällt mir ganz besonders, nämlich der, dass der wahre und große Geschäftsmann nur der ist, der sich nicht ausschließlich nach dem Gewinn richtet, sondern nach der Entwicklung seines Unternehmens oder, wie Walther Rathenau es ausdrückte: ›Ich habe niemals einen wirklich großen Geschäftsmann gesehen, dem das Verdienen die Hauptsache war.‹«

Emil Rathenau wäre vermutlich nie auf den Gedanken gekommen, ein Unternehmen als gesellschaftliche Veranstaltung zu bezeichnen. Und doch hat er sich genauso verhalten, als sei dies seine Prämisse.

Es ist spät geworden. Plötzlich fällt mir ein, dass ich dem alten Herrn noch gar nichts angeboten habe.

»Ein Kaffee? Ein Glas Wein?«

»Wasser genügt.«

Ich sehe Emil Rathenau plötzlich vor mir an seinem Schreibtisch sitzen, so wie ich es auf einem Foto gesehen hatte. Ich erlaube mir noch eine Frage: »Lieber Herr Rathenau, wenn die AEG jetzt durch das Vergleichsverfahren gegangen ist, also wenn wir mit all den Schwierigkeiten fertiggeworden sind, wäre es für uns sinnvoll, wenn wir uns mit einem großen Konzern zusammenschließen.«

»Mit wem?«

»Mit Daimler-Benz, dem Automobilkonzern.«

»Na ja, ich habe auch einmal eine große gemeinsame Gesellschaft mit einem Konkurrenten gegründet, nämlich die Telefunkengesellschaft 1903 zwischen AEG sowie Siemens & Halske. In dieser Gesellschaft haben wir die Aktivitäten für Funkentelegraphie zusammengefasst. Ganz unbeeinflusst geschah das nicht. Der Kaiser hat den Befehl gegeben, um der unerquicklichen Konkurrenzsituation zwischen AEG und Siemens ein Ende zu bereiten.«

»Das war ja richtige Industriepolitik, würden wir heute sagen.«

»Mag sein, aber warum wollen Sie eigentlich mit dem Automobilkonzern Daimler zusammengehen?«

»Meine AEG, die jetzt durch den Vergleich geht, ist einfach zu klein im internationalen Vergleich. Und wir brauchen einen starken finanziellen Partner, um uns weiterentwickeln zu können. Außerdem gibt es viele Synergien zwischen AEG und Daimler.«

»Synergien? Was ist denn das?«

»Das ist, wenn die Fähigkeiten von zwei Unternehmen zusammenkommen und wenn, ganz einfach, zwei mal eins mehr als zwei ergibt.«

»Klingt gut, aber seid ihr sicher, dass das funktioniert? Bei der Deutschen Edison-Gesellschaft habe ich ja ganz andere Erfahrungen gemacht.«

»Wir haben manchmal auch unsere Probleme mit solchen Zusammenschlüssen, aber der Kapitalmarkt liebt sie. Außerdem klingt es intelligent, wenn wir von Synergien sprechen.«

»Der Kapitalmarkt? Ob der immer weiß, was für ein Unternehmen richtig ist? Aber vielleicht funktioniert es bei euch. Wichtig ist, dass Sie auf der anderen Seite eine Person finden, mit der Sie die Zusammenarbeit gestalten können. Haben Sie eine solche?«

»Ja, er ist übrigens auch Berliner.«

»Sie meinen Edzard Reuter, den Sohn des Bürgermeisters?« Rathenau stockt nachdenklich und bläst kleine Rauchwölkchen in die Luft. »Und wenn der nicht mehr da ist? Wenn es einen anderen Chef bei Daimler gibt?«

Draußen ist es dunkel geworden. Plötzlich fallen mir der Straßenlärm und die vielen Autos auf. Die AEG hatte ja früher auch Autos gebaut.

Emil Rathenau steht auf, drückt den Rest seiner Zigarre in den Aschenbecher, das Wasser hat er getrunken. Er gibt mir die Hand und sagt: »Alles Gute!« Bevor ich mich bedanken kann, ist er verschwunden.

Ich bleibe an meinem Schreibtisch sitzen. Meine Erinnerungen sind ganz präsent. Ich öffne langsam meine Augen, die ich lange geschlossen hatte: Ich habe mit einem großen Unternehmer gesprochen. Ich hätte auf ihn hören sollen.

DER REBELL UND
DER MEDIENMOGUL

PETER SCHNEIDER über AXEL CAESAR SPRINGER
Unser Zorn war durchaus authentisch

Sehr geehrter Herr Springer,

wir sind uns in jenem Leben, das man voreilig das wahre nennt, nie begegnet, und ich hatte auch nie das Bedürfnis, Ihnen zu schreiben. Wenn ich es jetzt tue, so kann ich keinen besseren Grund dafür nennen als die Tatsache, dass Sie bzw. das von Ihnen geschaffene Imperium in meinem Leben eine gewisse Rolle spielten – was in der Umkehrung wohl auch auf das Unternehmen zutrifft, das Ihren Namen trägt. Der erste Zusammenstoß fällt in die Jahre 1967/68, als ich zusammen mit anderen ein »Springer-Tribunal« organisierte; der zweite, den ich eher eine Begegnung nennen würde, in das Jahr 2009, als Mathias Döpfner, der derzeitige Vorstandsvorsitzende der Axel Springer AG, mit dem Chefredakteur der *Welt* in Ihrem Hause ein neues »Springer-Tribunal« veranstalten wollte.

Was Ihren Konzern betrifft, kann ich Ihnen berichten, dass er sich in einem schwierigen Umfeld namens Internet-Zeitalter gut behauptet. Allerdings kann ich Ihnen nicht verschweigen, dass sich die Leserschaft der *Bild*-Zeitung in den letzten fünf Jahren fast halbiert hat; bei der *Bild am Sonntag* ist der Rückgang noch dramatischer. Trotz dieser Verluste ist es nach wie vor die *Bild*-Zeitung, die unter Ihren Printmedien die Gewinne einfährt. Und die Akzeptanz dieses Blattes ist im letzten Jahrzehnt gewaltig gewachsen. Wer heute ein Flugzeug besteigt, sieht in der ersten und in der Business-Class nur Köpfe, die von den textarmen, aber bilderstarken Seiten der *Bild* verdeckt werden. Man muss in die Economy-Class gehen, um auf Passagiere zu stoßen, die sogenannte Intelligenz-Blätter wie die *Süddeutsche Zeitung*, die *Frankfurter Allgemeine Zeitung* und *die taz* umblättern. Spätestens seit den Enthüllungen um den ehemaligen Bundespräsidenten Christian Wulff ist die *Bild*-Zeitung sogar zu einer Art Leitmedium aufgestiegen, von dem sich auch vormals berührungsscheue Blätter wie *Der Spiegel*, *Die Zeit* und die *FAZ* inspirieren lassen. Was die Boulevardisierung der Medien angeht, haben Sie, Herr Springer, eindeutig gewonnen; in dieser Hinsicht sind Sie Ihrem italienischen Meisterschüler Silvio Berlusconi um Jahrzehnte voraus gewesen. Ihre große Vision, wonach Klatsch und Tratsch, der unerschrockene Blick ins Intimleben, die gezielte Indiskretion beziehungsweise die folgenreiche Andeutung, ein Nackedei pro Tag und manchmal auch die Hetzjagd zu einem Massenblatt gehören, hat sich bewährt und Wirkung gezeigt. Angesichts dieser Erfolge werden Sie es wohl verschmerzen, dass die kleine Axel-Springer-Passage in Berlin-Kreuzberg, die ganz und gar im Schatten Ihres Hochhauses steht, inzwischen auf die viel größere Rudi-Dutschke-Straße trifft. Aus strikt meteorologischen Gründen gilt diese Straßenkreuzung übrigens als der windigste Ort Berlins.

In den Jahren 1967/68 habe ich rund ein Jahr meines Lebens darauf verwendet, der Hetzkampagne der *Bild*-Zeitung, der *B.Z.* und der *Berliner Morgenpost* wider die Studentenbewegung etwas entgegenzusetzen – Letztere, die damals eigentlich die schlimmste war, hat sich inzwischen zu einer fast noblen Zeitung gemausert und wurde 2014 an die Essener Funke Mediengruppe verkauft. Ich ließ mich von Rudi Dutschke und Hans Magnus Enzensberger 1967 dazu überreden, ein sogenanntes »Springer-Tribunal« zu organisieren. Monatelang bin ich in Deutschland herumgereist, um die Köpfe der liberalen Intelligenz – darunter Ernst Bloch, Theodor W. Adorno, Heinrich Böll, Sebastian Haffner und ein Dutzend andere – davon zu überzeugen, bei diesem »Tribunal« mitzumachen. Dazu bedurfte es keiner besonderen Überredungskünste. Vielleicht erinnern Sie sich, vielleicht haben Sie es verdrängt, wie alarmiert damals die gesamte liberale Öffentlichkeit wegen der marktbeherrschenden Stellung Ihres Konzerns gewesen ist. Man sprach in Bezug auf diese Dominanz und auf das von Ihnen favorisierte Konzept des Kampagnen-Journalismus von einer »Gefahr für die Demokratie«. Rudolf Augstein regte eine »Lex Springer« an, um Ihren Ausdehnungsdrang zu begrenzen. »Stoppt Springer!«, hieß es in der *Zeit*. Sie konnten sich diese und andere Sorgen Ihrer Konkurrenten nur damit erklären, dass diese neidisch auf Sie waren. Dass Ihre Gegner womöglich auch berechtigte Sorgen um die Demokratie hatten, kam Ihnen nicht in den Sinn. Die Enteignungskampagne der Studentenbewegung (»Enteignet Springer!«) ließ sich dann freilich nicht mehr auf Konkurrenzneid zurückführen, da es unter uns niemanden gab, der mit Ihnen hätte tauschen wollen. So haben Sie diese Forderung als kommunistisch abgetan, obwohl ja auch die Verfassung der Bundesrepublik die Möglichkeit der Enteignung vorsieht. Es konnte nicht sein, dass Sie, der viel Bewunderte und auch viel Beneidete, zu weit gegangen waren. Ihre Meinung, dass die ganze Kampagne »von drüben«, von der SED und der Stasi gesteuert war, stand von Anfang an fest. Nun kann nur ein Ignorant leugnen, dass die genannten Organisationen tatsächlich alles taten, um auf unsere Kampagne Einfluss zu nehmen. Aber ich versichere Ihnen: Wir brauchten wirklich keine SED und keine Stasi, um in den Blättern Ihres Konzerns, welche die demonstrierenden Studenten Tag für Tag als »Gesindel«, »Pack«, und »rote SA« diffamierten, unseren Feind zu erkennen. Es genügte ganz einfach, Ihre Zeitungen zu lesen. Nein, Herr Springer, unser Zorn war durchaus authentisch. Sie und einige Ihrer Redakteure, die Sie gewähren ließen, haben ihn sich verdient. Allerdings füge ich hinzu, dass sich auch einige von uns damals im Eifer des Gefechts verirrt haben. Die Parole »Springer Mörder« war natürlich nie zu halten und das Bombenattentat auf Ihr Verlagshaus in Hamburg im Mai 1972 ein Verbrechen.

Das alles ist nun Schnee von vorgestern. Die Außerparlamentarische Opposition (APO) hat sich in alle Winde zerstreut, was man von Ihrem Konzern wirklich nicht behaupten kann. Was mich selbst betrifft, muss ich Ihnen gestehen, dass ich mich seit Jahrzehnten kaum mehr mit Ihrem Unternehmen beschäftigt habe. Die Auseinandersetzung zwischen Einzelkämpfern und einem Dax-Konzern ist naturgemäß ungleichgewichtig. Zorn, das hat Bertolt Brecht bemerkt, ist eine endliche Energie, und ich habe ganz einfach Besseres zu tun, als mich über jede gemeine Schlagzeile der *Bild* aufzuregen. Die Voraussetzung wäre ja, dass ich sie jeden Tag lesen würde. Was mein Urteil über diese Zeitung angeht, muss ich Ihnen sagen, dass ich in all den Jahren nicht wirklich weiser geworden bin. Ich halte dieses Blatt nach wie vor für eine journalistische Missgeburt, obwohl mir nicht entgangen ist, dass sich die *Bild*-Zeitung, die Sie einmal liebevoll als Ihren »Kettenhund« bezeichnet haben, unter dem derzeitigen Chef Ihres Konzerns zivilisiert hat. Anders als früher verfolgt sie nicht mehr mit ideologischer Fixierung ganze Gruppen wie Ausländer, demonstrierende Studenten, Hausbesetzer, Linke und Schwule. Sie stellt eher Individuen an den Pranger –

»Sozialbetrüger«, »Päderasten« – und konzentriert sich auf Enthüllungsgeschichten über Prominente und Halbprominente wie Fußballstars, Wetterpropheten, Politiker, Modezaren.

Im April 2008 wurde ich von Ihrem langjährigen Mitarbeiter Ernst Cramer zu einem Streitgespräch über die Studentenbewegung und die Anti-Springer-Kampagne eingeladen. Vor dem Gespräch kaufte ich mir eine *Bild*-Zeitung. Ich zeigte Ernst Cramer die Titelseite. Auf der Halbseite des Titelblatts war die Exfrau von Udo Jürgens bei einer Tanzparty zu sehen. Die Schlagzeile lautete sinngemäß: Exfrau von Udo Jürgens auf Kokain-Party erwischt! Ich fragte den 90-jährigen Ernst Cramer, der mir durch seine intellektuelle Schärfe ebenso wie durch seine physische Beweglichkeit imponierte, ob er mir erklären könne, warum Millionen Leser an diesem Tage unbedingt erfahren müssten, dass die Exfrau von Udo Jürgens an einer Kokain-Party teilgenommen hätte. Cramer zuckte mit den Schultern und gab keine Antwort. Ich unterstelle, dass ihm die Geschichte ebenso unsympathisch war wie mir. Leider fehlt diese Einleitungspassage in der redaktionellen Fassung unseres Gesprächs.

Ich leugne gar nicht, dass sich *Die Welt*, die *Berliner Morgenpost* und auch die *Bild* zu ihrem Vorteil verändert haben. *Die Welt* riskiert mittlerweile mehr Offenheit, die *Bild*-Zeitung mehr Humor. Deren Unterhaltungswert hat sich erhöht, die täglichen Nackedeis sind fast verschwunden, und eine Schlagzeile wie »Wir sind Papst« verdient in ihrer Mischung aus Triumph und Ironie das Prädikat »genial«. Worauf es mir ankommt, sehr geehrter Herr Springer, ist jedoch der Eindruck, dass die *Bild*-Zeitung dem bewährten Geschäftsmodell treu geblieben ist. Ihr wichtigster Geldbringer lebt nach wie vor von der Unkultur der Bloßstellung und des Niedermachens. Wenn es um nationale Belange geht, etwa um das

Geld der Deutschen, fällt das Blatt in seine Unarten der Stimmungsmache und der nationalen Selbstüberhebung zurück. Es war die *Bild*-Zeitung, die die Vorurteile gegen die »arbeitsscheuen« und »korrupten« Südländer wiederbelebte und den »Pleitegriechen« vorschlug, doch ihre Inseln zu verkaufen. Dass kaum ein Cent der gen Süden gepumpten Milliarden in den Taschen der »Pleitegriechen« landete, dass diese Milliarden fast ausschließlich der Rettung deutscher und französischer Banken dienten, die sich mit maroden südeuropäischen Staatsanleihen verspekuliert hatten, habe ich in der *Bild* nicht gelesen – auch nicht, dass das NATO-Mitglied Griechenland der zweitgrößte Abnehmer deutscher Waffen in Europa ist.

Wenn dann gar politische Wahlen anstehen, legt die *Bild*-Zeitung die Ärmelschoner ab und besinnt sich auf ihre Qualitäten als Kampfblatt. Sie erklärt sich nie offen für die Partei, für die sie seit Jahrzehnten bellt und beißt; sie »beschränkt« sich auf die vom amerikanischen Wahlkampf-Manager Karl Rove perfektionierte Methode des *Character Assassination*. Wenn der SPD-Kanzlerkandidat des Jahres 2013, Peer Steinbrück, einmal in ein »Fettnäpf-

PETER SCHNEIDER

Der Schriftsteller wurde 1940 in Lübeck geboren und studierte Germanistik, Geschichte, Philosophie in Freiburg und München, ab 1962 in BERLIN. Im Bundestagswahlkampf 1965 schrieb er Reden für SPD-Politiker. Er war einer der Wortführer der 68er-Bewegung. 1973 wurde ihm als Referendar das Berufsverbot erteilt, das nach zwei Jahren aufgehoben wurde. Ab 1985 Gastprofessuren als *Writer in Residence* an Universitäten wie Stanford, Princeton und Harvard. Er lebt als Schriftsteller und Essayist in BERLIN.

chen« tritt – und in Bezug auf sein Honorar für eine Rede bei den Stadtwerken Bochum trat er in ein solches –, findet und erfindet die *Bild* in den nächsten Wochen prompt zehn weitere. Das letzte oder vorletzte Fettnäpfchen war dann Steinbrücks Bekenntnis, dass er sich von Weinen unter fünf Euro fernhält.

Nun zu meinem zweiten Zusammenstoß mit Ihrem Konzern, den ich eine Begegnung nannte. Nach 40-jähriger Abstinenz von allen Aktionen gegen Springer war ich erstaunt zu hören, dass der Chefredakteur der *Welt*, Thomas Schmid, auf die Idee verfallen war, ein neues »Springer-Tribunal« zu organisieren – diesmal in Ihrem Haus. Das Unternehmen fing mit der Aufforderung des Springer-Chefs Mathias Döpfner, ehemalige Anführer der Anti-Springer-Kampagne sollten sich bei seinem Haus entschuldigen, nicht gut an. Gespräche beginnen in aller Regel nicht mit der Aufforderung an die Gäste, den Gastgeber erst einmal um Verzeihung zu bitten.

Aber dann milderte Döpfner seinen Ton: Es gehe um eine »historische Aufarbeitung«. Allerdings waren es keineswegs Historiker, die die Veranstaltung planten. Es waren die Nachfolger von Ihnen und Ihren Mitarbeitern – Manager und Journalisten, die zur Zeit der Anti-Springer-Kampagne 1967 allenfalls im Kindesalter gewesen waren.

»Wir möchten wissen, wie es damals wirklich war«, erklärte Mathias Döpfner (Jahrgang 1963), »uns ist bewusst, dass unser Haus und unsere Blätter seinerzeit journalistische Fehler gemacht haben. Wir haben dies in der Vergangenheit zugegeben und tun dies auch heute. Wir werden nichts vertuschen. Wir wünschen uns das allerdings auch von jenen, die bis heute unbeirrt an den alten Gewissheiten und Mythen festhalten. Vielleicht gelingt es uns gemeinsam, die damalige Zeit besser zu verstehen.« (Ich habe dies nach einem

Bericht von Reinhard Mohr in *Spiegel-Online* am 2. Juli 2009 zitiert.)

Dem Wortlaut nach ging es also darum, dass sich beide Seiten noch einmal zusammensetzen und sich gegenseitig ihre Fehler eingestehen sollten. Wenn Sie sich die Mühe machen, sich die Veranstaltung auch nur einen Augenblick lang vorzustellen, werden Sie sich ein Lachen kaum verkneifen können: Ältere Herren um die 70, einige mit Hörgeräten in den Ohren, Veteranen, die vielleicht vor 40 Jahren ihren letzten Pflasterstein geworfen haben, verständigen sich in dezentem Ton mit den meist jüngeren, tadellos gekleideten Vertretern Ihres Konzerns, die die damaligen Ereignisse allenfalls aus den Archiven Ihrer Zeitungen kennen.

Für die Gegenwart und Zukunft der inzwischen wirklich alten Alt-68er würde das Ergebnis, gleichgültig, wie es ausfiel, keine Bedeutung haben. Der eine oder andere mochte höchstens hoffen, dass er sich anlässlich der »historischen Aufarbeitung« noch einmal in Szene setzen konnte.

Ganz anders stellte sich das Vorhaben für die Vertreter des Springer-Konzerns dar. Sie hätten gewisse »Fehler« eingeräumt und dann vermutlich auf ein Kommuniqué gedrungen, in dem jede Seite einigermaßen symmetrisch eine Teilschuld eingestand. Aber im Unterschied zu den 68ern hätten sie dieses Ergebnis dann mit Ihrer gesamten Pressemacht als »Versöhnungsakt« in die Welt trompeten können.

Einige der Veteranen, mit denen ich über dieses neue »Springer-Tribunal« sprach, sagten sofort ab, darunter die ehemaligen SDS-Führer Christian Semler und Wolfgang Lefèvre – Bernd Rabehl fragte ich erst gar nicht. Daniel Cohn-Bendit, Bernhard Blanke, Hannes Schwenger, Klaus Hartung und ich hielten die Sache für überlegenswert. Bei uns überwog ein vielleicht altersbedingter Trotz: Wir wären immer noch und überall in der Lage, unsere Argumente – Fehler inbegriffen – überzeugend darzulegen und gegen die Springer-Übermacht zu bestehen. Aber erst einmal mussten wir natürlich in Erfahrung bringen, wie die Veranstaltung ablaufen sollte. Unsere Bedingungen waren rasch formuliert: Ein neues »Springer-Tribunal« sollte nach Möglichkeit von einer für beide Seiten akzeptierten Autorität – zum Beispiel von Jürgen Habermas – geleitet werden. Es sollte nicht im Springer-Hochhaus, sondern an einem neutralen Ort stattfinden. Und es sollte selbstverständlich eine öffentliche Veranstaltung sein.

Je länger wir darüber nachdachten, desto mehr setzte sich Skepsis durch. Ging es den Veranstaltern wirklich um »die historische Wahrheit«? Ging es nicht viel eher um die Reinwaschung des Konzerns, der uns, egal, was wir sagten, auf allen Kanälen überdröhnen würde?

Schließlich kam es zu einer Begegnung zwischen Mathias Döpfner, Thomas Schmid und mir. Ich war Döpfner schon vor diesem Treffen ein paar Mal begegnet und hatte festgestellt, dass er mir sympathisch war. Im Unterschied zu Ihnen, dem ich nie begegnet bin, ist er nach meinem Eindruck frei von

AXEL CAESAR SPRINGER

Geboren 1912 in Altona, gestorben 1985 in BERLIN, Inhaber des zu seiner Zeit einflussreichsten deutschen Medienkonzerns. Seit 1967 befindet sich dessen Hauptsitz in BERLIN, damals direkt an der Mauer – quasi eine Kampfansage an die DDR. Der in seinen Blättern verfolgte antikommunistische Kurs (noch 1989 schrieb man darin »DDR« mit Anführungsstrichen) und die einseitige Berichterstattung über die Studentenbewegung lösten die Anti-Springer-Kampagne aus. Springer setzte sich stets für die Aussöhnung von Juden und Deutschen ein und unterstützte Israel.

Narzissmus und Missionsdrang. Außerdem schreibt er, verzeihen Sie die Anmerkung, entschieden besser als Sie. Thomas Schmid kannte ich als langjährigen Mitarbeiter von Daniel Cohn-Bendit. Ich glaube, er ist der Einzige, dem das ganze Unternehmen wirklich eine Herzensangelegenheit war. Nach seiner Vergangenheit als linksradikaler Aktivist in der Frankfurter Szene und Autor im »Pflasterstrand« hatte er mit vielen Umwegen schließlich auf den Chefsessel der *Welt* gefunden. Als er uns die ersten E-Mails über das geplante neue »Springer-Tribunal« schickte, vermuteten einige von uns, dass er mit dieser Veranstaltung zwei Phasen seines Lebens zu versöhnen suchte, die sich womöglich einfach nicht versöhnen ließen.

Ich fragte Döpfner nach den Motiven der von ihm und Schmid angekündigten Initiative. Ich verstünde dieses Vorhaben nicht, denn in meinen Augen sei das alte »Springer-Tribunal« gescheitert. Ich erklärte auch, warum. Nach einer Vorbereitungsveranstaltung in der Technischen Universität Berlin waren Militante vor sieben Filialen der *Berliner Morgenpost* gezogen und hatten die Fensterscheiben mit Steinen eingeworfen. Erst später hatte ich erfahren, dass Rudi Dutschke und Christian Semler zu den Anführern der Aktion gehörten. Ich war wütend auf die Steinewerfer und sah voraus, was am Tag nach dieser Aktion passieren würde: Es hagelte Absagen. All die erlauchten Geister, die ich in einer langen Vorbereitungszeit für eine Mitwirkung am »Tribunal« gewonnen hatte, faxten und telegrafierten ihren Abscheu. Das »Springer-Tribunal« konnte nicht mehr stattfinden, es wurde in ein »Hearing« umbenannt und mehrfach verschoben. Die Ersatzveranstaltung reduzierte sich auf eine Predigt an Gleichgesinnte. Die Arbeit eines halben Jahres war dank meiner Genossen ruiniert.

Döpfner widersprach. Die Anti-Springer-Kampagne, sagte

er, sei die »erfolgreichste politische Kampagne in der Geschichte der Bundesrepublik« gewesen. Seit damals hänge dem Springer-Konzern der Ruch des Unseriösen an.

Ich würde mich ja fast geschmeichelt fühlen, erwiderte ich, allerdings könne ich Döpfners Analyse nicht teilen. Ob er im Ernst glaube, dass dieser Ruch oder schlechte Ruf auf die uralte Kampagne zurückzuführen sei.

Döpfner bekräftigte seine Meinung. Die Langzeitwirkung der Kampagne zeige sich unter anderem daran, dass sich junge Springer-Journalisten oder -Hospitanten immer wieder genötigt fühlten, sich zu rechtfertigen, wenn sie auf die Frage, bei wem sie arbeiteten, Auskunft gäben.

Ich verschluckte die Frage, ob es nicht einen näher liegenden Grund für diesen Image-Schaden gäbe. Ob nicht ein Blick in jede aktuelle zweite oder dritte Ausgabe der *Bild* genüge, um den *Hautgout* des Unseriösen frisch hervorzurufen.

Es war eine merkwürdige Situation: Der noch junge Chef des Springer-Konzerns versuchte, einen Veteranen vom Erfolg einer uralten Kampagne zu überzeugen, die in dessen Augen glamourös gescheitert war. Zugegeben, wir redeten nicht genau über dieselben Dinge – ich vom »Tribunal«, er von der Kampagne insgesamt.

Unsere Unterhaltung geriet ins Stocken, als sie auf die möglichen Teilnehmer der geplanten Veranstaltung kam. Dany Cohn-Bendit habe sich inzwischen dagegen entschieden, berichtete ich. Thomas Schmid widersprach, er habe gestern noch mit Dany gesprochen. Ich hätte heute mit ihm geredet, entgegnete ich, wir könnten ihn ja auf der Stelle anrufen. Ich sah, dass Döpfner einen langen Blick auf seinen Chefredakteur warf, der wohl besagte, dass der Konzernchef sich nicht korrekt über den Stand der Dinge unterrichtet fühlte.

Vollends absurd wurde es dann, als Schmid die Modalitäten der Veranstaltung umriss: Das »Tribunal« sollte einen Tag lang dauern und in einem Raum im Springer-Hochhaus stattfinden. Es würden höchstens 40 Teilnehmer eingeladen werden, von denen nur 14 einen kurzen Redebeitrag halten sollten. Die Veranstaltung sollte nicht öffentlich sein, dafür aber in voller Länge ins Internet gestellt werden. Nur *Die Welt* sollte nachträglich einen Bericht veröffentlichen dürfen.

Ich unterdrückte einen Lachreiz. Ob nicht wenigstens *eine* liberale oder linke Zeitung wie die *Süddeutsche* oder die *taz* eingeladen würde, fragte ich. Wieso denn, erwiderten die Veranstalter *in spe*, schließlich bezahlen wir das Ganze!

Es brauchte nicht mehr viele Worte, um zu erklären, dass weder ich noch irgendeiner von den anderen Veteranen an einer solchen Veranstaltung teilnehmen würde.

Anschließend hat Thomas Schmid in seiner Zeitung gegen »die Front der Nein-Sager« gewettert, warf ihnen Armseligkeit, Selbstgerechtigkeit, gar Verrat an den Idealen der Aufklärung vor. Über die Bedingungen des geplanten »Springer-Tribunals« hat er der Öffentlichkeit nichts mitgeteilt. Und was unsere angeblich »klägliche Verweigerungshaltung« betrifft: Schmid hatte versucht, seine Kandidaten für die Teilnahme durch die Behauptung, andere Kandidaten hätten bereits zugesagt, zum Mitmachen zu bewegen. Einige hatten Interesse bekundet, niemand hatte verbindlich zugesagt. Da auch 70-jährige Menschen die Grundfunktionen eines Handys beherrschen, stellte sich am Ende ein Konsens heraus: Zu einer als »Springer-Tribunal« getarnten Pro-Springer-Kampagne im Hause Springer geht man lieber nicht.

Die beschriebenen Vorgänge und Missverständnisse zeigen, wie schwierig es ist, eine Diskussion nachzuholen, der Sie, Herr Springer, sich damals wohlweislich nicht gestellt haben. In den stürmischen Ostertagen nach dem Attentat auf Rudi Dutschke am 11. April 1968 haben Sie sich in Ihr Haus in der Schweiz zurückgezogen. Als Sie von dort aus

Peter Tamm, dem damaligen Vorstandsvorsitzenden, durch einen Mittelsmann gute Ratschläge geben wollten, soll der laut Hans-Peter Schwarz' Biografie ins Telefon gebrüllt haben: »Sagen Sie Herrn Springer, er kann entweder hierher kommen oder mich am Arsch lecken!«

Vielleicht zeigt das Scheitern des zweiten, in Ihrem Haus geplanten »Springer-Tribunals« etwas, das Sie, Herr Springer, längst wussten: Man kann nicht mit immer wieder unsauberen journalistischen Mitteln sehr viel Geld verdienen und gleichzeitig eine blütenweiße Weste reklamieren.

Mit freundlichen Grüßen
Peter Schneider

DIE VERLEGERIN UND DIE SALONNIÈRE

MARIA SOMMER über RAHEL VARNHAGEN VON ENSE
Nicht lügen können

»Menschenmagnet« hatte ihr lebenslanger Verehrer und späterer Ehemann sie genannt – und das muss sie wohl gewesen sein. Wie sonst hätte die fast 20-Jährige, als sie 1790 mit ihrem Salon begann, so bald schon eine Schar von Menschen um sich versammeln und an sich binden können, von denen jeder einen bekannten, oft einen erlauchten Namen trug? Was zog sie alle in die Dachstube der Jägerstraße 54, einen Steinwurf entfernt vom Gendarmenmarkt? Gewiss, schon Vater Levin, Juwelier und Bankier, Schutzjude Friedrichs II., hatte gern Künstler und Gelehrte ins Haus geholt, aber er war doch stolz auf Tochter Rahel, seine Älteste, das liebste der fünf Kinder, die mit Geist und Witz, mit kritischem, analytischem Verstand Gespräche zu führen, Briefe zu schreiben wusste, sodass ihr Salon über Berlin hinaus berühmt und beneidet war. Den 18-jährigen Hauslehrer Karl-August Varnhagen, der gerade beim Vorlesen am Krankenbett seines Brotherrn, des Fabrikanten Cohen, saß, muss der *coup de foudre* getroffen haben, als die prominente Rahel Levin mit einigen Freunden aus ihrem Salon auf einen Sprung vorbeikam, um nach dem Rechten zu sehen. Für ihn hat sie wohl keinen Blick gehabt, war ja auch verstrickt in eine große und schwierige Liebesbeziehung. Und so reagiert sie auch nicht auf das Sonett, das er über sie schreibt und ihr schickt, darin er von ihr schwärmt, von ihren wunderbaren blauen Augen, ihren reichen dunklen Haaren, ihrer seelenvollen Stimme, ihren zarten, vollen Gliedern, ihrer sanften Anmut ... Man hat auch anderes über ihr Äußeres vernommen (nicht zuletzt von Frauen, Schauspielerinnen zumal!) und sie selbst ist offenbar bekümmert, dass sie »keine Grazie« habe. Wie immer die zahlreichen, die widersprüchlichen Zeugnisse über sie zu bewerten sein mögen – man fand sich bei ihr ein, diskutierte, sprach beim Tee über neu erschienene Bücher und ihre Autoren, las wohl auch aus eigenen vor, ereiferte sich über Schauspiele und Opernaufführungen, die einen so wichtigen Platz einnahmen im kulturellen Leben der Stadt Berlin um die Wende vom 18. zum 19. Jahrhundert. Man traf sich halt, die Schlegels, die Tiecks, die Humboldts, Schleiermacher, Gentz, Jean Paul, Chamisso, Brentano, Fouqué, Prinz Louis Ferdinand mit seiner Liebsten, der Schauspielerin und lebenslangen Rahel-Freundin Pauline Wiesel, sowie deren Kollegin, die gefeierte Friederike Unzelmann, auch sie mit Rahel eng verbunden. Und sie wusste sie alle zusammenzubringen, Rahel, die Zuhörerin, die kluge Fragerin, die Beobachterin, die Vertrauenerweckende, die Kritische, die Belesene, die begeistert Begeisternde, die Katalysatorin ... Das Gespräch und dann der Brief, das waren ihre Ausdrucksformen, das war ihre Geselligkeit, ihre Teilhabe an Welt und Gesellschaft.

Ich begegnete ihr zum ersten Mal im Zweiten Weltkrieg. »Ihre Nerven müsste man haben«, seufzte meine Nachbarin, als sie sich aus ihrer zusammengekauerten Haltung löste – der Bombeneinschlag hatte nicht uns getroffen. Meine Nerven. Nun ja, ich las und las und las, so lange es nur möglich war. Nichts anderes half mir beim Überleben. Ich hatte mir die Romantik vorgenommen, ein paar alte Bände aus Mutters Regal, die Bibliotheken liehen ja kaum noch aus. In der Schule hatte Romantik Eichendorff geheißen, die Brüder

Grimm, die Arnim-Brentanos ... Von den Berliner Salons hatte ich noch nie gehört, schon gar nicht natürlich von Henriette Herz und Rahel Varnhagen. Nun begegneten sie mir beide, Rahel intensiver – von ihr weiß man mehr durch ihre Briefe (von 3000 etwa hat Karl-August Varnhagen von Ense gesprochen) –, und ich träumte in jenen Kriegsnächten im Keller von einem Salon, in dem man friedlich, vor allem ohne Angst, beieinander sitzen und gute Gespräche haben konnte, womöglich sogar heitere ... Später, im zweiten Nachkriegswinter, im bitterkalten, habe ich eben dies versucht. Einen *Jour fixe* ... Aber es wurde nichts Rechtes daraus. Es kamen die Falschen, und die saßen klappernd ums viel zu kleine, viel zu dürftig gefütterte Kanonenöfchen, und der Tee aus den im Stadtpark gepflückten Blättern war auch nicht sehr anregend, und ich war es dann wohl auch nicht. So gab ich auf.

Aber Rahel ging mir nicht aus dem Sinn. Wie sie wohl heute leben würde? Hätte sie bei der *Gruppe 47* mitgemacht? Würde sie im Feuilleton arbeiten? Interviews im Radio geben? Als Referentin in einer Regierung Kultur verwalten? In einem Theater als Dramaturgin arbei-

MARIA SOMMER

Geboren 1922 in BERLIN. 1950 kaufte die bisherige Angestellte den BERLINer Kiepenheuer Bühnenvertrieb. Sie brachte Schriftsteller wie Jean Anouilh, Graham Greene, Arthur Miller, Günter Grass und George Tabori auf die deutschen Bühnen. Unermüdlich im Kampf um die Rechte und Honorare der Autoren, war die Verlegerin viele Jahre bei der VG Wort und dem Internationalen Theaterinstitut aktiv. 2012 wurde sie mit der Rahel Varnhagen von Ense-Medaille geehrt, die das Land BERLIN und die Stiftung Preußische Seehandlung vergeben.

ten? In einer Zeitung als Kritikerin schreiben? Denn das war ihr ja so wichtig gewesen, das Theater, in dem sie zeitweise fast täglich eine Aufführung sah, in der Oper, im Schauspielhaus, und über die, wie ich später zu meinem Entzücken las, sie kräftig zu urteilen, süffisant zu lästern wusste, Prominenz der Mitwirkenden hin oder her, einen Kotzebue als einen solchen benennen, vor Iffland und den schrecklichsten Folgen warnen, von einer berühmten Opernsängerin berichten: »Die Stimmen- und die Kehlenfertigkeit ist größer als die Seele, beherrscht diese und nicht diese jene, wie zur höchsten Kunstharmonie nötig.« Wie sehr sie sich wünschte, selbst ein Theater zu besitzen! (»Wenn ich nur drei Bataillen gewonnen hätte, ich würde mir ein Theater anschaffen!«)

Die erste große Arbeit über sie erschien 1959 von Hannah Arendt, *Rahel Varnhagen. Lebensgeschichte einer deutschen Jüdin aus der Romantik*. Hannah Arendt hatte das Buch schon 1930 begonnen, die letzten beiden Kapitel schrieb sie im Exil in Paris, erschienen ist es zunächst auf Englisch in London 1958, ein Jahr später dann im deutschen Originaltext.

Ein bestürzendes Buch – nicht zuletzt, weil außer dem Bericht über den – schon vermuteten – Einfluss von Rahels Herkunft wie traditionellen Verhaltensweisen auf ihr Leben und auf ihre menschlichen Beziehungen deutlich wird, wie tief im scheinbar liberalen Preußen mit seinem Generalprivileg von 1763 und seinen Reformen von 1812 der Antisemitismus verwurzelt war. Große Gestalten der politischen Geschichte und der des Geistes, die ich bisher gern verehrte, fanden erniedrigende, herabwürdigende Worte über die Juden. Sie ließen zwar in der Öffentlichkeit keinerlei Ranküne erkennen – und öffentlich in diesem Zusammenhang ist auch Rahels Salon –, schreckten aber im Vier-Augen-Gespräch vor argen Diffamierungen nicht zurück.

Wie sollte Rahel nicht darunter leiden! Man muss ja keinen übermäßigen Geltungsdrang haben, um das Stigma angedichteter Minderwertigkeit schwer zu ertragen. Und Rahel hatte ein ausgeprägtes Ich-Gefühl, wollte wirken, brauchte – wie jeder Mensch – Anerkennung. Da sie leidenschaftlich war und impulsiv, bewegte sie sich in Extremen, das himmelhohe Jauchzen, die Inbrunst eines Liebesschwurs schlugen leicht um in Verzagtheit, in Depression, in Verbitterung. Wie denn auch nicht, wenn drei Mal anhaltende, ekstatisch verherrlichte Liebesbeziehungen zu Bruch gehen? Don Raphael d'Urquijo von der spanischen Gesandtschaft, die preußischen Junker Finckenstein und Marwitz – sie halten hin, sie können sich nicht entscheiden. Oder sind es die adelsstolzen märkischen Familien, die für den Rückzug sorgen? Vielleicht hat Rahel sich – bewusst oder unbewusst – aristokratische Partner gesucht, um ihrem »Milieu« endgültig zu entkommen, um einen unverdächtigen und unangreifbaren Namen tragen zu können, nachdem sie bereits, wie einst schon der Vater und wie auch die Geschwister, das alte »Levin« abgestreift hatte? »Robert« hatte sie sich, wie der zweite der Brüder, schon genannt. Nur Mutter Chaie blieb unverdrossen beim alten Namen, sie, die wohl nach wie vor das damals sogenannte »Judendeutsch« sprach, das nah am heute bekannten Jiddisch war, mit dem vermutlich die Kinder – also auch Rahel – aufgewachsen waren ... Mutter Chaie, die ihre Briefe mit hebräischen Lettern schrieb, wie sie auch Rahel anfangs noch durchrutschten, bei der auch – wenngleich längst nicht so stark und so oft wie bei dem schriftstellernden Bruder Liepman Levin, später Ludwig Robert – kleine Unsicherheiten in der Grammatik zutage traten: Dativ und Akkusativ waren offensichtlich auch in jener Zeit schon ein Problem.

Welch ein Weg von damals zur meisterlichen Handhabung der Sprache, zu ihrer Bereicherung, zu den Erfindungen, zur

Lust am Formulieren. »Es geht nichts Rechtschaffenes und nichts rechtschaffend in ihm her. Er ist unbeschämbar«, urteilt sie über einen ehrgeizigen Publizisten. Einem lebenslangen Freund – Schriftsteller und Politiker – wirft sie vor: »Wo nimmst Du den Mut zu so viel Feigheit, zu so viel verbrecherischer Schlaffheit her!« Den Dank für einen Lesegenuss beschließt sie: »Wahrlich reckte sich meine winterverschrumpfte Seele davon zu recht.« Sie wolle nicht heiraten, behauptet sie einmal, »denn ich kann nicht lügen. Denken Sie nicht, dass ich mir darauf etwas einbilde. Ich kann es nicht, wie ich nicht Flöte spielen kann«. Oder sie gesteht: »Ich verstummte tief in mich hinein.« Ein andermal: »Was machen Sie? Nichts. Ich lasse das Leben auf mich regnen.« Und: »Das Beste, was gesagt werden kann, ist doch nur das, welches am besten ausdrückt, was nicht gesagt werden kann.« Schließlich: »Der Dichter unterscheidet sich auf diese Weise vom Lügner, dass der Erste eine Lüge nicht ohne Wahrheit erzählt und der Zweite eine Wahrheit nicht ohne Lüge erzählen kann.« Endlich darf das Gespräch mit ihrem

RAHEL VARNHAGEN VON ENSE

Geboren 1771 in BERLIN, gestorben 1833 ebenda. Ihre zwei bedeutenden Salons wurden zum gesellschaftlich-intellektuellen Mittelpunkt BERLINs. Sie kämpfte für die Emanzipation der Juden und die Rechte der Frauen. Die später zum Christentum konvertierte jüdische Salonnière schrieb, was Frauen damals möglich war, also Briefe, Tagebücher, Aphorismen. »Verwahrt meine Briefe, denn das sind meine Journale«, instruierte sie 1794 ihren Bruder Marcus. Sie zählen zu den wichtigsten Dokumenten der ausgehenden Romantik.

Mann nicht vergessen sein: »Was schaust Du so grimmig? Sanft musst Du sein, sanft.« – »Ich bin nicht sanft!« – »Das lässt sich ändern, ich werde Dich umgießen. Was machst Du dann?« – »Dann spritz ich aus der Pfanne.«

Ihr Mann, ihr getreuer Eckardt, ihr Eckermann, der so oft unterschätzte, doch so verlässliche, so urteilssichere Karl August Varnhagen von Ense hatte lange warten müssen, bis jener Jugendschwarm des 14 Jahre Jüngeren sich für ihn entschied. Das wechselvolle Studium, die materielle Unsicherheit, der Kriegsdienst, die Diplomatie, nicht zuletzt aber Rahels bewegtes, emotionsgeschütteltes Leben hatten eine endgültige Bindung lange verhindert. Immerhin gab es doch eine nicht infrage zu stellende gemeinsame Begeisterung – und die hieß Goethe. Den Briefwechsel, den sie über ihn führten, schickte Varnhagen an den Verleger Cotta, und der druckte ihn, nachdem Varnhagen Goethes Zustimmung eingeholt hatte, 1812 in seinem *Morgenblatt für gebildete Stände* unter dem Titel *Goethe*. Es dauerte noch weitere zwei Jahre, bis es, nachdem Rahel sich hatte taufen lassen, zur Heirat mit Karl August kam – zwei Jahre der Trennungen, der Kriege, der Flucht, Jahre, in denen sie sich in Prag als tatkräftige Fürsorgerin verwundeter Soldaten, hungernder Vertriebener, obdachloser Flüchtlinge erwies, Geld und Nahrung und Kleidung besorgte, ein »Kontor für Wohltat« gründete, einen Aufruf an alle Frauen in Europa plante, sich gegen den Krieg zu verbünden und den Leidenden zu helfen: »Frieden will ich und jeden Sohn bei seiner Mutter.«

Dem Frieden folgte dann die Restauration mit einem äußeren Glanz, wie sie ihn zuvor nicht erlebt hatte, denn ihr Mann wurde als Offizier zum Dank für seine Verdienste in den Befreiungskriegen Diplomat beim Wiener Kongress, anschließend preußischer Geschäftsträger am Hofe in Karlsruhe. 1819, »demokratischer Neigungen« verdächtigt, wurde er allerdings dann wieder abberufen. Es kamen für die beiden bitere, sorgenvolle Zeiten. Endlich indes, zurück in Berlin, Erleichterung – und ab 1821 der zweite Salon mit alten und neuen Gästen, Heinrich Heine etwa, der Rahel als »geistreichste Frau des Universums« pries, Jean Paul, Fouqué, Hegel, Grillparzer, Boerne, die Pücklers, die Mendelssohn Bartholdys, Ranke, Bettina von Arnim. Eine zweite große Zeit brach für Rahel an. Aber sie hatte es doch immer schwerer mit ihrem labilen physischen Zustand, ihren rheumatischen, ihren nervlichen Beschwerden, mit offenbar schlimmsten Schmerzen. Gemeinsam mit Karl August bereitete sie die Herausgabe ihrer Briefe vor, auf deren Veröffentlichung sie seit Jahren hingearbeitet hatte. Sie starb am 7. März 1833.

Wie an sie gedacht, über sie gesprochen werden sollte, das hatte sie sich in folgender Weise gewünscht: »Und dass sie alles durch Nachdenken siebte und in Zusammenhang brachte.«

DER PRÄSIDENT UND
DIE PHARAONIN

KLAUS-DIETER LEHMANN über NOFRETETE
Die Schöne ist geblieben

Was für ein überwältigendes Ereignis, was für eine anhaltende Begeisterung – eine ägyptische Königin wird Berlinerin. Es ist die Büste Nofretetes mit ihrem Amarna-Hofstaat, die 1913 in Berlin Einzug hält und alle in einen wahren Rausch versetzt. Ein Amarna-Fieber bricht aus. 3000 Jahre hat Nofretete im ägyptischen Wüstensand in Tell el-Amarna gelegen. Dort findet der Archäologe Ludwig Borchardt am 6. Dezember 1912 ihre Büste und ist zutiefst hingerissen von der Schönheit und der Anmut. »Beschreiben nützt nichts, ansehen!«, schreibt er in sein Tagebuch. Dann wird sie nach den damals geltenden Regeln 1913 nach Berlin überführt und fasziniert seitdem die Welt mit ihrem besonderem Zauber, ihrem geheimnisvollen Lächeln und ihrer stolzen Haltung. »Die Schöne ist gekommen« heißt ihr Name übersetzt. Mit einer unbeschreiblichen Leichtigkeit überwindet sie die 3000 Jahre und wird eine Person von heute, ja, sie wird zur Avantgarde der Zeit. Die Menschen empfinden sie als eine der ihren, ganz nahe und doch ästhetisch entrückt. Sie verkörpert ein einzigartiges konkurrenzloses Schönheitsideal. Es umgibt sie eine Aura, die ein internationales Millionenpublikum magisch anzieht.

Das war wohl auch schon ihre Wirkung, als sie, an der Seite ihres Gatten Echnaton, 1340 v. Chr. ihren Einfluss als

First Lady der Amarna-Ära konsequent ausbaute. Echnaton begründete im alten Ägypten den Monotheismus: Die Sonne wurde zum alleinigen Gott Aton. Nofretete nahm zusehends Einfluss auf die Staatsgeschäfte und wurde Mitregentin. Sie überlebte offensichtlich ihren Gatten, und vieles spricht dafür, dass sie nach Echnatons Tod selbst Pharaonin wurde. Das Amarna-Reich hat die Zeit Echnatons und Nofretetes nicht lange überlebt. Zu tief waren die revolutionären Veränderungen, zu gewaltig die gesellschaftlichen und religiösen Anpassungen. Das Reich ging gewaltsam unter, mit ihm die neu gegründete Sonnenstadt Achetaton. Die glanzvollen Kunstwerke wurden zerstört, die Schätze geplündert, die Mumie von Nofretete hat man nie gefunden. Nofretete aber blieb in der Büste des Hofbildhauers Thutmosis erhalten, der sie individuell in vollendeter Schönheit gestaltet hatte. So steht Nofretete nicht nur für ein einmaliges ästhetisches Ereignis, sondern auch für eine einmalige Zeit im historischen Ägypten, die der Ägyptologe Jan Assmann als »Einbruch des Unwahrscheinlichen in die Geschichte« charakterisiert hat. Es gab nichts Vergleichbares davor und danach.

Als die Amarna-Funde mit Nofretete 1913 nach Berlin kamen, wurde die Königin erst einmal versteckt. Man fürchtete, ihre öffentliche Wirkung würde so viel Aufregung erzeugen, dass die Reaktionen eine nicht steuerbare Eigendynamik entfalten könnten. So kam sie zunächst in das Privathaus von James Simon, der die Grabungen finanziert hatte – ein großartiger und großzügiger Mäzen für die Berliner Museen. Ein ausgesuchter Kreis durfte sie dort sehen, unter ihnen natürlich Kaiser Wilhelm II., der sich gar nicht mehr trennen wollte. Der Eindruck war für alle überwältigend. Man erkannte sofort: Es ist eine Sternstunde, sie als Berlinerin gewonnen zu haben. Der Amarna-Hofstaat mit seinen sensationellen Fundstücken wurde aber zunächst ohne sie in einer grandiosen Ausstellung am 5. November 1913 im Säulenhof des Ägyptischen Museums gezeigt. Schon diese Präsentation führte zu einem ungeheuren Rummel. Nicht nur die interessierte Öffentlichkeit war anhaltend begeistert, auch die Künstlerbesuche rissen gar nicht mehr ab. Es war eine breite Aneignung, die zu einem Schlüsselerlebnis für eine ganze Generation wurde. Berlin war für eine solche kulturelle Sensation aber auch besonders empfänglich. Es war die Stadt der neuen künstlerischen Entwicklungen, der Lebensreformen, der Arbeiter- und Frauenbewegung, der alternativen Theologien. Die Extreme künstlerischer Ausdrucksformen wurden ausgereizt. Es war die Zeit prägender Frauengestalten, etwa von Asta Nielsen oder Lou Andreas-Salomé. Auch eine andere Frau wurde im Jahr 1913 überraschend zum Thema, die man immer wieder mit Nofretete gleichrangig sieht: Mona Lisa. Das Gemälde von Leonardo da Vinci war 1911 aus dem Louvre gestohlen worden und konnte überraschend nach zwei Jahren vergeblichen Suchens in Rom sichergestellt werden. Die Zugfahrt der Mona Lisa durch Italien zurück nach Paris wurde zu einem einzigen Triumphzug. An jedem Bahnhof standen Trauben begeisterter Menschen und applaudierten. Es war

KLAUS-DIETER LEHMANN

Geboren 1940 in Breslau, studierte Mathematik, Physik und Bibliothekswissenschaft. 1998 bis 2008 Präsident der Stiftung Preußischer Kulturbesitz in BERLIN, Honorarprofessor an der Humboldt-Universität BERLIN, seit 2008 Präsident des Goethe-Instituts. Er engagierte sich maßgeblich für die Wiederherstellung der BERLINer Museumsinsel, auf der die Büste der Nofretete in der Ägyptischen Abteilung des Neuen Museums heute ausgestellt wird.

die Fahrt einer Königin. Und es war ein völlig überdrehtes Jahr.

Die Königin Nofretete sollte noch zehn Jahre der Öffentlichkeit verborgen bleiben. Ein Weltkrieg hatte inzwischen stattgefunden. Danach war nichts mehr so, wie es bei ihrer Ankunft gewesen war.

Aber im März 1924 ist es endlich so weit. Die verborgene Schöne wird nicht länger versteckt, sondern der Öffentlichkeit präsentiert. Heinrich Schäfer, der Direktor des Ägyptischen Museums, hat sich durchgesetzt und präsentiert Nofretete im Mittelpunkt des »Griechischen Hofes« im Neuen Museum. Trotz aller Veränderungen der Gesellschaft und der Zeit, die Wirkung ist umwerfend. Nofretete ist die absolute Attraktion. Die Amarna-Schau vor zehn Jahren hatte das Feld bereitet und nicht etwa den Überraschungseffekt gemindert, sondern ihn verstärkt. Es ist unvorstellbar, welche Begeisterungsstürme durch Berlin, Deutschland und die Welt laufen. Eine absolute Ikone ist wiedergeboren! Nofretete wird zum Kult. Sie ist Berlinerin und gleichzeitig die beste Botschafterin ihres Landes. Alle Hochachtung wird ihr zuteil.

Das wird auch durch die museale Präsentation zum Ausdruck gebracht. Nicht in bunt bemalter Kulisse wird sie gezeigt, sondern in der neuen Sachlichkeit des zeitgemäßen Bauhausstils vor weißen Wänden. Nur die Farbigkeit der Königin soll alle Blicke auf sich ziehen. Erstmals wird hier der *white cube*, der später die Museumsreform bestimmt, angewandt.

So perfekt Ort und Präsentation sind, so schnell Nofretete zum Synonym der Hauptstadt wird, so unmittelbar setzen aber auch die Reaktionen, die ihre Rückgabe fordern, ein. Schon gleich nach der Ausstellung meldet sich der Direktor des Antikendienstes in Kairo mit moralischen Argumenten und erlässt ein Grabungsverbot für die deutschen Archäologen. Als 1930 über einen Tausch nachgedacht wird, macht die Berliner Öffentlichkeit mobil. Das gleiche Spiel wiederholt sich 1933. Das Ergebnis ist: Nofretete bleibt Berlinerin!

Unruhig wird es für Nofretete in der Kriegs- und Nachkriegszeit. Dieses Schicksal teilt sie mit vielen Berlinerinnen und Berlinern. Vor den Fliegerangriffen wird sie zunächst im Tresor der Reichsbank geschützt, später im Zoo-Flakbunker, gemeinsam mit anderen ägyptischen Exponaten. Noch vor Kriegsende wird Kaiseroda in Thüringen ihr Flüchtlingsquartier. Von dort bringen sie die amerikanischen Besatzungstruppen dann über Frankfurt am Main nach Wiesbaden, wo es eine zentrale Sammelstelle gibt. Erst 1956 tritt Nofretete wieder in das Licht der Öffentlichkeit. Sie ist unversehrt und noch immer unverändert begehrenswert. Es gibt Versuche, sie in die USA zu bringen. Aber das verhindern amerikanische Kulturschutzoffiziere. Sie kehrt in ihr Berlin zurück, das jetzt eine geteilte Stadt ist. Also bleibt ihr die Rückkehr auf die Museumsinsel zunächst ver-

NOFRETETE

Die BERLINer Morgenpost nutzte sie 2010 als Werbeikone und bezeichnete sie als schönste BERLINerin mit Migrationshintergrund – schließlich war die Pharaonin 1913 aus Ägypten an die Spree gekommen. Der Archäologe Ludwig Borchardt hatte die bunt bemalte Büste 1912 bei Ausgrabungen in Amarna entdeckt. Heute ist sie im Besitz der Stiftung Preußischer Kulturbesitz und unter der Inventarnummer 21300 die Hauptattraktion im Ägyptischen Museum BERLIN, das seit 2009 seinen Sitz im Neuen Museum auf der Museumsinsel hat.

wehrt, die ägyptischen Sammlungen sind inzwischen getrennt. Im West-Berliner Außenbezirk Dahlem findet sie ihr Domizil, in dem sie bis 1967 verbleibt, unverändert ein Besuchermagnet wie zur ersten Stunde. Schließlich residiert Nofretete mehrere Jahrzehnte im Ägyptischen Museum im Stülerbau gegenüber dem Charlottenburger Schloss.

Dann ist die Berliner Mauer gefallen und Deutschland wieder vereinigt. Eine Neuordnung der getrennten Museumssammlungen wird möglich, und es ist nur folgerichtig, dass Nofretete wieder ihren angestammten Platz auf der Museumsinsel einnimmt und zum Symbol der Wiedervereinigung wird. Aber bis dahin ist noch ein Weg mit Zwischenstationen zu bewältigen, denn das Neue Museum auf der Insel ist seit 1945 eine Kriegsruine. Die erste Zwischenstation ist das Kulturforum am Potsdamer Platz, wo sie in einer hinreißenden Ausstellung von Februar bis August 2005 gastiert. Dann gelingt der Sprung auf die Museumsinsel, zunächst ins Obergeschoss des Alten Museums, dem berühmten, von Karl Friedrich Schinkel errichteten ersten Museum der Insel. Hier präsentiert sie sich – inzwischen umgeben von berühmten Funden aus Amarna – bis zur Eröffnung des Neuen Museums im Oktober 2009.

Damit ist es dann vollbracht. Nofretete ist zurück. Das Neue Museum, vorbildlich rekonstruiert vom britischen Architekten David Chipperfield, hervorragend ausgestattet nach den neuesten Museumserkenntnissen, wird wieder zur Residenz der Königin. Der Nordkuppelsaal des Neuen Museums wird ihr Thronsaal. Die Besucher können sie so von allen Seiten betrachten, aus der Ferne und aus der Nähe, können vielleicht auch in einer ruhigen Minute – falls es die gibt – Zwiesprache halten.

100 Jahre ist sie nun Berlinerin. Ich bin ihr als Besucher zum ersten Mal 1968 in Charlottenburg begegnet, einer von

14 Millionen, die in den Stülerbau kamen. Es war eine geheimnisvolle Aura um sie, die zurückhaltende Beleuchtung der Vitrine machte das Mystische sehr bestimmend. Auch ich konnte mich dem nicht entziehen und war völlig gebannt. 1976 kehrte ich dann in der Ausstellung *Nofretete – Echnaton* wieder zu ihr zurück, inzwischen sehr belesen über die geheimnisvolle Schöne und ihre Zeit, mehr denn je fasziniert.

Meine offizielle und nachhaltige Beziehung zu Nofretete begann 1998, als ich Präsident der Stiftung Preußischer Kulturbesitz wurde und eine meiner Kernaufgaben in der Wiederherstellung der Museumsinsel bestand. 1999 hatte die UNESCO die Museumsinsel zum Weltkulturerbe erklärt, und der Stiftungsrat beschloss im gleichen Jahr den Masterplan, der die Insel als Gesamtprojekt mit hoher Priorität einstufte. Er ist die Leitlinie geblieben. Nach der Alten Nationalgalerie und dem Bode-Museum konnte 2009 das Neue Museum eröffnet und damit Nofretetes Rückkehr nach all den Zwischenetappen realisiert werden. Nofretete hat uns alle ungeheuer motiviert, sie hat uns begeistert für kreatives Denken und zügiges Planen und Umsetzen. Nach mehr als 60 Jahren Abwesenheit von der Museumsinsel wollten wir ihr den bestmöglichen Platz zurückgeben, ihre Aura wieder erstrahlen lassen. Mit aller Sorgfalt haben wir sie auf ihren Stationen begleitet, mit dem Licht und den raffinierten Blickwinkeln haben wir ihr eine adäquate Inszenierung gegeben. Sie ist mit dieser Ausleuchtung jetzt weniger mystisch, dafür umso menschlicher. Man erkennt die Fältchen um die Augen und um den Mund. Das macht sie nicht weniger schön und anziehend – im Gegenteil. Und ich freue mich, eine so lang andauernde Beziehung zu Nofretete zu haben.

Erwartungsgemäß hat der damalige Antikenchef Ägyptens, Zahi Hawass, bei der Rückkehr auf die Museumsinsel wieder lautstark Rückgabeforderungen vorgetragen. In einem Fernsehinterview in Kairo habe ich dazu bemerkt – in Kenntnis der kriegsbedingten Umzüge und der zurückliegenden 3000 Jahre: »Eine alte Dame reist nicht gern!«

ANHANG

ABDRUCKGENEHMIGUNGEN

Die Bühnenkünstlerin und die Versakrobatin
ADRIANA ALTARAS über MASCHA KALÉKO
Unsentimental, unpathetisch und schnell

1. So um Dezember, 2. Ich möchte wieder, 3. Angebrochener Abend, 4. Frühling über Berlin, 5. Großstadtliebe, 6. Ein kleiner Mann stirbt, 7. Wenn einer fortgeht ..., 8. Mich trieb von Berlin nach Amerika, 9. Der kleine Unterschied, 10. Auf einer Bank im »Central Park«, 11. Emigranten-Monolog, 12. Hoere, Teutschland, 13. Minetta Street, 14. Deutschland, ein Kindermärchen, 15. Wiedersehen mit Berlin, 16. Sonnett in Dur, 17. Chanson von der Fremde, 18. Memento, 19. Was man so braucht, 20. Auf Reisen, 21. Epitaph auf die Verfasserin, 22. Mein schönstes Gedicht

Für die Texte 1, 3, 4, 5, 6, 7:
Aus: Mascha Kaléko, ›Das lyrische Stenogrammheft‹
© 1978 Rowohlt Taschenbuch Verlag, Reinbek
E-Book-Rechte: Gisela Zoch-Westpahl
Für die Texte 2, 12, 15:
Aus: Mascha Kaléko, Die paar leuchtenden Jahre
© 2003 Deutscher Taschenbuch Verlag, München
E-Book-Rechte: Gisela Zoch-Westphal
Für die Texte 9, 10, 16, 19, 20, 21, 22:
Aus: Mascha Kaléko, In meinen Träumen läutet es Sturm